LE GOÛT ET LA RAGE DE VIVRE

5-7, rue de l'Ecole polytechnique ; 75005 Paris

http://www.librairieharmattan.com
diffusion.harmattan@wanadoo.fr
harmattan1@wanadoo.fr

ISBN : 978-2-296-08136-9
EAN : 9782296081369

Michel RIBON

LE GOÛT ET LA RAGE DE VIVRE

Pourquoi j'ai survécu à l'enfer des camps nazis

L'Harmattan

Du même auteur

LE PASSAGE A NIVEAU. Récit-essai sur l'expérience concentrationnaire comme situation-limite. Ed. Alain Moreau, Paris, 1972. Réédité aux Ed. L'Harmattan avec pour sous-titre : VIVRE ET MOURIR AU QUOTIDIEN DANS UN CAMP NAZI, 2004.

L'ART ET LA NATURE. Essai et Textes. Ed. Hatier, Collection "Philosopher au Présent", Paris 1988. Ouvrage traduit en portugais par Tania Pellegrini. Ed. Papirus, Sào-Paulo, Brésil, 1991.

ARCHIPEL DE LA LAIDEUR. Essai sur l'Art et la Laideur. Ed. Kimé. Collection "Philosophie-Epistémologie", Paris, 1995.

L'ART ET L'OR DU TEMPS. Essai sur l'Art et le Temps. Ed. Kimé. Collection "Esthétiques", Paris, 1997.

PARCOURS INITIATIQUES DE LA NATURE A L'ART. Ed. Kimé. Collection "Esthétiques", Paris, 1999.

ESTHETIQUE DE LA CATASTROPHE. Ed. Kimé. Collection "Esthétiques", Paris, 1999.

A LA RECHERCHE DU TEMPS VERTICAL DANS L'ART. Essai d'Esthétique. Ed. Kimé. Collection "Esthétiques", Paris, 2002.

ESTHETIQUE DE L'EFFACEMENT. Ed. L'Harmattan. Paris, 2005.

LE GOUFFRE ET L'ENCHANTEMENT.

MAGIES DE LA MUSIQUE. Ed. Buchet-Chastel. Paris, 2006.

MYSTERES ET MAGIE DE L'ECRITURE. Essai d'Esthétique. Ed. L'Harmattan. Collection "Espaces littéraires". Paris, 2007.

à Geneviève

à Nicolas et Odile

à Julien et à Diane.

"J'interprète toujours la mort par la vie".

Montaigne

"Chaque fois que tu oublies, c'est la mort que tu rappelles en oubliant".

Maurice Blanchot

SOMMAIRE

I
PROLOGUE

Retour à la vie d'un rescapé des camps de concentration nazis : quelles forces permettent de résister et de survivre à une situation aussi extrême ? Une généalogie du Temps vertical

"Ce qui nous porte à réfléchir, à philosopher, à écrire est d'abord ce qui nous met dans l'embarras".

Paul Valéry

Ce livre est né d'une question insistante qui, depuis plus d'un demi-siècle, me poursuit sans jamais trouver une réponse claire et satisfaisante. Comme bien de mes camarades survivants des camps de concentration qui, depuis leur libération, se considèrent comme de perpétuels sursitaires, je m'étonne toujours d'avoir pu résister, sans avoir succombé, à une situation aussi extrême que celle d'un système appliqué à avilir les hommes et à les faire souffrir de toutes les façons pour en faire des "déchets" avant de les anéantir.

Quelle force a donc pu soutenir et animer ceux qui ont eu la chance, que n'ont pas eue tant d'autres, de pouvoir survivre ?

La chance. C'est le mot souvent employé par les rescapés pour répondre à l'embarrassante question : "Comment avez-vous pu vous en sortir ?" Après avoir été souvent invoquée au camp et même implorée, la chance, après notre libération, a été aussi souvent évoquée comme une faveur du sort, une imprévisible opportunité, un caprice heureux du hasard ou un miracle quasi providentiel : une chance qui aurait pu, pour eux comme pour d'autres, ne pas se produire. Telle est la contingence d'une circonstance ou d'un événement qui, sans crier gare, s'inscrit dans la vie de chacun pour en infléchir le cours dans une direction heureuse ou malheureuse, salutaire ou fatale. Appliquée à une situation extrême où la Mort, toujours présente, est prête à sortir de son embuscade, la pensée de la contingence se perd souvent dans des considérations extravagantes et vertigineuses : si tel incident s'était (ou non) produit, il en serait résulté (ou non) ceci, ceci et encore cela. Par exemple : l'affectation dans un autre camp qui s'avèrerait plus meurtrier ou moins destructeur que celui où vous étiez affecté ; le doigt impératif d'un Kapo pointé sur vous pour vous expédier dans un kommando de travail réputé pour épuiser ses hommes en peu de temps ; le même doigt pointé sur ceux qui devaient être expédiés vers un camp où ils seraient exterminés ; et, immanquablement, c'étaient aussi : la disparition désespérante d'un camarade devenu au camp un ami très cher ; un accident du travail resté sans soins ; une maladie infectieuse qui pouvait ou non disparaître spontanément ; ou encore la figure d'un Kapo, ivre de pouvoir, ayant décidé de faire de vous un bouc émissaire ; ou celle d'un autre Kapo, comme celui de l'infirmerie-mouroir, qui pouvait vous en refuser l'entrée ou vous y accepter quitte à vous y faire crever. Le Kapo : valet méprisé des bourreaux, mais roitelet d'un peuple dans les fers et figure terrible de la contingence et du destin de chacun.

Il était impossible au camp de se dire, selon une formule qui a cours dans le domaine de la recherche scientifique, que "le hasard heureux n'arrive qu'à celui qui le mérite" ; tout au plus, pouvait-on constater que des détenus, plus habiles et moins exténués que d'autres, avaient suffisamment gardé de force pour tenter de s'adapter à ce qui leur arrivait et, par une sorte de bricolage très problématique sinon très incertain, de tirer le meilleur parti possible d'une circonstance imprévue : un défi qu'ils tentaient de relever sans aucune certitude de pouvoir gagner la partie.

Dans cette mise en œuvre de l'attention, de la perception, de l'imagination et du vouloir, il fallait de l'énergie et des forces. Celles-ci, qui ne se décrétaient pas, il fallait bien qu'elles existassent quelque part en chacun de nous décidés à relever un tel défi. Mais où ? Dans son corps (mais logées dans quels organes ?), dans les facultés de son âme ou de son esprit (mais lesquelles ?), dans son vouloir (mais lui-même pouvait-il procéder par décrets ?), dans sa manière de percevoir telle ou telle situation et d'y réagir (mais n'est-ce pas là prendre la cause pour l'effet ?). Difficile de répondre. Mais lorsque je me souviens de nos marches de la mort et, en particulier, de celle qui m'a traîné en une dizaine de jours du camp de Schömberg jusqu'au cœur des Alpes de Bavière, ce qui me stupéfie encore aujourd'hui, c'est que : malgré l'absence quasi-totale de nourriture, de tout vêtement chaud, malgré l'usure de nos galoches de bois, malgré la dureté des intempéries et une extrême fatigue, malgré toutes ces carences et nos blessures, les derniers survivants que nous étions avant la fin de cette marche forcée, nous continuions à marcher, alors même que nous avions perdu toute faculté de penser, de parler, de sentir (même les coups de crosse des S.S.), de vouloir et même d'espérer en une très proche libération annoncée pourtant par de lointaines et irréelles canonnades alliées. Plus rien ne nous définissait, sinon la manifestation irrécusable d'une formidable énergie venue d'on ne sait où, pour remonter en chacun de nous qui avions perdu toute conscience de soi le ressort d'une mécanique : celle, me semblait-il, qui nous ferait marcher indéfiniment. Depuis, j'ai gardé la vive impression que la totalité de mon être s'était vidée de toute substance pour faire place à un bloc d'énergie qui l'occupait tout entier ; pourtant, je n'avais rien fait sciemment pour solliciter, opérer et réussir une telle substitution. Stupéfiant, ce bloc d'énergie me semblait être venu d'une autre planète ou, tout au moins, de temps immémoriaux, comme si la force souterraine de ma volonté n'était que la manifestation d'un don ou d'un choix originels.

S'agissait-il d' "un miracle" de l'instinct de vie, d'une sorte de vouloir-vivre qui traverserait tout individu pour le soutenir quand il est menacé, ou qui demeurerait tapi en lui, attendant l'heure de manifester son énergie salvatrice ? Mais faire appel à la notion vague d'instinct n'explique rien : c'est baptiser la question sans la résoudre.

Ce bloc d'énergie, je l'ai perçu comme tel dès mon arrestation, et comme une planche de salut capable de soutenir tout ce qui me permettait de construire une stratégie destinée à faire front contre toutes les figures de la mort. Malgré toutes ses fêlures, ses défaillances, ses éclipses et ses pannes, ce bloc m'apparaissait comme un gisement d'énergie, une capacité de sursauts, une réserve de forces vives accumulées tout au long de ma pourtant courte histoire, et cela depuis même ma première enfance, celle où l'on découvre, pour la première fois les forces vives de la vie : dans l'émerveillement.

Un gisement où je n'ai jamais cessé, au camp de concentration de Schömberg, de puiser, comme dans un stock, une puissance d'écart opposable à toutes les adversités.

S'appliquer à observer, refuser les souvenirs qui font mal ; faire glisser le regard à côté de l'insoutenable ; greffer sur la perception des choses et des êtres les floraisons fantasmatiques de l'imaginaire ; opérer des dédoublements fictifs de son corps et de soi-même pour les maintenir à distance ; prouver sa capacité à contourner ou à transgresser certaines interdictions, quitte à recevoir des coups et parfois risquer sa peau pour voler par exemple quelques patates dans une cave ; tenter de surmonter la contradiction entre la nécessité de se tenir en alerte et l'utilité de s'absenter dans l'imaginaire : autant de réactions de défense et de résistance qui me semblaient provenir des profondeurs de mon être tout entier et des différentes strates qui le constituaient.

J'avais en effet l'impression que mon présent et mon passé échangeaient leurs possibilités et se répondaient l'un à l'autre : ayant perdu le jaillissement qui normalement le définit, le présent demandait au passé, qui cessait d'être inerte, de le doter d'une charge d'énergie dont il était dépourvu. De ce passé, je ne faisais, consciemment, que recueillir des séquences qui avaient eu une valeur initiatique et qui, maintenant, venaient épauler un présent désolé en écartant le tourment de vaines et mortifères nostalgies.

Aujourd'hui, quand je réfléchis sur la source de ces résistances, il me semble, à travers cette vision rétrospective, soulever en moi et l'une après l'autre, des couches géologiques ou archéologiques, distinctes les unes des autres, mais qui, toutes, ne cessent encore de lancer un puissant appel à la vie. Dès que j'entends résonner cet appel, une sorte d'arbre généalogique de la vie s'esquisse en moi pour évoquer la série des épisodes qui, parfois liés entre eux et presque emboîtés, ont constitué tous ensemble, à mon bénéfice et par étapes, une longue préparation à la vie : à une vie qui n'entend pas renoncer à s'affirmer contre vents et marées.

Dans cette succession progressive de retours en arrière, ce fut d'abord, précédant ma déportation au Struthof et à Schömberg, ma tentative hasardeuse et problématique mais obstinée et réussie, de faire libérer, par le chef S.S. de la prison d'Ecrouves, mon père qui y avait été emprisonné avec moi. Avant ce réel exploit, il y avait eu l'échec de mes ruses naïves pour tenter d'échapper à la ténacité d'un officier S.S., véritable chien de meute, décidé à m'arrêter : j'avais juré de ne pas renouveler ce qui n'avait été que maladresses de ma part. Auparavant, il y avait eu ma participation à la Résistance : elle m'avait confirmé dans mes convictions, et aguerri en me mettant à l'épreuve des risques et des dangers. Une Résistance à laquelle avaient largement ouvert la voie les épreuves de l'exode, le choc de la défaite et les humiliations de l'occupation. Mais ce sens sourcilleux de la liberté et de la justice, cet orgueil de la dignité remontaient, dans mon passé, à plus loin en arrière que les années noires commencées en 1940. Ces exigences et leur vigueur, je les avais acquises comme un second caractère plaqué sur mon caractère inné ou premier, de nature plutôt introvertie par mon éducation : de mes parents, instituteurs authentiquement laïques, et des gens de notre village, laborieux et aimant la vie. Cette formation, je la dois aussi à la diversité de mes lectures où j'entrais toujours comme dans de nouveaux mondes. Mon amour de la vie et de sa dimension de mystère est né de mes promenades solitaires dans les grandes forêts meusiennes dont les mystères et les magies ont donné à ma sensibilité, à mon imagination et à ma réflexion des ressources que, sans ces échappées aventureuses, elles n'auraient jamais eues. En écho aux révélations de la forêt, la musique fascinante des cloches m'a appris à conjuguer l'ici et l'ailleurs, le proche et le lointain, et à faire fructifier la vie dans les limites de l'ici-bas.

Mais de toutes ces expériences initiatiques dont chacune avait l'air de me dire : "donne-moi un avenir" et qui ont marqué mon enfance heureuse, celle qui m'a peut-être transmis le plus d'élan, d'enthousiasme et de ferveur, est la contemplation du ciel constellé qui, à cette époque dans les nuits campagnardes, se révélait sans ses opacités actuelles dans toute sa magnificence : un ciel qui, souvent évoqué à Schömberg par un souvenir enflammé, m'a souvent fait don d'une parcelle de sa puissance quand la mienne me manquait.

Ainsi peut-on envisager une généalogie de l'énergie de la psyché dont chaque étape, chaque figure ou chaque période peut bénéficier de l'énergie de celle qui la précède, pour inscrire à son tour, dans le temps horizontal, l'instance de sa verticalité. Une telle généalogie conduit à repérer la lignée avec ses rameaux et ses buissonnements des événements successifs qui ont été générateurs et transmetteurs d'énergie. C'est aux sources de cette sorte de filiation que, par une succession de sauts dans la remontée du temps, j'ai été souvent tenté de revenir : en m'interdisant ainsi de dresser, dans la monotone et douteuse continuité du temps horizontal, une indiscrète et fastidieuse autobiographie.

Ces périodes d'une autobiographie discontinue assez peu conforme aux lois du genre ne s'inscrivent donc pas dans la continuité du temps horizontal : elles y introduisent des ruptures destinées à souligner la fécondité des apports de ce que j'appelle, un peu plus loin, le temps vertical. Par ses navigations dans le passé, l'autobiographie comporte des risques, surtout à notre époque où, sur fond d'individualisme exacerbé et ostentatoire, elle connaît une telle vogue que des personnalités médiatiques font écrire le récit de leur vie... par des biographes professionnels.

Par-delà le plaisir d'écrire (bien ou mal) et de se raconter (honnêtement ou en se maquillant), par-delà le désir d'être lu et reconnu au-delà du cercle familial, l'intérêt ou le mérite de l'autobiographie est multiple : en témoignant de son temps, l'auteur s'interroge sur son identité qu'il souhaite rassembler, peut-être parce qu'elle est en miettes, et il tente ainsi de saisir le sens qu'il a pu donner à sa vie et qu'il tente de lui donner encore.

Tendu à celui qui veut y inscrire son image, ce miroir n'a d'intérêt que par le maintien d'une distance critique par rapport à son passé, c'est-à-dire par la résistance aux tentations de la complaisance et du toilettage, à celles des règlements de compte avec soi-même qui relèvent parfois de la pitrerie narcissique de confessions échevelées. Le risque de l'autobiographie est aussi de se perdre dans les arcanes d'une subjectivité qui gardera toujours et jalousement son mystère et son secret. Les *Mémoires* des grands écrivains (pensons à Rousseau et à Chateaubriand) ont souvent habillé leur passé en le travestissant. Ce que nous admirons dans cet habillage c'est, au plan esthétique, leur talent et, au plan ontologique, leur souci de faire passer, à travers une autofiction, quelque vérité susceptible d'éclairer le lecteur sur tel ou tel aspect de l'universelle condition humaine.

Centrée sur une situation extrême, la quasi-autobiographie que j'ai entreprise ici n'a pas eu besoin d'autofiction. Cependant, il faut admettre que, si restituer le vécu de l'expérience brute, nébuleuse et touffue, est une gageure, la mémoire et l'écriture doivent s'appliquer à la représenter par des mots, des images et des métaphores, dans la climatique d'un certain ton et d'un certain rythme. Il faut alors admettre que l'expérience vécue se transfigure en une connaissance qui peut lui donner, avec sa dimension d'universalité, la valeur d'une allégorie.

Une autobiographie réclame une sorte d'ascèse, toujours difficile à pratiquer. Elle se prépare de longue haleine, comme si elle n'avait cessé de redoubler en filigrane le parcours d'une vie dont chacun, acteur de sa propre vie, en aurait été en même temps le témoin attentif. C'est sans doute pourquoi elle réclame, de préférence, la sérénité de l'âge avancé...

De mon expérience concentrationnaire, j'ai acquis la conviction qu'une sorte de modèle ou de schème s'imposait pour analyser l'expérience que chacun de nous fait du temps, pour bien poser sa vie en s'affirmant. Dans son expression simplifiée sous une forme duelle, ce paradigme est celui du croisement du temps horizontal mortifère et du temps vertical donateur de vie et d'énergie. Si j'ai souvent utilisé ce paradigme pour guider et orienter ma réflexion dans différents domaines comme ceux de l'Art, de l'Histoire et de la psychologie existentielle, c'est que sa pertinence m'est apparue avec force et insistance dans l'univers concentrationnaire où des hommes, pour survivre, doivent faire face à une situation extrême ; au sein d'un tel univers, il semble que les comportements humains soient perçus à travers un microscope ou un télescope : on y saisit, démesurément grossies et portées jusqu'au tragique, l'opposition et la complémentarité des deux modes essentiels que, même dans la vie ordinaire, nous faisons communément de l'expérience du temps.

Considéré en lui-même dans sa continuité linéaire, le temps horizontal est celui de nos habitudes constituées depuis longtemps, de nos préjugés tenaces, d'un laisser-aller ou d'un laisser-faire poussés, dans un présent incolore, par le poids d'un passé, vers la grisaille d'un avenir uniforme. C'est le temps de la répétition qui nous inscrit dans l'univers du morne. C'est le temps de l'usure, du vieillissement, de l'érosion, de la corrosion qui sont les griffes anticipatrices de la mort. C'est un temps qui, comme l'indique sa racine indo-européenne *temp* est ce qui *sépare* les éléments de leur totalité pour la briser. Puissance de séparation et fléché vers la mort, le temps horizontal me coupe d'un passé qui pourrait faire fructifier mon expérience du présent et rendre plus efficientes les décisions de ma volonté ; il me coupe d'un avenir neuf dont le projet se perd dans la durée ou se brise sur des obstacles à franchir ; il me sépare du moment présent qui aurait pu être celui de la joie de vivre tout autant que celui de la liberté de choisir et de décider ; il me sépare des différents moi que je fus, en les faisant apparaître étrangers à ce que je suis aujourd'hui, ou réduits, sans liens généalogiques entre eux, à l'état géologique de sédiments simplement superposés. Il me sépare aussi de mes proches que, par routine et lassitude, je cesse de percevoir dans l'intimité de leur singularité vivante. Et c'est absolument qu'il me sépare enfin de tous les êtres qui me sont chers : par leur mort qui est aussi d'une certaine façon la mienne avant l'heure de mon trépas.

Cette cascade de séparations est vécue dans des sentiments aussi négatifs que l'angoisse, l'ennui, la désillusion, l'amertume, le regret, la tristesse, le remords, qui sont autant de diminutifs de notre être. On comprend alors que Baudelaire ait pu parler du temps comme de "cet ennemi vigilant et funeste, cet obscur ennemi qui nous ronge le cœur" ou encore comme d'un gouffre au fond duquel tout être se laisse aspirer par la mort. Car la tragédie du temps est, d'abord, dans son irréversibilité ; livré à lui-même dans son cours linéaire qui court vers la mort, le temps horizontal, qui fait progressivement notre laideur physique, fait aussi pour certains leur laideur existentielle. A l'ère de la modernité, les artistes ont souvent souligné la laideur des effets de l'écoulement du temps. Comme le fait Goya dans *La Junte des Philippines*, sa plus grande toile (Musée Goya de Castres) ; ouverte à l'immensité du vide, elle est parcourue par la rumeur du Néant qui, par un travail de taupe et de sape, absorbe, après en avoir convulsé et animalisé les figures, les notables de la politique, de la finance et de toutes les grandeurs d'établissement. C'est aussi Proust, dans *Le Temps retrouvé*, qui fait se rejoindre au sein d'un carnaval de figures zoologiques ses personnages en situation d'entropie. Dans le salon de la princesse de Guermantes, la chimie de cette entropie s'exerce sur des individus représentatifs d'une société d'aristocrates titrés et d'une société bourgeoise affairiste de parvenus qui, toutes deux, ne peuvent que constater l'usure réelle ou menaçante de leurs codes d'inclusion et d'exclusion ; ce qui, en déclassant ces personnages enténébrés par la mort, les vouera à leur disparition au terme d'une hémorragie de leur être.

Mais lorsque Goya et Proust dénoncent les effets du temps horizontal, ils se placent en même temps dans la perspective d'un temps vertical : pour étaler sous nos yeux "l'évidence de la terrible chose" que nous répugnons à voir en face, ils inventent des formes, des images, des métaphores minérales, végétales et animalisées, soulevées par le fantastique d'une vision et la singularité d'un style. C'est dire le ressort dialectique qui opère le passage du temps horizontal au temps vertical : le premier, prenant conscience de lui-même, sous le regard de l'artiste, a besoin du second pour se dire et se voir dans le miroir de l'art, pour se détacher de sa dimension mortifère, pour se recharger éventuellement d'une énergie vitale perdue.

Le temps vertical, qui n'a nul besoin, pour être conçu, de se relier à une source transcendante hors du monde, est d'abord celui de l'homme debout qui fait face au temps devenu le lieu de notre passivité, de notre inertie, de nos abandons. En quelque sorte intempestif, cet homme se veut responsable, par son refus de se laisser engluer dans la continuité pâteuse d'une durée subissant une poussée *a tergo* ; en rompant ce temps banal, le temps vertical inaugure les décisions instauratrices d'un nouveau cours de notre existence — à l'instar de celles qui, dans le monde de l'art, introduisent à de grands récits, à de grandes images, à de nouveaux styles, à de nouveaux souffles. Une circonstance nous réveille, un événement nous frappe, une situation nous bouleverse, une rencontre nous émeut ou nous met sens dessus dessous, un livre ou une œuvre d'art nous secoue ou nous émerveille : c'est alors que, à la faveur de ces sentiments fondamentaux que sont l'étonnement, l'indignation et l'admiration, peut surgir un temps nouveau, un temps-révélation, celui d'une soudaine remise en question de soi, celui d'une décision créatrice, perpendiculaire à l'axe horizontal d'une temporalité qui a cru trouver le réconfort dans la monotonie et la passivité. Dès lors, fondateur et constituant, ce moment décisoire cherche à se donner les moyens de son efficience et de son rayonnement pour s'inscrire dans un temps horizontal en lui communiquant une énergie nouvelle susceptible d'en modifier le cours : un instant d'une telle présence que des poètes et des philosophes l'ont apparenté à l'éternité. Fécondée, la vie retrouve alors quelque chose de l'élan créateur qui la définit dans son essence, en nous mettant en relation avec une éternité que nous portons en nous, sans que nous l'ayons soupçonné. Dès lors, je ne suis plus un être *pour* la mort, ni *vers* la mort, mais un être *contre* toutes les figures de la mort dont nous faisons l'expérience négative ou malheureuse. Sans doute faut-il l'aiguillon de la conscience de mourir pour que la vie se révèle précieuse dans sa précarité et sa brièveté mêmes, et pour stimuler le retour d'une énergie créatrice et dresser, dans le cours horizontal du temps, la figure de l'homme vivant et libre.

Tel est le temps des grandes innovations artistiques et philosophiques, qui est aussi, dans le domaine politique et à des moments de crise où s'avivent les exigences de justice et de liberté face à des pouvoirs qui les nient, le temps des grandes réformes et celui de ces hommes exceptionnels appelés précurseurs, initiateurs, annonciateurs ou encore devanciers, qui, par leur talent, par la force et la générosité de leurs convictions et de leurs engagements, contribuent à modifier et à infléchir le cours d'une Histoire, des hommes décidés à la faire plutôt qu'à la subir comme un destin.

Mais l'énergie du temps vertical, qui fait repartir la vie dans un temps horizontal régénéré ou renouvelé, risque, à la longue, de s'y diluer et de s'y perdre : ses bienfaits finissent par s'user sous l'effet de la répétition, des habitudes mortes après avoir été vivantes, de l'oubli de la source et de l'élan originaires. Le constituant, comme cela arrive dans tous les domaines, s'est effacé dans le constitué qui n'est plus apte à s'ajuster à la nouveauté des circonstances, des situations et des problèmes — l'étoffe même du mouvement de la vie.

Remettre en question ce qui s'est coagulé, rompre avec ce qui est devenu inerte, se déprendre de tous les conforts stériles, imaginer des projets neufs pour solliciter sa propre volonté, telles sont les manifestations de l'instance de la verticalité et de son éternel retour. Chacun de nous a toujours besoin de cette régénération périodique dont lui seul est l'artisan (ou l'artiste) responsable. Toujours le temps vertical aura, à son tour, besoin du temps horizontal pour y inscrire et y développer la puissance de ses effets : la puissance d'agir et de réagir.

C'est cette puissance qui m'a, semble-t-il, manqué, comme à mes camarades, au retour des camps : elle s'y était sans doute épuisée à force d'y avoir été sollicitée. Il m'a fallu du temps pour en favoriser le retour.

Après ma libération, je me suis retrouvé, comme beaucoup d'autres, doublement captif de ma mémoire et de mon silence. Comme engourdi, j'ai senti mon existence flotter. Si un puissant ressort s'était détendu en moi, je ne le croyais pas brisé ; tel un moteur à la batterie déchargée, j'étais persuadé que le moment viendrait d'une nouvelle recharge d'énergie, et je comptais sur les circonstances et le temps pour venir à bout de ma grande lassitude née d'un passé dévorateur qui n'en finissait pas de passer. Il me semblait alors, et c'est ce qui m'inquiétait le plus, que j'avais perdu quelque peu le sentiment de la réalité : mon existence se rêvait dans un présent inactuel, ou bien c'était quelqu'un d'autre qui la rêvait en moi après avoir pris ma place.

Le long silence des déportés survivants fut lourd d'ambivalence ; en lui, il y avait quelque chose d'imposé, de voulu, de nécessaire, de vital, mais aussi de désespérant. Atteint au plus profond de soi par la traversée de l'enfer des camps, chacun hésitait d'abord à se risquer à parler de Ça, parce qu'il savait qu'il en parlerait mal et qu'en outre en parler serait, d'une certaine manière, prolonger son cauchemar. Pourtant nous savions tous que rentrer dans la vie commune était conditionné à une transmission réussie de ce que nous avions vécu. Il nous a souvent paru être enfermés dans la contradiction entre la nécessité de parler et l'impossibilité de le faire, et même entre le désir de parler et le refus de le faire. Des années après ma libération, quelques amis et amies ont appris avec stupéfaction mon passé de résistant et surtout de déporté. Il a bien fallu que je m'explique sur mon silence qui n'était pas fait que de pudeur.

Une explication qui m'a toujours embarrassé, tant sont enchevêtrées les raisons de ce silence.

Comme beaucoup, je me suis d'abord heurté à un obstacle absolu : l'incommunicabilité dans la communication. Ayant fait l'expérience de l'inconcevable et même de la difficulté à réaliser ce qui nous était vraiment arrivé et ce que nous avions subi, il nous fallait donc admettre que nos dires et nos récits puissent être accueillis par nos interlocuteurs étonnés avec une certaine incrédulité ; lorsqu'ils écoutaient notre langage hésitant, heurté, entrecoupé de silences, lorsqu'ils s'interrogeaient sur la raideur de nos corps décharnés et sur l'alternance de la fixité et de la mobilité de notre regard, ils pouvaient aisément s'imaginer que, après avoir repassé la frontière qui nous séparait de "là-bas", nous en avions ramené, inscrit en nous de façon indélébile, quelque chose qui ressemblait à un égarement. Je me souviens de quelques personnes qui, ignorant que j'avais été déporté, se demandaient devant moi si ces survivants, qui avaient tout de même souffert, n'exagéraient pas un peu, comme si nous étions rentrés le cerveau quelque peu "dérangé".

Notre réticence à parler de "Ça" augmentait lorsque notre déportation avait été liée à des faits de Résistance : non parce que nous pouvions être soupçonnés de nous vanter, mais parce que nous répugnions à réveiller la mauvaise conscience de ceux qui s'étaient contentés de subir l'occupation sans rien faire pour s'y opposer, et en se réfugiant dans l'attentisme.

Et comment se donner les moyens d'être crédible ou compris, lorsque le discours du témoin excède les cadres historiques de la représentation, ceux de la prison traditionnelle, ceux des horreurs d'une expérience sans équivalent dans des guerres précédentes ? Et cela malgré l'existence pérenne de cadres mythiques plus ou moins connus, comme le destin de Prométhée, de Sisyphe, d'Ixion ou des victimes du taureau de Phalaris, et qui auraient pu alerter les êtres humains sur leur capacité inventive — comme celle des dieux de la mythologie — à exercer sur d'autres hommes les pires horreurs, pour détruire leur humanité avant de les détruire physiquement. Comment le langage de tous les jours dans sa simplicité prosaïque — dont je me demandais alors s'il n'avait pas été d'abord construit pour rassurer — aurait-il pu décrire la vie, imbibée par la mort, d'êtres privés d'identité, coupés de ce qui rattache humainement un homme à son passé, à son présent, à son avenir, et que ronge la menace désespérante de toutes les séparations ? Comment faire passer tout cela dans le langage de tous les jours ?

L'impossibilité de raconter aux autres s'est souvent doublée d'une impossibilité de se raconter à soi-même, comme si la Chose était arrivée à quelqu'un d'autre. J'ai connu des camarades atteints d'énormes trous de mémoire, comme s'ils refusaient de s'attribuer les souvenirs d'épisodes oubliés ; d'autres aussi qui, à l'inverse, atteints d'un excès de mémoire, semblaient demander à une abondance de mots, prolixe et volubile, la grâce d'un exorcisme ; parmi eux, beaucoup ont tenté de tout raconter en vrac : pour ensuite n'en plus reparler ou pour ne plus avoir à le faire. Plus avisés, d'autres camarades, ne voulant rien oublier pour mieux témoigner plus tard et donc garder une mémoire intacte — ce fut aussi mon cas — firent un tri de leurs souvenirs, n'en retirèrent pour leur récit oral que ceux qu'ils jugeaient essentiels ; ils parvinrent à allier une "possible impossible" communication à un bon système de défense et de protection de soi : raconter chaque fois les mêmes choses, dans le même langage avec les mêmes mots, en se tenant comme à distance de soi, des choses racontées et de ceux de nos interlocuteurs qui nous avaient sollicités de "raconter". Puis, pour éviter de tomber dans le piège de l'émotion, du sentiment de la dérision, de l'impuissance et de la solitude, il nous fallait au plus vite parler de tout autre chose.

En dépit de son effet protecteur, un tel silence, par sa contradiction, me paraissait lourd à porter. D'une part, n'était-il pas l'écho du silence de ceux qui n'étaient jamais revenus et paraissaient, dans la crainte que notre piété ne fasse place à la profanation du bavardage, réclamer qu'on se taise à la simple évocation de leur image ou de leur nom ? D'autre part, n'avaient-ils pas, avant de mourir, obtenu la promesse des survivants de témoigner de ce qu'ils avaient vu, vécu, souffert ? Ce balancement entre le respect de la dignité des disparus et le devoir de mémoire pour témoigner, m'était aussi insupportable qu'une prison où l'on est mis aux fers. Je me disais alors, dans l'amertume, que le silence des déportés était aussi une victoire posthume des nazis qui avaient toujours cherché, mais en vain, à faire disparaître par le feu, la destruction et l'effacement, les traces de leur infamie et à les rejeter elles aussi dans le néant ; et je me souvenais d'avoir moi-même participé, sous le commandement d'un S.S., à la manipulation de plaques de terre herbues pour recouvrir —

c'était près d'une fosse commune invisible — le cadavre d'un malheureux que nous venions de jeter dans un trou.

Le langage peut ensevelir, lui aussi.

J'ai vite cessé de parler de Ça à de proches amis qui, apparemment n'étaient pas curieux de savoir : ce qui aujourd'hui les étonne ; dans bien des cas, j'avais tenu à ne pas assombrir l'agrément de mes relations avec eux.

Des journalistes, en mal de chiffres à sensations, m'ont parfois assailli de questions d'ordre quantitatif du genre : "combien de... ? et de... ?", portant sur la nourriture, le temps de travail, les kapos, les détenus, les S.S., les coups : j'ai répondu, en fait, n'importe quoi et, très vite, refusé tout interview.

Nous parlons tous la même langue, nous usons des mêmes mots, mais comment faire comprendre à l'interlocuteur le plus attentif que les mots : faim, souffrance, abandon, solitude, humiliation, épuisement et extermination peuvent être si bien liés entre eux dans l'expérience qui fut celle des camps, qu'ils renvoient à quelque chose de moins banal et de moins abstrait qu'un traditionnel lexique ? Dans un langage trop bien établi et soudain vieilli, comment se rétablir soi-même ? A cette époque, écrire l'inconcevable me tenta quelque temps, mais je n'en avais pas encore le goût, ni la maîtrise des mots pour le décrire : j'y renonçais vite, comme on évite un piège.

Au lendemain de la guerre et de ses horreurs, des artistes, soulevés de dégoût et paralysés par le désespoir, ont choisi, se méfiant de toute forme de langage, de faire une cure de silence en déclarant, comme Adorno par exemple, que "Après Auschwitz et les camps, l'art n'est plus possible". Possible il l'est resté, mais profondément marqué par ce qui venait de se passer : ces mêmes artistes ont ensuite cherché et réussi, dans le domaine de la musique, de la poésie, du roman, du théâtre, de la sculpture ou plus simplement du récit-essai, à réinventer un langage nouveau et un style personnel inédit : afin de suggérer, de faire voir, de faire entendre, de faire sentir, dans des situations extrêmes et jusque-là inédites, ce qu'un langage ancien, devenu soudain obsolète et prisonnier de lui-même, ne saurait faire. C'est en évoquant la réalité du pire, que l'art, par la création renouvelée de sa propre écriture, peut le mieux nous en protéger, le dénoncer et nous y opposer.

Pour ma part, il m'a fallu attendre un quart de siècle, la faveur d'une grave maladie — et après avoir reçu les encouragements de quelques grands écrivains, dont Simone de Beauvoir — pour écrire, dans une langue dont j'ai voulu qu'elle fût apte à éveiller et stimuler la réflexion en touchant la sensibilité : *Le Passage à Niveau* : *vivre et mourir au quotidien dans un camp nazi*.

Notre silence — ou notre réticence à parler — n'a pas seulement été motivé par la crainte de ne pas se faire entendre, en se heurtant à l'incommunicable, mais aussi par un sentiment à la fois diffus et souterrain de culpabilité, du moins pour beaucoup d'entre nous. Une culpabilité que, des années durant, j'ai vécue sur le mode, non pas "d'avoir fait", mais sur le mode de "ne pas avoir fait". Ce sentiment était d'ailleurs suffisamment contradictoire pour m'éviter d'être durablement empoisonné par le remords. Ainsi, me demandais-je, avais-je assez ouvert les yeux sur la misère et la détresse de mes compagnons les plus proches ; misère et détresse étaient aussi mon lot, mais je m'appliquais, dans une sorte de volontarisme désespéré, à ne pas les voir. Avais-je toujours eu les mots qu'il eût fallu trouver pour calmer une souffrance, dissiper des angoisses, nourrir un espoir, atténuer un désespoir, alors que, dans mes moments de doute et de découragement assez rares il est vrai, j'étais heureux de recueillir la parole réconfortante d'un ami ? Et les gestes de solidarité et de compassion que j'ai pu faire après avoir eu le privilège de pouvoir, avec quelques Russes, chaparder dans les caves du camp lorsqu'une rare occasion s'était offerte — les avais-je suffisamment répétés, alors que la faim, à moi aussi, me tordait les boyaux ? Bref, il me semblait n'avoir pas toujours répondu à des appels mal déchiffrés, ni partagé la force et l'audace de ma jeunesse qu'aucune nostalgie mortifère n'était venue entamer, ou enliser, comme ce fut le cas de beaucoup, dans le désespoir.

Mais comment échapper à l'odeur empoisonnée d'un remords après la perte d'un être cher, une odeur que ne parvient pas à chasser l'immense tendresse ressentie à son souvenir ?

Mon sentiment de culpabilité s'est parfois nourri d'un climat de suspicion jalouse rencontré autour de moi ; rentré au village en 1945, j'ai lu dans le regard soudain fermé du père, de la mère, de l'épouse d'un disparu, dans le silence gêné de leurs phrases suspendues sur un pincement de lèvres, la même suspicion. Qu'avions-nous pu faire, osé faire, pour réussir, nous autres, poignée de survivants, à survivre ? Est-ce que, par hasard — comme ceux qui avaient pu avouer avoir, dans le coin obscur du wagon d'un interminable exode, mangé le foie du cadavre d'un de leurs compagnons — nous ne nous serions pas nourris de leur chair, de leur sang, mais cette fois de leur vivant ?

La première réaction, face à la conscience de sa culpabilité, est de se chercher des excuses : je me disais que le remords est le plus absurde et le plus désespérant de tous les sentiments, et que, jeune et sans vraie maturité, je n'avais pu, au camp, sentir toujours l'étendue du malheur de mes proches. Je me disais aussi que, tout en étant attaché à la nécessité de ma survie, j'avais cru alors avoir fait ce que je devais faire pour ceux qui, proches de la quarantaine, étaient déjà devenus des vieillards qui me percevaient comme une totalité encore bien vivante. Mais l'ombre d'un remords revenait comme un inexorable balancier : doté d'une endurance physique et d'une force morale entretenues par la fréquentation des Russes qui, à cet égard m'avaient servi de modèle — deux atouts qui n'étaient pas souvent réunis chez mes camarades français — je craignais de ne pas avoir assez fait pour les retenir de chuter dans le désespoir et la mort.

Ceux que j'ai, longtemps après les camps, appelés "mes morts" ont dessiné l'un des horizons les plus immédiats de mon passé post-concentrationnaire. Le jour, ils sont revenus dans mes rêveries incontrôlées et la nuit dans mes rêves : tantôt pour me sourire, tantôt pour me tourmenter du spectacle de leurs plaies purulentes : avant l'ignominie de leur disparition, leurs visages m'étaient devenus si familiers que ces revenants, comme désolés à l'idée qu'on pût les oublier, semblaient supplier qu'on ne les abandonne pas à une seconde mort. Je les sentais parfois s'accrocher et se coller jalousement à moi pour que le dernier fil, que nous avions naguère noué ensemble, ne fût pas tranché ; ils avaient trouvé en moi un gîte où ils pourraient revivre, en les mimant sur un mode moins douloureux, les gestes, les paroles, les démarches qui avaient été les leurs et dont j'avais été le témoin — comme si la mort elle-même ne pouvait être pour eux un refuge. A mes yeux, ils ne pouvaient être tout à fait morts ; tantôt avenants et souriants, tantôt grimaçants de souffrance, leurs portraits défilaient devant moi, comme sur les pages d'un album de photographies effeuillé par une main invisible qui les immobilisait dans un instant d'éternité ; le long de cette danse des morts qui aurait voulu n'être qu'une revue ou une parade, chacun me faisait signe pour qu'on lui rendît tout ce qui lui avait été pris : le mouvement même de la vie que moi, j'avais pu retenir et garder. Mes morts ne laissaient jamais passer une occasion de ressurgir : au détour d'une rêverie, dans ces instants de solitude où la vie pratique se suspend, dans l'inactivité forcée des maladies, dans les moments où pointe le doute de soi, ainsi qu'à l'heure si fréquente où l'avenir de l'humanité se brouille dans des images de cataclysmes. Leur image me poursuivait encore en s'inscrivant entre les lignes des ouvrages que je lisais alors, marqués par les horreurs d'une guerre si dévastatrice. De nombreux auteurs, comme Louis Guilloux, Camus, Sartre, Simone de Beauvoir, Beckett et bien d'autres accueillaient leurs figures dans un espace littéraire destiné à leur donner plus de relief et à les faire signifier. Kafka surtout : son personnage, Grégoire Samsa, plus que tout autre, cessait d'être ce qu'il était apparu d'abord : une fiction ; nourri comme nous de trognons de choux, de rognures et de pelures diverses, et traité comme un déchet, il rassemblait en une seule figure mes morts jetés comme lui au milieu d'immondices. Je retrouvais l'écho sonore de leur destin dans les coups d'éclat esthétiques et philosophiques des œuvres musicales de Schoenberg, de Berg, de Webern, de Bartok, de Ligeti ou de Stockhausen où se transpose l'expérience de la fragmentation, de la déconstruction, de la démolition, comme aussi dans les sculptures de Giacometti, celle de l'exténuation et de l'effacement. Toutes ces œuvres me frappaient par le tragique de leurs formes et de leurs significations qui jetaient la dérision sur les subterfuges d'une culture qui, se voulant rassurante, était satisfaite d'elle-même. Pourtant, toutes ces œuvres avaient beau évoquer d'anciennes catastrophes ou en prophétiser de nouvelles, elles m'offraient l'occasion de me redresser pour dire non et espérer : parce que leur langage était celui de l'art.

Longtemps après ma libération, je fus harcelé par le souvenir têtu, acharné, de mon passage — une quinzaine de jours, je crois — dans un kommando du camp, de sinistre réputation : celui du Concasseur. La dominance de ce souvenir avait l'heureux effet d'écarter d'autres souvenirs qui m'eussent meurtri bien davantage ; en outre, il me semblait que, en se répétant de façon brutalement mécanique, il sculptait mentalement à coups de marteau un monument allégorique dédié à la mémoire de toutes les victimes de l'Histoire exterminées par des travaux forcés. Le terme même de concasseur, convenant parfaitement à notre condition brisée, imposait avec force la réminiscence d'un lieu, le seul, où curieusement les gardes S.S. et autres bourreaux en uniforme se gardaient bien de venir se faire voir et entendre : l'épaisse poussière et le vacarme qui y régnaient les en avaient dissuadés. Peut-être avaient-ils craint — nous étions au début de janvier 1945 — de percevoir, devant le monstre infernal dans lequel nous épuisions nos forces, l'image du sort qui pouvait leur être réservé quelques mois plus tard.

Si, à cette époque, j'avais eu encore quelque velléité de révolte, elle n'eût pas résisté aux mâchoires de ce minotaure d'acier. Accroché au flanc de la falaise de la carrière de schistes bitumeux, le concasseur était maintenu par des béquilles ; chapeauté de planches disjointes, ce monstre, qui aspirait le schiste pour le broyer et le rejeter en diarrhée, avait l'air de faire tourner l'univers autour de lui et pour lui ; les nuages de poussière qui l'entortillaient en permanence le nimbaient des mystères de fin de monde et le crissement de ses mâchoires de métal s'entendait de partout ; lorsqu'une bourrasque s'engouffrait dans ce cul de sac où on l'avait dressé, la poussière et la pluie se rabattaient vers l'intérieur, nous étions recouverts d'une peinture ardoise et nos visages, zébrés de ruisselets, s'accordaient bien avec nos uniformes rayés.

Malgré la tourmente, le moteur continuait à tourner, le concasseur à hoqueter, les dents à mordre, mais tout l'échafaudage de planches et de métal vibrait et tressautait comme s'il allait s'ébranler pour s'enfuir ; nous allions faire naufrage. Une rampe d'accès conduisait des wagonnets jusqu'au gueuloir du concasseur qui crachait le schiste vers le bas, où d'autres wagonnets recueillaient les déjections ; ses mâchoires pouvaient se régler en fonction de toute une gamme de calibres déterminés, pour obtenir différentes couches de schistes qui, selon un ordre prévu, devaient être superposées en un énorme tas, avant la mise à feu de ce dernier ; souvent des contre-ordres arrivaient ; il fallait calibrer autrement ; quelques ingénieurs civils (parfaitement intégrés dans le système concentrationnaire), pour, sans doute, les seuls besoins, cette fois, de la curiosité expérimentale, en avaient décidé ainsi.

Le concasseur ne dévorait pas seulement des pierres : la rumeur disait qu'un stage d'un mois à son service suffisait à sa tâche de dévoreur d'hommes ; lorsque je fus désigné, je ne m'effrayai pas outre mesure : je commençais à me vider de tout sentiment vrai ; pourtant, il me restait quelque chose qui ressemblait à de la curiosité ; le monstre, aux aguets, enroulé dans la poussière qu'il vomissait, se cachait : je verrais sa gueule. Nous étions trois à l'alimenter, il n'en finissait pas d'entonner. Au bout d'une heure, le rythme fut intenable et pourtant nous le tînmes plus d'une semaine ; de celle-ci, j'ai gardé le vague souvenir d'un état hypnotique dans lequel, sur ordre, nous aurions pu, peut-être, accélérer le rythme de nos gestes et travailler au-delà des huit ou dix heures quotidiennes ; ou même, toujours sur ordre, précipiter nos corps dans le gueuloir ; j'ai complètement perdu, d'ailleurs, le souvenir de mes compagnons servants. Cette existence seconde commençait lorsque la construction d'ensemble où nous venions de nous hisser par une échelle branlante, était secouée par le tressautement de la machine qu'on venait de faire repartir : nous étions dans le sillage d'un vaisseau fantôme.

Le maître de ces lieux où, je l'ai dit, S.S. et kapos eux-mêmes se gardaient bien de se montrer, était une espèce de gnome, la cinquantaine ; il se présentait tantôt sous un vêtement civil, tantôt sous celui — dont il tirait fierté — de la fameuse entreprise Todt ; sa vraie gloire : des bras qui descendaient plus bas que ses genoux ; il marchait lourdement et se balançait, comme si le poids de la matière du monde — à laquelle sans doute, il n'avait cessé de mesurer sa vie — s'était, par osmose, réfugié dans ses bras et même jusqu'à leurs extrémités que, malgré leur énormité, il fallait tout de même appeler des mains. Ce personnage était un maniaque du travail et de la bouteille ; cette dernière, il la lui fallait bien : dans cette poussière huileuse qui râpait le gosier, il faisait toujours soif ; ses canettes de bière, le long d'une espèce de bastingage, s'alignaient et nous faisaient envie ; quand il s'octroyait une courte pause, il se servait d'elles, une fois vides, pour nous bombarder ; ses munitions épuisées, l'un de nous, sur ordre, les lui ramenait et le jeu recommençait ; nous nous efforcions, malgré la pénombre épaissie de poussières, d'épier ses gestes pour éviter l'impact : encore ne fallait-il l'éviter qu'à demi, afin de nous épargner le redoublement de sa fureur. Mais, tout compte fait, sa vraie furie, c'était le travail : aussi l'avait-on appelé "Arbeit" —

travail. "Sakrament" était sa seconde appellation, non pas cette fois parce que — bien que ce fût le cas — le travail était pour lui comme le Saint-Sacrement, mais parce que son langage, qu'il faisait entendre entre deux hoquets du concasseur, était un chapelet de jurons et d'injures ordurières. Le travail, il l'avait dans le sang et au bout de ses bras de gorille : de toutes les façons, il nous en donnait la preuve et l'exemple, après avoir affirmé d'un coup de pelle dans le dos que nous ne savions rien, que nous n'étions rien, moins que rien, de la merde ; alors, il nous écartait du dieu, il le gavait lui-même, le tas de schistes fondait sous sa pelle ; mais la machine ne suivait plus son rythme, il s'immobilisait un moment, inutile, malheureux, pétrifié ; puis la vue du gueuloir béant qui venait de déglutir le ressuscitait ; pour un peu — et nous l'y aurions aidé — il se serait jeté dedans ; enfin, il abandonnait tout et s'effondrait, près de ses canettes ; son œil, qui luisait encore, surveillait nos rapports avec son dieu ; c'était au tour de ce prêtre officiant, maintenant avachi, d'être subjugué. L'énormité de ce spectacle nous avait réveillé de notre hypnose : un moment de solitude heureuse passait enfin.

Quelquefois, le moteur s'arrêtait ; une nouvelle fureur possédait "Arbeit", il criait au sabotage, nous serions écorchés, fusillés, pendus ; il grimpait et dévalait des échelles et prétendait se montrer partout à la fois. Ses bras voulaient tout ceinturer ; il lui arrivait de tomber comme un jouet mécanique dont le ressort se casse ; il se relevait pourtant et repartait en évoquant Dieu, l'Enfer et la Damnation. Il s'agissait d'une panne, l'installation vétuste était de conception archaïque, la poussière s'infiltrait partout, jusque dans les coupe-circuits. L'immensité du bruit qui avait cessé, devenait celle d'un silence de mort qui allait, semblait-il, nous faire renaître. "Sakrament" était parti à la recherche d'un Sésame pour son Tabernacle. Appuyés sur le bout du manche de la pelle logé au creux de l'aisselle, nous attendions, tous trois, debout : nous glissions sur des eaux calmes, nous accostions sur une plage immense et déserte, celle du silence de nos corps que nous ne sentions plus.

Tissée de souvenirs et surtout d'anticipations, une toute autre séquence, mais également dominante et répétitive a traversé longtemps les cauchemars de mes nuits : j'ai payé ainsi le prix de ma volonté de défier l'écoulement du temps en le niant. Au contraire, bien de mes camarades, pour tenir le coup par étapes, se fixaient des délais ou des relais, qu'ils croyaient pouvoir atteindre, comme des limites à leur énergie ; c'étaient par exemple les jalons de Noël, du Nouvel An, de Pâques, ou d'une date d'anniversaire de leurs proches sur une échelle du temps qu'ils faisaient glisser par paliers successifs vers d'autres dates, chacune représentant le moment espéré de leur libération. De telles ruses pouvaient s'avérer un piège mortel : je m'en méfiais, car souvent l'échelle mobile, à force d'être ainsi démultipliée, finissait par se briser avec celui qui s'était acharné à l'escalader. Avec une simplicité dogmatique, je m'étais juré quant à moi et répété que je tiendrais le coup aussi longtemps qu'il le faudrait : j'avais usurpé le pouvoir du Temps.

Cette dureté optimiste, je l'ai payée, pendant plus d'une trentaine d'années, d'un maléfice de l'imaginaire ; dans un sommeil empoisonné, un cauchemar me poursuit : je me retrouve au camp, au crépuscule ; tout contre moi, épaule contre épaule, voici mes compagnons qui, jusqu'à la fin, y sont réellement demeurés en vie ; ce sont en majorité des Russes ; ils ont terriblement vieilli ; les S.S. eux-mêmes ont partagé, enfin, notre décrépitude et nous regardent sans haine ; moi-même, j'ai trente, quarante, ou cinquante ans, je ne sais plus très bien ; il y a tellement d'années que nous sommes ensemble dans cette promiscuité crépusculaire que nous n'avons plus rien à nous dire. Devant nous, il n'y a même plus la Mort, mais simplement l'Eternité. Il n'y a plus d'espoir pour nous de sortir du camp : ou bien la guerre, qui nous y a jetés, est devenue perpétuelle ; ou bien notre camp, réduit à une cellule concentrationnaire, demeure oublié des vainqueurs et invisible aux hommes ; dans cet inter-monde où nous sommes coincés éternellement entre la Vie et la Mort, nous avons cessé depuis longtemps de nous débattre.

Comme dans un rêve, mon existence grelottante traversa une sorte de désert. Habité par un cadavre que j'habillais d'oripeaux et de masques pour donner le change, je me sentais ballotté entre la vie et la mort, sursitaire dont la survie, par ses difficultés, devenait parfois un luxe onéreux. Devant la sollicitude de mon proche entourage, j'aurais eu mauvaise grâce à étaler ma raideur crispée et mon profond désarroi, j'ai même cédé au mimétisme des vivants, espérant vaguement qu'imiter la vie serait aussi un moyen de la faire revenir. Bien de mes amis m'ont dit plus tard avoir eu l'impression que je flottais au-dessus d'une existence sur laquelle je n'arrivais pas à mordre et qu'il y avait en moi une vacuité en attente, peuplée de vie.

Ma longue convalescence existentielle fut la lente reconquête d'une énergie en grande partie dépensée dans les camps. Ce nouveau combat, je savais que je le gagnerais, comme ce fut le cas, grâce à la sollicitude de mon entourage, à des circonstances favorables, à ma foi en la vie.

Les déportés pour faits de résistance — qu'ils aient été juifs ou non — avaient été mieux accueillis à leur retour que les déportés arrêtés en tant que juifs ; ces derniers avaient pourtant perdu à Auschwitz bien des leurs et découvert en

1945 la perte de tous leurs biens. J'ai admiré avec envie ces anciens déportés qui, toutes catégories confondues, ont pu trouver rapidement en eux l'énergie nécessaire à une activité militante au sein d'un parti politique ou dans des associations de défense des droits de tous les déportés, que j'ai rejointes vers la fin des années 40. Je me souviens avec amusement d'avoir été plusieurs fois sollicité par de hauts responsables de partis politiques me faisant miroiter, si je les rejoignais, la possibilité d'une "brillante carrière" ; mes qualités de normalien, de philosophe, jointes à celles d'ancien résistant et déporté, représentaient pour eux une intéressante façade publicitaire. Sans hésiter, j'ai poliment refusé : le militantisme politique et les allées du pouvoir ne m'intéressaient pas et si j'avais eu naguère de telles visées, mon expérience des camps les aurait balayées : enseigner était resté ma seule ambition.

Dès mon retour des camps, j'avais, en effet, remis le pied à l'étrier en reprenant ma préparation au concours d'entrée à l'E.N.S. de Saint-Cloud sur le programme de la session de 1944 reportée sine die en raison du débarquement allié en Normandie. Je me retrouvais à l'œuvre dans un paysage scolaire et culturel familier.

Au moment où je cherchais vraiment à m'extraire du flottement de mon existence, mon intégration à l'E.N.S. en janvier 1946 fut marquée par une rencontre d'où naquit une forte et durable amitié. L'administration de l'Ecole nous avait attribué à André Fiette et à moi la même turne. Je lui sais gré d'avoir été un compagnon d'études discret, prévenant et compréhensif : de tous mes camarades et amis, il a été le seul à avoir su me poser des questions pertinentes sur mon expérience des camps, le seul qui en ait saisi la profondeur et la portée, le seul enfin à qui j'ai pu, parce qu'il m'en avait donné le désir, tenter de répondre. Ce garçon, qui ne se trouvait pas beau et s'en fichait, aimait se montrer rieur, facétieux, farceur jusqu'au canular ; son talent de poète et de chanteur surréaliste du burlesque était tel que le titre de *Père Ubu* lui avait été conféré et cautionné par tous. Ses quatre ou cinq complices, dont j'étais, composaient la "Roulotte" dont André était l'inspirateur génial d'énormes canulars, de légendes et de mythes que nous inventions, avec lui qui aimait les déguisements, dans un style farfelu. Je me souviens de mémorables défilés portés par un Verbe chantant où prenaient place, pêle-mêle, Eluard, Aragon, Jeanne Hachette, Lautréamont, l'abbé Delille, Jarry, la Bible et quelques cantiques. Introduire la turbulence un peu folle de l'imaginaire dans le réel était réconfortant. Derrière sa façade de Père Ubu et ses amusements d'illusionnistes qui le protégeaient lui aussi, André Fiette cachait une indéniable vulnérabilité existentielle, une vive sensibilité aux grandes questions de l'existence qui le tourmentaient et dont nous parlions souvent. Ses inquiétudes métaphysiques trouvaient à se déplacer et à se sublimer dans le bonheur de la contemplation des œuvres d'art. Nos loisirs nous conduisaient souvent dans les musées et surtout dans les galeries parisiennes où nous découvrîmes, dans l'enthousiasme, des peintres modernes : Picasso, Braque, Rouault, Kandinsky, Klee ou Debré par exemple, ou encore des cinéastes comme Renoir et Dreyer, et surtout les statuettes de Giacometti qui semblaient sculptées par le regard aigu de la Mort et tentées de lui résister désespérément. C'est à ce moment-là que ma passion pour les choses de l'art, qui me sauvait de mon extrême lassitude, se cristallisa pour durer. Au cœur de cette passion qui était celle de Fiette, il y avait quelque chose qui ressemblait à la quête d'un énigmatique salut : il se ruinait littéralement dans l'achat de somptueux livres d'art dont il faisait profiter ses amis. Sans peut-être s'en douter, parce qu'il était modeste, il m'a beaucoup apporté.

Je me plaisais beaucoup à l'Ecole où régnait une atmosphère admirablement libérale que nos directeurs avaient su créer pour des étudiants tous plus ou moins marqués par la guerre et l'après-guerre. Nous y étions, en effet, à des degrés divers, travaillés par la difficulté d'être et de croire à quelque chose ; il y avait donc des clans, des sympathies, des affinités, d'interminables discussions, de fracassantes proclamations ; les allergies allumaient des petites guerres de coups d'épingles. Nous appelions à la rescousse des auteurs alors beaucoup lus : Hegel, Marx, Camus et Sartre. Sartre surtout, par la riche diversité de ses œuvres et leur ouverture généreuse aux chemins risqués de la liberté, me paraissait, plus que d'autres, répondre aux inquiétudes et aux interrogations des jeunes générations marquées par la guerre et ses abominations.

La vie affluait autour de moi, mais pas encore en moi. Je me jetais parfois dans l'étude avec le sentiment de tricher en m'évadant : une délicieuse tricherie. Je m'adonnais à des lectures de toutes sortes, désordonnées ; certaines me retenaient plus que d'autres, celles des œuvres de Kant ou de Spinoza par exemple ; l'architecture et l'austère beauté de tels monuments de la pensée qui n'avaient pas renoncé à la sagesse me tinrent lieu de paysage, de stimulant et de justification d'exister. Dans ces sortes de temples où j'avais l'impression d'entrer, j'entendais comme la voix des grandes orgues qui me faisait oublier les rumeurs de la guerre froide, les cris de haine et la cruauté du monde. Mon admiration était plus que stupéfaite lorsque je rencontrais des propos aussi audacieux que réconfortants qui soutenaient, comme le faisait Spinoza, que, pour un homme sachant exercer sa raison en s'efforçant de persévérer dans son être, "toute joie est bonne" et "toute tristesse est mauvaise" et qu'il n'y a pas de joie supérieure à celle qui consiste à comprendre. J'étais prêt à comprendre de tels propos et à y adhérer. Plus prosaïquement, je préparais l'agrégation de philosophie, mais sans entrain ; les épreuves obligatoires de latin et de grec, langues mortes que je n'avais jamais apprises et pour lesquelles je n'étais pas doué, étaient bel et bien mortes pour moi et me faisaient pleurer de rage : que de temps perdu, alors !

J'ai beaucoup appris de mes professeurs. C'est auprès de l'un d'eux, jeune et brillant, que j'ai appris pendant 4 ans à aimer la rigueur, la finesse, ainsi que l'aptitude à ouvrir à la réflexion des pistes et des perspectives en dehors des sentiers battus : c'était Jules Vuillemin qui fut bientôt nommé au Collège de France. D'une grande culture, ce penseur solitaire et chaleureux alliait pénétration et probité intellectuelle : nous craignions et acceptions son jugement ; en l'écoutant, je faisais tomber de vieilles peaux. Lui et moi nous sommes, par la suite, devenus amis. Jusqu'à la veille de sa mort, il m'a encouragé et affermi dans mes entreprises d'écriture et de recherche. Je lui dois beaucoup.

Il y eut en France, à cette époque, une longue période d'agitation politique et sociale ; nous étions, à l'Ecole, sensibilisés à ces problèmes ; mes sentiments et mes idées étaient de gauche, mais, dans sa forme militante, l'engagement politique — on en parlait beaucoup, alors — me fit peur : je n'en avais ni le goût ni la volonté. Quelques camarades, communistes ou trotskystes, qui souhaitaient me sortir de ce qu'ils appelaient mon "abandon", m'emmenèrent à des meetings et à des manifestations : les usines de Billancourt étaient assez proches de l'Ecole. Il régnait parfois dans ces réunions un climat de kermesse : la Vie s'offrait avec des pulsations qui exigeaient la disparition de toutes les servitudes ; mais il y avait aussi les invectives entre sectes : je retrouvai le langage de la Terreur, les rites du dogmatisme et son corollaire : les bagarres qui m'écoeuraient ; on entendait dénoncer l'existence masquée de provocateurs, d'indicateurs et de traîtres ; la police survenait, matraquait, et embarquait son monde ; la violence reprenait, et son cycle ; les coups reçus par d'autres, je les ressentis dans ma chair plus intensément peut-être que ceux que j'avais pris, au camp, l'habitude de recevoir ; à ce spectacle, je faisais face avec la rage de l'impuissance. J'étais, théoriquement, sûr qu'il y avait une bonne violence, la dernière, celle qui se retourne contre toutes les autres ; mais pratiquement le spectacle immédiat de ces dernières, dans leur aspect le plus physique, me paralysait en me donnant la nausée : je me retrouvais, avec l'humanité entière, épinglé à une gigantesque clôture de barbelés ; je me sentais soudain diminué et brisé, de toutes les façons. Je retrouvais à l'Ecole la paix des livres.

Les allées du parc de Saint-Cloud où l'Ecole se trouvait incluse invitaient à des promenades ponctuées de statues que les magnifiques frondaisons ne parvenaient pas à animer. Je leur préférais des fugues dans Paris ; j'allais au théâtre, et surtout au concert : on y préparait le bicentenaire de la mort de J.S. Bach ; avec quelques amis dont une jeune et talentueuse pianiste Hélène B., je vouais un véritable culte à ce dieu de la musique dont le souvenir m'avait touché de sa grâce au camp de Schömberg : sans doute parce qu'il n'avait pas tant voulu dire quelque chose, que faire chanter et resplendir la Beauté dans la rigueur et l'éclat d'une architecture quasi impersonnelle : par sa puissance d'affirmation. Je cessai d'être un mort-vivant.

Mon admissibilité à l'agrégation me fut un réconfort et ma nomination à l'Ecole normale d'instituteurs d'Aix-en-Provence pour y enseigner la philosophie, fut l'occasion bénie de sortir de moi-même. Je pris très vite goût à mon travail durant cette année scolaire qui se termina par l'enchantement des nuits du Festival d'Art Lyrique. Il me fallait hâter la fin de "ma convalescence" dont les signes favorables ne pouvaient se multiplier qu'en les sollicitant. J'appréhendais pourtant l'étroitesse d'une existence, confortable sans doute, mais confinée à vie dans une France étriquée et encore malade de la guerre, et dans les limites d'une région pourtant magnifiée par des paysages naturels eux-mêmes magnifiés par le souvenir prégnant des peintures de Van Gogh et de Cézanne ; je rêvais d'autres cieux. Pour m'enraciner davantage en moi-même et dans une existence élargie, je sentais le besoin d'un déracinement. Le Moyen-Orient me tentait comme un aimant ; le simple mot "Orient" faisait lever en moi la vieille magie de l'exotisme et des promesses d'aurores. Eclaboussée de soleil, sans cesse creusée par les passions des dieux et des hommes, cette terre avait été le berceau et le carrefour de multiples cultures. On me proposa un poste à Beyrouth : je l'acceptai. Dès lors, je découvris ce que j'avais confusément cherché : le contact avec une humanité cosmopolite dont les camps de concentration m'avaient donné, sans avoir pu les satisfaire, la curiosité et le goût. Répondant à ma curiosité des autres, un accueil chaleureux confirma mon plaisir et ma passion d'enseigner la philosophie. J'appris beaucoup de mes élèves et étudiants, curieux de tout et vifs d'esprit parce qu'eux-mêmes appartenaient, tout en souhaitant se dégager de leur emprise, à des ethnies et à des confessions religieuses dont le nombre, dans une même classe, pouvait atteindre la quinzaine : une diversité qui favorisait l'émulation. Dans cette région que des problèmes confessionnels, culturels, sociaux, politiques et nationaux plongeaient et secouaient dans une perpétuelle effervescence, que de situations complexes n'y avait-il pas à comprendre ! En fréquentant ici et là les uns et les autres, je crois, au bout de 20 ans de séjour, y être parvenu. Dans mon dialogue renouvelé avec eux, la différence des autres me rendit la mienne : sortir de soi pour aller vers les autres est le meilleur moyen de revenir vers soi. Mon obsession des camps disparut. Encouragé par tous ceux qui, au Moyen-Orient, se faisaient une haute idée de la culture française et attendaient donc beaucoup de ses représentants, je m'engageais dans de nouveaux combats qui firent froncer les sourcils et grincer des dents aux fonctionnaires bornés de l'ambassade de France : la défense des droits de l'Homme, puis, sous l'égide de P. Vidal-Naquet, la dénonciation de la torture liée à l'interminable et inutile guerre d'Algérie, et enfin le vœu, fortement exprimé par quelques Français, à mon initiative, que les peuples israéliens et palestiniens puissent s'entendre pour se reconnaître comme nations et accéder chacun au droit à un Etat souverain, reconnu et respecté par tous.

C'est avec conviction que j'ai mené de tels combats, à mes risques et périls : peu m'importait.

Aucun doute, c'était pour moi la fin d'un flottement et la confirmation d'une résurrection. Je me trouvais rassemblé, surtout depuis qu'un mariage heureux avec Geneviève en 1954, et la naissance de notre fils Nicolas étaient parvenus à éloigner de moi, à une distance quasi infinie, les derniers fantômes et les dernières obsessions concentrationnaires qui me poursuivaient encore : deux événements qui me permirent enfin de mordre dans la vie à pleines dents ; par une sorte de superstition ancestrale, j'osais à peine, pour ne pas rendre les dieux jaloux, me dire heureux.

Pourtant, un incroyable et stupéfiant hasard sembla, une dernière fois, se jouer de mon passé concentrationnaire pour en faire peser symboliquement le destin, non plus sur moi, mais sur l'existence officielle de mon fils. A notre retour du Liban en France en 1971, les services de l'état civil — en l'occurrence le commissariat de police — nous délivrèrent de nouvelles cartes d'identité à tous les trois. Je crus m'évanouir lorsque, sur la carte d'identité de mon fils, je découvris le nombre 23.082 : c'était exactement le numéro d'immatriculation qui, à mon arrivée au camp du Strüthof, m'avait été attribué pour être ma seule désignation et ma seule identité : il venait brutalement et à l'improviste de faire retour. Refusant toute interprétation de nature superstitieuse, ma réaction, fort heureusement, comme celle de ma femme, ne dépassa pas celle d'une immense stupéfaction.

C'est au Moyen-Orient que j'ai pu, enfin, loin des hommes et des villes qui m'avaient aidé à renaître, contempler dans une sérénité heureuse la beauté des paysages si variés de cette région ; j'ai surtout découvert, émerveillé, la splendeur de ses ciels couronnant les montagnes du Liban, le Mont des Béatitudes en Galilée, ou encore le désert de Syrie où le feu des constellations faisait surgir miraculeusement du sable, des villes et des palais en ruines. L'éclat des peuplades d'étoiles et leur immensité innombrable semblaient conférer à ces nuits transfigurées un formidable mouvement de bascule entre le ciel et la terre, et communiquer une telle force et une telle ivresse à la conscience de soi que celle-ci se dilatait jusqu'au Cosmos pour s'y laisser absorber. Ces voûtes célestes resplendissantes, qu'on ne voit plus aujourd'hui dans une Europe maudite par la pollution et la lumière des villes, me rappelaient celles de mon enfance campagnarde en Meuse dont le souvenir ébloui, des années plus tard, m'avait souvent permis, au cœur de nos nuits de misère au camp de Schömberg, de me tenir debout.

II

LES POUVOIRS D'UNE EXPERIENCE INITIATIQUE : SES RETENTISSEMENTS DANS MON EXPERIENCE LIMITE D'UN CAMP NAZI

"Il n'arrive peut-être pas d'événements inutiles".
M. Maeterlinck (*Pelléas et Mélisande*)

"Notre vie s'use en transfigurations".
R.M. Rilke (*Lettres à un jeune poète*)

A la belle saison, le spectacle de la nature est une réalité sensuelle et festive en laquelle j'avais alors envie de me fondre pour dilater mon être. Je jette aujourd'hui un regard sur l'événement, un véritable avènement, qui a profondément marqué le garçon paisible, songeur et plutôt solitaire que j'étais à l'âge de 11-12 ans. Ce souvenir accompagnera souvent bien des moments de ma vie, et surtout, pour me redresser, jusque dans le monde concentrationnaire.

Cette image se précise ; je la vois s'animer, comme rythmée par la succession d'images projetées dans la nuit par une lanterne magique.

Un soir de juin — la nuit est presque tombée — le gamin, qui en a pris l'habitude en cette saison, enfourche son vélo et file à toute allure sur une route désertée mais bordée d'arbres, qui de colline en colline et de vallon en vallon traverse des villages à demi endormis. Un désert de silence, seulement troué par le sifflement de l'air, lui semble préparer une révélation : il l'enveloppe et le pénètre de mille sensations ; ce sont : l'odeur acide et âpre qui émane des prairies d'élevage et des étables ; l'odeur humide de l'herbe fraîche qui alterne avec celle, tiède et très parfumée, du foin coupé ; c'est aussi l'odeur sucrée et entêtante des tilleuls et des acacias en fleurs. Essoufflé après une montée, il s'arrête pour contempler la splendeur innombrable et gelée du ciel constellé qui lui semble, pour la première fois de sa vie, déverser sur toute la terre le flot d'une vie surabondante que rythment la stridence des grillons et une immense palpitation d'insectes. Comme si elle n'était là que pour exalter la lumière, la nuit fait danser dans la prairie céleste la lumière des astres, une danse que miment les lucioles qui, comme des étoiles filantes, tracent des sentiers phosphorescents sur la prairie terrestre. Une vie paraît se recréer elle-même dans l'infini du champ des possibles : pour tout submerger. C'en est trop pour le jeune cycliste qui remonte sur son vélo et, emporté par l'excès et l'ivresse de tant de sensations et d'émotions aussi fortes, cède au vertige de la vitesse pour se laisser engloutir dans le fond obscur et glacé d'un vallon. Soudain, il se met à trembler d'effroi, ses mains ne sentent plus le guidon et ses jambes ont déjà lâché les pédales ; pour éviter la brutalité de la chute, il parvient à s'arracher à sa monture et se laisse recueillir sur le dos dans l'herbe du talus ; il perd conscience dans un brutal et court évanouissement...

Mon réveil fut une nouvelle naissance. Ce don d'une nouvelle vie fut aussi celui d'une énergie formidable dont je ne pouvais imaginer que, tout au long de ma vie je garderais une large part qui me réconforterait dans les moments les plus critiques, et jusque dans l'horreur des camps de concentration nazis.

Au-delà d'un bois de chênes, je contemple, les yeux démesurément ouverts et sans trop savoir encore qui je suis et où je me trouve, un monde nocturne et lumineux d'où une Vie turbulente ne cesse de sourdre, de tous côtés ; après cette courte mort symbolique qu'a été mon évanouissement, je découvre que la Vie vient de m'être rendue au creux douillet de la toison herbue encore chaude d'une journée d'été.

Au-dessus de moi, la fausse apparence de la Mort s'est déchirée comme un voile ; tel un fleuve d'aventureuse éternité, la vie avance, jaillit, arrogante, pénétrante, provocatrice. L'enfant recommence à s'inquiéter dans un frisson d'effroi : cette pulsation du Tout de la Vie, d'où vient-elle ? Il songe à ce scandale absolu : lui-même, son père, sa mère, son frère, les hommes, ainsi que les plantes et les arbres qui, en cet instant, font entendre de grêles explosions de vie — et que tout cela aurait pu ne jamais exister. Pour l'heure, je me laisse envelopper par l'épaisseur infinie d'une nuit qui, piquetée de lumières clignotantes, fait signe de toutes parts comme pour réveiller la terre du sommeil qui la guette, ou de son engourdissement passager. Face à ces couronnes, à ces diadèmes, à ces colliers de perles, à ces parures de toutes formes que les constellations semblaient avoir sorties du néant pour les façonner et les jeter sans compter autour d'elles ; face à cette munificence, à cette orgie joaillière offerte, apparemment sans contre-partie, à toute la Terre, je me sens regardé par une myriade d'yeux qui, dans ce silence somptueux que traversent leurs flammes, semblent pourtant attendre de moi quelque chose. Mais quoi au juste ? Tout d'un coup, une secousse m'ébranle tout entier, comme si, dépossédé soudain de mon identité, je venais d'en recevoir une autre qui, quoique infiniment plus lourde à porter, me soulève loin du lieu où je me trouve, vers des espaces et des temps radicalement nouveaux. Puis, aussitôt, il me semble comprendre que, malgré moi d'abord et finalement consentant, je suis devenu porteur d'une sorte d' "héritage", le témoin privilégié d'une obscure révélation ou, mieux encore, le dépositaire obligé d'un mystérieux "trésor" dont je serais désormais un comptable d'élection. Cette naïve outrecuidance explique que, splendide et énigmatique, l'image de ce "trésor", se soit ancrée en moi pour toujours : afin, me disais-je, de le faire rayonner et fructifier en moi et autour de moi, à la manière d'une terre sauvageonne nouvellement ensemencée. Mais que pouvait bien indiquer et signifier, dans son évidence irrécusable, l'image bouleversante de ce ciel constellé recouvrant la terre de son envahissante générosité ? Ce sens, je ne parvenais pas à le saisir : il se dérobait sous mes yeux, comme ma vie avait paru se dérober dans ma chute et mon évanouissement.

Dans l'immédiat, cette ignorance ne me paraissait pas avoir beaucoup d'importance et, au moment où je me remis de l'éblouissement qui m'avait jeté à terre, je me disais que j'aurais toute la vie pour saisir un tel sens (s'il y en avait un !), pour le comprendre, le faire mien, le faire partager d'une manière ou d'une autre ; comment ? Je n'en avais pas la moindre idée.

Toutes sortes de questions n'allaient pas tarder à se bousculer dans la turbulence d'une imagination surexcitée par ce qui venait de m'arriver. Des sentiments divers et contradictoires les accompagnaient dans une sorte de cortège désordonné que je laissais me traverser, malgré moi — tant il est vrai que l'admiration, lorsqu'elle est en même temps le choc de la stupéfaction, s'accompagne d'une vive inquiétude et, très vite, d'un irrécusable effroi. C'est l'effroi de se sentir seul et démuni devant l'éclat unique et inattendu d'une beauté ou de sa majoration qu'est le sublime ; d'une beauté fermée sur elle-même par son refus de livrer tout de suite le secret de son origine, de sa nature et de son sens ; majesté muette du sublime qui peut glacer d'épouvante. Aujourd'hui, je me revois remonté sur mon vélo, pressé de rentrer à la maison ; mes genoux tremblent : est-ce parce que je suis remué jusqu'au tournis par le manège des questions qui se sont emparées à l'improviste de l'esprit du jeune adolescent ? Des questions d'une ampleur désarmante et qui me poursuivront tant d'années, relatives aux thèmes de l'origine, de la fin comme finalité et comme disparition, du sens de tout ce qui est : du monde comme de l'existence humaine. Cette nuit-là, chevauchant en danseuse un vélo qui, sur un chemin pentu, mimait comme un coursier fatigué une ascension impossible, cette nuit-là, transfigurée, fut donc mon premier baptême métaphysique, rythmé par la rotation d'un pédalier grinçant et le double halètement de son cavalier : un halètement physique et un halètement métaphysique qui n'en faisaient plus qu'un, absorbé par la nuit.

Je venais de faire l'expérience symbolique d'une petite mort qui me révélait que mon existence, un jour, aurait une fin, et je me demandais si l'univers, qui ne cessait de voir les gens vivre et mourir, pouvait lui aussi avoir une fin ; parce que l'univers aux constellations innombrables avait l'air de s'imposer partout avec l'évidence de la nécessité. Sa majesté, irrécusable dans sa terrible magnificence, semblait à mes yeux le préserver de toute attaque, de toute agression, de toute menace et même de tout accident ; rien de grave ne pouvait lui arriver. Où l'univers aurait-il pu disparaître puisqu'il était le Tout en dehors duquel il n'y avait rien ? Cette question me tarauda durant des semaines entières. S'il devait disparaître quelque part, me disais-je, ce ne pourrait être qu'en lui-même, dans sa propre immensité où, par son éclat et sa puissance d'affirmation, il se reconstituerait d'une manière ou d'une autre, reformé. Il me semblait affirmer sa vie éternelle comme pour mieux me faire sentir, avec ma finitude, l'inéluctabilité de ma mort ; mais j'hésitais sur la question de savoir si une telle éternité était un privilège enviable ou l'expression d'une condamnation perpétuelle. De toute ma vie, je n'ai, dans les années qui suivirent, jamais autant souhaité avoir une réponse à ces questions.

Je pensais être plus rassuré quant à l'examen de la question des origines. Mais si l'on peut s'interroger avec plus ou moins de succès sur l'origine rapprochée d'une chose, d'un objet, d'un événement, d'un être, peut-on en faire de même au sujet d'une Totalité aussi vaste que l'univers, d'une Totalité qui englobe tout le réel ? L'idée qu'une telle totalité puisse être sortie des mains de Dieu (et ce dernier, comment se le représenter ?), comme l'affirmait de façon abrupte, en chaire comme aux enfants du catéchisme, le curé du village, ne me paraissait nullement convaincante. Cette ingénuité un peu simpliste ne pouvait pas apaiser l'angoisse née de la question des origines qui ne pouvait que rebondir à l'infini. Et quelle pouvait être l'origine de Dieu lui-même, si par hasard il existait ? Qui avait pu le créer ? Et s'il s'était créé lui-même, d'où lui venait sa puissance d'autocréation ? Puisque l'idée d'éternité d'un Cosmos et surtout celle d'un Dieu ayant toujours existé me paraissait — comme à mon père et à ma mère dont je connaissais l'opinion sur ce sujet — un défi au bon sens et impossible à soutenir, il fallait bien me disais-je, que, au premier bout de la chaîne, un événement, quelque chose ou quelqu'un lui ait donné l'existence. Mais cet événement ? ou ce quelqu'un ? et ainsi de suite, vers d'autres causes, dans l'impossibilité de s'arrêter à l'une d'elles fût-elle la plus lointaine ou la plus située en amont. Courbé sur mon vélo qui se balançait en grimpant entre deux rangées d'arbres comme pour se frayer un chemin dans le tunnel de la nuit, je sentais intensément, sans pouvoir la formuler nettement, que cette mise en abyme de la question des origines avait quelque chose d'effrayant qui me glaçait les os. Je découvrais, bouleversé par l'admiration et la frayeur, l'irritante question dont j'eus, alors, la certitude qu'elle serait toujours, pour moi, sans réponse : "Pourquoi y a-t-il quelque chose plutôt que rien ?".

Comme si un malin génie de l'interrogation avait voulu me poursuivre en me compliquant les choses, je m'aperçus plus tard, à force de contempler, médusé, les ciels constellés de mon adolescence campagnarde, que le mot *pourquoi* indiquait deux directions opposées : celle des causes antécédentes et premières dont la recherche, à propos de l'univers, se perdait dans l'infini, et celle des causes finales qui touchaient de près ou de loin à la destinée des hommes.

Offerte à la contemplation, la voûte céleste venait de me convaincre que le Cosmos était tout frémissant d'une Vie secrète poussée par ses propres projets, tendue vers des fins ; mais lesquelles ? J'avais le sentiment que cette Vie secrète semblait solliciter l'attention et la volonté des hommes afin qu'ils fassent quelque chose d'important, d'essentiel, mais quoi au juste ? Enigmatique, la raison d'être de l'univers devenait en même temps la raison d'être de l'existence humaine, comme si l'une devait conduire à l'autre, comme à son prolongement. J'entrevoyais confusément que, affirmer pareille raison d'être, c'est postuler l'existence d'une intention originaire, maintenue de façon constante dans le temps infini nécessaire à la succession infinie de ses buts et/ou de ses réalisations. De plus, cette intention, où la totalité du monde se trouvait enveloppée, devait être celle d'un Sujet tout puissant ou omniscient consubstantiel à l'univers et dont l'existence ne pouvait se deviner qu'à travers la beauté et l'infinie variété de ses manifestations. Bref, je n'étais pas loin de faire sortir Dieu de l'église de mon village pour le placer et le répandre partout dans cet espace qui, par son immensité et sa magnificence, lui convenait le mieux : la Nature entière à laquelle Dieu s'identifiait.

Restait cependant, indéchiffrable, la nature des intentions d'une Nature prodigue qui n'en finissait pas de solliciter les êtres humains et de les interpeller. Une Nature qu'on ne pouvait pas ne pas être tenté, aussi, d'interpeller. Quel sens pouvait-elle chercher à conférer à leur destinée ? Vertigineuse était la question de la lisibilité de cette intention qu'on pouvait supposer présente dans la structure, le fonctionnement ou l'évolution d'un Cosmos conduisant à l'espèce humaine qui, en retour, serait conduite à réfléchir sur ce Cosmos pour éclairer sa propre vie. Quelques années plus tard, je m'aperçus que de telles questions, qui ne m'avaient jamais abandonné, échappaient de toute évidence à la science positive, et qu'elles ne pouvaient être reprises que par les relais de la mythologie qui séduisit mon imagination, ou de la religion dont je n'ai jamais été un adepte, ou, enfin, des sublimes rêveries de la philosophie qui, très tôt, m'attirèrent parce qu'il me semblait qu'elles me feraient vivre. Mais je sentais déjà que, à des questions aussi essentielles que celles de la vie et de la mort, les réponses, dans leur diversité, pouvaient se contredire ; je sentais également que, si dans le domaine métaphysique, aucune réponse n'est pleinement satisfaisante aux yeux de la raison et de ses limites, ces questions seront toujours ouvertes pour solliciter et tonifier une réflexion vivante.

En fin de compte et malgré l'insistance de son questionnement, ce balbutiement métaphysique aboutissait à une double certitude : quelque chose d'essentiel à mon être me venait de ce Cosmos en fête pour former le noyau de mon individualité et, en retour, ce noyau, après ma mort — c'est-à-dire celle de mon individualité — rejoindrait sa source cosmique. Cette certitude avait été depuis longtemps préparée ; en la harcelant tout enfant de questions sur la destinée des êtres humains après la mort, ma grand-mère, femme énergique, généreuse et sage que je vénérais et à qui je pouvais attribuer des vertus propédeutiques, m'avait souvent répété que quelque chose des êtres disparus se retrouvait parmi les étoiles accueillantes aux défunts ; bien qu'elle ne m'en ait dit guère plus, cette idée poétique me convenait, puisqu'une sorte d'immortalité était assurée. Pas plus que l'on ne s'inquiète de ce qui a pu précéder la naissance, il n'y avait donc pas lieu de s'inquiéter de l'après-vie. L'existence de l'individu se trouvait ainsi comprise entre deux éternités, celle de l'avant et celle de l'après qui, au fond, n'étaient qu'une. Cette idée forte a bercé et fortifié toute mon adolescence rêveuse ; notre existence n'était pas sortie du non-être, pas plus que, après elle, elle ne se perdait en lui, puisque, avant et après elle, il n'y avait pas de non-être : il n'y avait que de l'être qui, dans sa générosité enveloppante, ré-absorbait, après la mort, le noyau d'être dont il avait fait don à l'individu. Réduite à l'illusion d'un monde phénoménal, la mort n'était plus qu'un simple passage à un autre monde, reconduisant le noyau d'être de l'individualité à son état originaire. Dès lors, pourquoi s'effrayer de la mort ? Je ne me demandais pas sous quelle forme se retrouvait, dans l'éternité cosmique, ce qui dans l'individu avait constitué son essence d'être : la réponse à une telle question me paraissait hors de portée des grands-mères les plus sages, comme des philosophes les plus chevronnés : seuls les poètes pouvaient broder des réponses. A elle seule l'idée de cet éternel noyau d'être dans l'individu me suffisait : elle apaisait mes inquiétudes par cette verticalité ontologique qui faisait échec au temps horizontal mortifère ; en outre, si cette idée d'indestructibilité a traversé toute mon adolescence, c'est parce qu'elle me séduisait par son aspect esthético-métaphysique ressenti comme une force à laquelle je pourrais toujours faire appel pour me redresser.

Avant que mon parcours initiatique n'eût pris fin, c'est avec une totale indifférence que je laissai derrière moi le cimetière du village tout près duquel je passais ; c'est à ce moment-là que fut congédié définitivement le cortège des images fantomales et cadavériques que naguère, durant mes promenades crépusculaires au bord de la nuit, le champ des morts avait toujours fait surgir en moi. Rentré enfin discrètement dans ma chambre, je m'effondrai sur mon lit dans un état d'ivresse où se mêlaient contradictoirement, avec cet accablement qui suit le choc d'une révélation, un frisson d'effroi et au plus profond de moi une lumineuse et intense jubilation. Les jours suivants restèrent hantés par le caractère décisif et absolu d'une expérience initiatique qui m'avait révélé que la mort se réduisait à un événement qui faisait partie de la vie, que la vie absorbait toute mort et, finalement, que celle-ci, en tant que total anéantissement, n'était qu'une illusion ou, au pire, un simple épiphénomène. Somme toute, je pouvais me persuader que, passé le moment de mon évanouissement provoqué par la terreur d'une vie pullulante, j'étais, rappelé par cette vie même, une sorte de ressuscité parmi les morts ; mais je ne me posais pas la question de savoir quelle vie me serait rendue après que je fusse mort pour de bon.

Si j'étais délivré de l'angoisse de la mort en général et de la mienne en particulier (mais combien de temps le serais-je ?), restait intacte l'angoisse persistante de la mort d'un être cher et de la désolation à venir d'une séparation aussi absolue, équivalente à une séparation de soi. De la mort de mes proches — comme de celle de mes plus proches camarades morts exterminés près de moi, plus tard, dans le monde concentrationnaire — je ne me suis jamais consolé. Porter le deuil, prendre le deuil, être en deuil, faire le deuil, je n'ai jamais compris le sens de ces expressions un peu légères qui semblent conduire de façon expéditive à une résignation qui est en fait impossible. Si la perte d'un être cher est toujours ressentie comme irréparable, il nous est possible d'en faire revivre l'image : une image qui ne saurait se laisser pétrifier ni matériellement (la photographie d'un défunt : cette seconde mort), ni mentalement (le souvenir convenu ou mythifié par consensus familial), mais une image que nous avons inscrite, toute vivante, au plus profond de soi pour qu'elle continue à nous sourire et accompagner, même de très loin, notre vie. Comme si les défunts qui nous furent chers ne demandaient qu'à revivre en nous, avec nous, et non pas nous en eux. Mais cette sorte de résurrection n'a-t-elle pas aussi un parfum d'illusion consolatrice ?

Ce qui n'était pas une illusion mais qui, désormais, m'apparut comme une absolue certitude, c'était l'idée que tout être humain devait nécessairement se tourner vers ce qui est plus grand que soi et se hausser au-dessus de soi : à ses risques et périls. Refuser la frilosité ; accepter d'être blessé par le côté vertical de l'existence et par la révélation de l'ineffable (l'amour, comme l'éclat de la beauté, n'est-il pas aussi souffrance ?) ; accepter d'être porté par le sublime au-delà de soi-même — et cela même jusqu'au déchirement intérieur ; bref, c'est vouloir assumer une sorte de pacte avec soi-même, soutenu par la promesse de connaître bientôt cette joie d'exister qui relève toujours d'un dépassement de soi dans le mouvement d'une générosité ouverte à l'universel. Un rêve typiquement adolescent dont on ne peut nier la force et le retentissement.

Têtu, le souvenir lumineux de cet événement nocturne vint souvent me réconforter au camp de concentration nazi de Schömberg : quel réconfort ! Il revenait dans mes nuits à la mine lorsque, après avoir hissé les wagonnets remplis de plaques de schistes bitumineux sur le tas de décharge, notre équipe de nuit les faisait basculer et les jetait, comme une dérisoire offrande ou un reproche, sous le regard des mille feux d'un ciel noir. Exténués, nous reprenions notre souffle ; le corps appuyé sur les bords du wagonnet, nous contemplions un moment le ciel figé dans la splendeur géométrique de ses constellations. Pour ma part, je tentais chaque fois de capter pour me l'approprier, un second souffle que naguère je connaissais bien : celui qui paraissait émaner du ciel. La chose n'était pas facile ; tantôt parce que ma fatigue était telle que, transi de froid et prisonnier d'une sorte d'hébétude, je ne pouvais tenter cette captation et j'avais alors l'impression que nous n'étions tous que le mauvais rêve du ciel ou, à l'inverse, que la magnificence du ciel n'était que l'hallucination d'un immense sapin de Noël ; tantôt parce que la face du ciel, dans son indifférence glacée à la misère de notre sort, semblait regarder ailleurs que sur notre planète ; alors nous lui tournions le dos, répondant par notre indifférence à la sienne, nous descendions vers le boyau qui nous menait à la mine où, malgré la lourdeur d'un air difficilement respirable, nous étions assurés d'une tiédeur réconfortante venue, comme providentiellement, des profondeurs de la Terre. Mais assez souvent, il arrivait que le Ciel répondît à mes attentes ; un rendez-vous heureux se produisait : le souvenir qui avait marqué mon adolescence revenait, mais cette fois apaisé et d'une joie sans mélange, pour ajouter sa magie à celle que le ciel, au-dessus de la dévastation de la carrière de schistes, opérait devant nos yeux soudain éblouis. J'ai surpris, une nuit, l'un de mes compagnons en train de se signer, sans doute pour exprimer tout autant que son admiration, le souvenir de sa foi dont je savais qu'elle avait été depuis des mois fortement ébranlée, et son imploration ou une prière d'intercession. Ebloui moi aussi, je l'étais d'une autre façon ; j'oubliais, pendant quelques secondes qui me paraissent aujourd'hui avoir duré une éternité, qui j'étais et où je me trouvais ; mon corps, ma sensibilité, mon imagination, ma pensée n'étaient plus moi ; allégé de tous les fardeaux de la mine, tout mon être avait fait un bond prodigieux pour s'élargir et se dilater aux dimensions de l'illimité. Il me semblait que ma respiration, amplifiée par un souffle cosmique, emmagasinait une formidable énergie, mise en réserve pour faire face — et je m'en faisais le serment — à la multitude d'épreuves que la vie quotidienne au camp nous ferait encore subir pendant longtemps. Un ordre rauque et brutal rompait le charme : c'était le soldat S.S., gardien de l'étroite entrée de la mine, qui, après avoir paru oublier dans l'ombre son statut et ses fonctions, se réveillait soudain de sa torpeur et nous sommait de rentrer sous terre comme des rats. Réduit à une silhouette sombre sans substance, ce pantin fatigué réchauffait ses os auprès d'un brasero en nous tournant le dos ; il n'était plus à craindre, comme s'il continuait lui aussi à s'absenter de lui-même, dans la nuit d'un mauvais rêve. Moralement revigoré

— et je le serais jusqu'à la relève de l'aube — je rentrais, avec mes compagnons dont quelques-uns étaient aussi ragaillardis, dans la nuit de la terre et, malgré l'activité mécanique de somnambule que nous allions tous reprendre, enrichi d'un capital de résistance qui ne me quitterait jamais.

Si je n'ai jamais vraiment connu, au camp, l'abattement et le désespoir, si j'ai toujours eu la certitude arrogante que je trouverais, seul ou avec d'autres, le moyen de résister peu ou prou aux malheurs de notre condition et que, finalement, je tiendrais le coup, c'est, me semble-t-il encore aujourd'hui, à cette énergie, en quelque sorte tombée du ciel, que je le dois. C'est à elle, en particulier, que je dois d'avoir supporté ces maillons d'une même chaîne ; la faim, la fatigue, les insultes, les coups, le sadisme des S.S. et de nombreux Kapos, les blessures du corps et les maladies : du fond même de mes souffrances, j'avais encore le front de me sentir, à la limite, invulnérable. De cette croyance juvénile, je mesure, aujourd'hui l'outrecuidance et l'inconscience presque délibérée...

C'est encore grâce à elle et à l'énergie qui en était la source, que je dois : d'avoir résisté au langage abject des bourreaux dont les mots étaient lancés sur nous comme des poignards ; d'avoir subi, comme tant d'autres, toute la gamme des travaux forcés du camp répartis entre une vingtaine d'équipes ("les Kommandos") dont on pouvait — à force d'y avoir été jetés jour après jour — peser et comparer les inconvénients et les infimes possibilités d'échappatoires ; de m'être impliqué, avec plus ou moins de succès, dans les difficiles rapports intercommunautaires ; de n'avoir pas hésité à devenir un voleur habile à pénétrer dans les caves de pommes de terre et à en ressortir pour être éventuellement un pourvoyeur de quelques camarades ; de m'être jeté dans des bagarres pour accéder, coûte que coûte, aux ridelles d'un camion de choux ou de rutabagas entré à vive allure dans le camp sous la garde des Kapos et de leurs gourdins ; d'avoir effectué des gestes de solidarité en faveur de ceux dont la faiblesse extrême n'avait pas été la mienne. C'est encore à elle que, malgré les interdictions, les menaces, la puanteur du lieu et les dangers de la contagion, je dois d'avoir réussi à pénétrer dans l'infirmerie (le "Revier") qui n'était en fait qu'un mouroir, afin d'adoucir la lente et douloureuse agonie de mon ami Valette.

Cette énergie avait cependant pour ennemi intérieur la tentation toujours très forte, surtout au début de notre détention, de nous raccrocher à notre passé en l'évoquant, quelle qu'en pût être la tonalité affective, pour le ressasser ; le fait de voir, impuissant, quelques-uns de mes compagnons pleurer d'un attendrissement mêlé de chagrin, comme s'ils pleuraient sur leurs morts, en se souvenant de quelque épisode familial de leur histoire : ce fait m'avait convaincu assez vite qu'une telle complaisance était non seulement dangereuse parce que tout souvenir de ce genre faisait mal, mais débilitante parce que le retour au réel, après cette fugue dans le passé, avait aussi quelque chose de désespérant. J'ai eu souvent l'impression que certains de mes camarades, victimes de ce maléfice, se couchaient, le soir, sur leur paillasse pour s'envelopper de leur passé, et dormir avec leur passé, dans leur passé, comme pour se pelotonner dans le nid d'une douce mort, tant il était évident que leur réveil du matin serait le retour à l'enfer. D'autres, comme moi, avaient compris que l'énergie, ou cette foi en la vie, qui était tout ce qui nous restait de notre vie antérieure, devait être toute entière tendue vers l'avant, vers un avenir moins éloigné de nous que ne l'était le passé : un devenir très proche du moment présent, afin de le situer ou de le tenir à portée de mains ; se complaire à des rêveries d'avenir pouvait parfois agir comme une drogue mortelle si on ne les tenait pas à distance. Notre souci commun était, selon des modalités propres à chacun, de passer de "l'homme couché" à cet "homme debout" dont parle Alain dans ses *Propos* qui avaient marqué ma vie étudiante ; pour ma part, j'y parvins : non sans tâtonnements et lutte contre moi-même.

A l'opposé de la mémoire personnelle s'avérant périlleuse quand elle se refermait sur elle-même, pouvait se déployer une mémoire plus large et ouverte à l'universel, une mémoire culturelle que je jugeais fertile parce qu'elle pouvait, très concrètement, nourrir la vie. Ce que j'avais appris en philosophie, dans la classe préparatoire à l'E.N.S. de Saint-Cloud, me revenait en miettes que j'avais d'abord tenté en vain de rassembler, comme si ces fragments que j'avais naguère reçus dans le plaisir de la découverte, je les avais mal assimilés. Mais surtout, me disais-je, penser, raisonner, concevoir étaient, ici et de plus en plus, d'impossibles opérations de l'esprit ; pourtant je sentais confusément que cette culture fraîchement acquise existait en moi, mise entre parenthèses : une présence absente en quelque sorte qui, un jour ou l'autre, serait pour moi une force. Pour moi, oui, mais pour les autres, dont la mémoire culturelle était inégalement partagée ? En plusieurs d'entre nous, le monde des livres avait déposé ses semences qui ne pouvaient pas s'échanger comme des livres. En nous, une bizarre sélection mentale de souvenirs venus des livres s'opérait, de façon spontanée : les laisser venir sans avoir besoin de les appeler était le plus sûr moyen de les recueillir comme autant de promesses de secours comme en font toujours de beaux textes aimés. Même lorsqu'ils n'étaient que des bribes, ils ne perdaient rien de leur vigueur et de leur insistance comme pour exhorter à mieux se saisir de leur vie secrète. Plus que des idées abstraites, c'étaient des rythmes et surtout des images bourrées de symboles.

C'est d'abord du côté de ma mémoire mythologique que me sont venues les premières images, celles qui marquent la culture de l'enfance ; mais ces figures populaires de la mythologie — comme celles d'Orphée, de Prométhée, du Minotaure, d'Icare, de Thésée, d'Atlas, des héros de la guerre de Troie — me traversaient l'esprit sans s'y attarder : inutiles, elles n'étaient que celles de héros, alors que, au camp, nous ne demandions qu'à rester des hommes.

Plus humaine dans son inhumanité même, une image s'installa durablement en moi pour devenir une salutaire obsession. C'était, venue des *Propos* du philosophe Alain, l'image de l'homme qui, s'étant couché pour penser, s'était mis, le regard perdu dans les nuées, à rêver et à finir par s'endormir ; puis c'est l'image de ce même homme qui décide de se lever, de marcher et de regarder devant lui vers l'horizon qu'il se prépare à voir de plus près pour s'en saisir comme de son propre avenir. Ces oripeaux, arrachés à la culture par une Histoire qui, maintenant, les rejetait à mes pieds, je les retrouvais comme le texte d'une Bible perdue : à la "croyance" banale qui se couche devant ce qui est et a été, était opposée la "foi" qui refuse de se laisser aller à ce qui est et décrète que ce qui mérite d'être, pourra être. Cette audace formelle dont pareille image témoignait, s'accordait encore à mon tempérament d'idéaliste à la liberté sourcilleuse. Mais je ne voyais pas encore comment passer de l'homme "couché" à l'homme "debout", de la "fausse" croyance à la "vraie". Etait-ce en le décidant, comme ça, par le coup d'éclat ou le coup d'Etat d'un vouloir abstrait ? Parier, en somme ? Mais le pari est le luxe formel du paresseux qui n'aime ni le monde, ni la vie, ni soi. J'allais bientôt réapprendre que le monde vivant est notre promesse et que nous sommes la sienne ; puisqu'il est toujours là, comme une invite, une provocation ou un défi cruel à relever, il faut d'abord le voir et l'entendre : il a, lui aussi, sa prose qui se parle et nous parle en se laissant, difficilement sans doute, déchiffrer. Etre au monde, n'est-ce pas d'abord naître et renaître du Monde qui ne cesse, quand on le regarde, de nous faire lever pour y inscrire non pas notre sauvagerie mais notre humanité ?

A l'image récurrente de l'homme debout se mêlait, pour la soutenir et la conforter, le souvenir de mon engagement actif dans la Résistance, animé d'une foi républicaine et patriotique et qui, quoique modeste, n'en était pas moins efficace et périlleux. Si dans le vaste territoire de la France occupée, il y avait toujours quelque part des lieux ou des espaces où préparer et mener la lutte contre l'occupant, l'espace concentrationnaire non seulement était réduit, contraint, contrôlé et interdit à toute liberté de déplacement, mais lorsqu'un détenu était débusqué d'un recoin qu'il avait pu trouver pour s'y cacher afin d'échapper au travail forcé, il était accusé de préparer une évasion et risquait l'exécution. Un tel espace était le lieu d'un enchaînement sans faille. L'impression que nous étions de mille façons enchaînés fit surgir en moi le retour d'une autre image tout aussi insistante que celle de l'homme debout, et irritante aussi parce qu'elle semblait la contredire. Déconcertante et froide, elle venait de la doctrine des Stoïciens dont la grandeur, la beauté et les prétentions avaient naguère emporté mon admiration. Coupée de son contexte philosophique, cette image m'exaspérait par son ambiguïté et pourtant elle exigeait que je tinsse compte de ce qu'elle paraissait ordonner : il est des images-métaphores qui ont une fonction plus injonctive que celle d'un impératif verbal. Sollicitée par notre situation d'esclavage concentrationnaire, cette image me parut bien plus terrible que lorsque, dans une salle de classe, je l'avais sortie d'un livre.

C'est la figure de l'esclave enchaîné derrière un char qui l'emporte ; s'il se débat, il roule dans la poussière et les pierres du chemin, et meurt, écorché ; s'il accepte de suivre l'allure, puisque, raisonnablement, il ne peut rien faire d'autre, il reste intact, il ne sent pas les chaînes, il est sauvé. Sauvé ? mais où ? de quoi ? comment ? Pourtant la grande voix du Sage stoïcien, aussi grave et majestueuse que le Cosmos dont il avait su capter la structure et le sens pour s'identifier à lui, me répondait : faire ventre de la nécessité, en nourrir sa Raison pour y consentir d'une adhésion volontaire, réfléchie et joyeuse ; par ce seul bond, l'homme devenait un sage qui s'égalait à Dieu. La Raison ? Bien sûr, elle n'était nulle part : autour de nous, il n'y avait que les passions de la Justice et de la Liberté confrontées aux idéologies du mépris et de la haine ; en nous, elle commençait à s'enfuir et certains d'entre nous, à vingt-cinq ans, étaient déjà des vieillards ; et puis l'ordre du Monde, de notre Monde, avait-il été conçu et voulu par les dieux ? Oui, sans doute, non par les dieux stoïciens, mais par ceux qu'on avait pris pour tels, un jour, du côté de Berlin. Sans doute aussi, les Stoïciens avaient-ils prévu ce type de situation-limite qui était la nôtre et pour laquelle ils offraient le suicide ; mais qui, ici, y pensait ? Jamais, à ce moment de notre existence au camp, la vie n'avait été aussi prodigieusement aimée dans ce qu'elle avait jadis apporté et surtout dans ce qu'on lui ferait porter, après ; je ne connus qu'un cas de suicide : un Polonais qui n'avait cessé, pendant un mois, de cracher le sang de ses poumons, avant de se pendre ; mais les Stoïciens auraient-ils pu, pour homologuer cet exploit, en pénétrer les mobiles réels ? S'agissait-il du consentement raisonné d'un homme sage, ou de la passion d'un désespéré ?

Finalement, je dus l'admettre, la Sagesse stoïcienne n'était pas faite pour des hommes concrets : le concret de l'homme et de sa situation, cette Sagesse d'artiste l'abandonnait comme une dépouille dont elle se retirait pour rejoindre, aspirée par la voix des grandes orgues de l'Univers, la belle abstraction minérale d'un "Dieu-Cosmos". C'est que le panthéisme est surtout une esthétique, grandiose ; avait-il sa place, à Schömberg, poubelle parmi tant d'autres, où l'Histoire nous avait jetés ? Il nous suffisait de nous regarder : nous voulions être des individus dans une communauté qui ne fût que celle des hommes, et non celles des monstres ou des dieux. En outre, si les Anciens avaient connu la tyrannie et ses tortionnaires, ils n'avaient jamais conçu et pratiqué cette industrie de mort dont nous étions le matériau.

Ce symbole stoïcien, qui m'était revenu d'une culture bloquée sur un temps scolaire, donc en marge de l'Histoire, je le récusai ; du moins, je le crus ; plus tard, il réapparut sous une forme travestie et dérivée ; renonce-t-on facilement à ce qu'on a admiré ? Je remplaçai alors l'alternative stoïcienne — se débatte et mourir écorché, ou accepter de suivre l'allure du char — par un troisième terme commandé par une acceptation diagonale et sous condition : la mise en dérive ou ce que j'ai appelé la "déclinaison des figures de la Mort".

Etrangement, et nimbées du sourire de l'ironie, d'autres images, en s'imposant, se mirent à tourner dans mon esprit pour conjurer, sans doute, notre parcours fléché vers la mort. Elles venaient du philosophe Zénon d'Elée qui, présupposant que l'Etre est Un, multipliait les arguments contre la pluralité, et tentait de démontrer l'impossibilité du mouvement. Agacé par le retour inopiné et répété de quelques images exemplaires destinées à étayer cette thèse et qui semblaient pourtant me faire signe, je ne voyais pas en quoi elles pouvaient concerner notre sort et pourquoi leur insistance. C'était d'abord le paradoxe du véloce Achille ne pouvant jamais rattraper la paresseuse tortue parce que, disait Zénon, tout mobile, pour atteindre un point donné (son objectif) doit d'abord parcourir la moitié de la distance qui l'en sépare, puis la moitié de l'autre moitié et ainsi de suite : à l'infini, puisqu'il restera toujours une autre moitié ; en outre, comme la distance qui sépare Achille et la tortue consiste en une série infinie de points distincts les uns les autres, Achille n'en finira jamais d'atteindre des points que la tortue a déjà quittés. Un autre paradoxe, plus obscur, venait encore me troubler : une flèche, pourtant lancée contre sa cible, ne peut vraiment pas voler, selon Zénon qui présuppose en même temps la décomposition de l'espace en points et la décomposition du temps en instants indivisibles ; ainsi, à chacun des instants de son faux trajet, la flèche occupe un espace égal à elle-même, où elle demeure immobile : donc, une série infinie d'immobilités ne fera jamais un mouvement. Dans la passivité spéculative où je me trouvais, que diable venait faire ici l'incursion de ces images-symboles qui firent sourire quelques camarades à qui je les racontais. Après m'être interrogé sur le sens de ces anecdotes dont je n'avais pas sollicité la venue, je convins qu'il devait y en avoir un, ayant un rapport avec notre vie au camp. Ce sens m'apparut dans un sourire radieux : nous étions devenus la tortue, et le bouillant et cruel Achille la Mort dont la cible, c'est-à-dire nous-mêmes, était irrattrapable. Je fis part de ma découverte à mes camarades qui partagèrent ma joie ; nous comprîmes que ce jeu, d'une dialectique hautement symbolique, devait être pris au sérieux. C'est alors que les idées de distance, d'avancée, de séparation, d'écart s'installèrent en moi à demeure. Je décidai que, désormais, je ferais tout pour, avec un peu de chance, maintenir et même allonger la distance me séparant de la Mort, et au besoin La semer. Il suffirait, pour prouver un mouvement aussi vital, de marcher debout, droit dans sa volonté, sa fermeté, ses déterminations : malgré les obstacles, comme ceux que la tortue de Zénon peut surmonter : sa lenteur, sa lourdeur et ses prédateurs, puisqu'elle avait sa carapace. Zénon aurait-il pu imaginer l'usage interprétatif de son amusement spéculatif ? L'idée de la carapace — malgré le poids de celle-ci — me convenait.

La vie même de Zénon, à son terme, me paraissait plus proche de nous, tout au moins de ceux qui, parmi nous, avaient fait de la Résistance. Je connaissais l'histoire édifiante, devenue légendaire, de Zénon d'Elée : ayant appartenu lui aussi à un groupe de résistants au tyran Néarque que, au nom de la liberté, ils voulaient renverser, il fut lui aussi arrêté, emprisonné, torturé. Sommé de livrer le nom de ses complices, il décida, d'un coup de dents, de se trancher la langue et la cracha à la tête du tyran qui le fit mourir, dit-on, dans d'horribles supplices. Ce rappel héroïque — à moi qui n'avais pas été torturé après mon arrestation pour livrer le nom de mes camarades — me faisait le plus grand bien. Je savais déjà qu'une figure exemplaire, qu'elle soit historique ou mythique (puisque dans ces deux cas elle est toujours dessinée ou sculptée par des hommes), communique toujours, quand une telle figure incarne la défense des valeurs universelles, une force intellectuelle et morale exemplaire.

Vinrent ensuite des souvenirs de ma culture musicale ; ils semblaient venir de mon plus lointain passé, parce que la musique elle-même semble souvent s'écouter dans la nostalgie d'un paradis perdu qui, sans doute, n'a jamais existé. J'avais déjà découvert la puissance extraordinaire de la musique exercée sur l'humeur et la sensibilité, sur l'imagination et la réflexion. Consciente de son ambivalence et de celle de ses effets, mon admiration se mêlait à une certaine méfiance lorsque, au camp, je faisais surgir de ma mémoire pourtant muette tel ou tel morceau de l'œuvre d'un grand musicien : je savais que certaines musiques pouvaient avoir la vertu de réveiller et de fortifier et d'autres, à l'opposé, celle d'apaiser, d'attrister, d'endormir ou d'affaiblir la volonté et même d'exténuer toute force. Lorsque j'en avais la possibilité, j'allais retrouver Gélin qui avait pratiqué le piano ; la musique avait fait de nous de bons amis et son excellente mémoire musicale repeuplait la mienne. Mais il en revenait toujours — ce qui me désespérait, pour lui comme pour moi — à Chopin ; il m'en parlait comme d'un dieu consolateur. Lorsqu'il évoquait une de ses élégies, une berceuse, une barcarolle, et leur puissance bouleversante, je me raidissais ; je ressentais ces consolations amollissantes comme des coups bas ; les parfums attendrissants des premières violettes ou des premiers lilas qu'il prétendait me faire respirer, devenaient pour moi ceux de marécages où flottaient, au-dessus de vénéneuses plantes aquatiques, des fièvres et une mortelle langueur. Gélin s'exaspérait de mon irritation. En janvier, il fut pris d'un violent désespoir : les esquisses mélodiques qu'il tirait encore de sa gorge étreinte par le froid et des angines qui n'en finissaient pas, ne parvenaient plus à faire revenir, pour qu'il l'entendît, le timbre du piano ; son long cou, en se crispant, avalait des sanglots. Puis, Gélin s'enlisa peu à peu dans la solitude de ses rêveries crépusculaires. Au printemps, malade et squelettique, il fut expédié avec d'autres en "transport" et ne revint jamais.

Quant à moi, je me tournai mentalement et de préférence vers la musique de J.S. Bach qui me paraissait un contrepoint salutaire et un contrepoison à la musique de Chopin. Loin des passions tumultueuses et paraissant évacuer toute subjectivité, la musique de Bach n'exprime essentiellement que ce qu'elle construit ; j'y trouvais un oubli de notre condition, l'impression d'une soudaine et immédiate libération et celle d'une légèreté de l'existence courant le long d'une fugue. Si, dans cette musique qui semble n'exprimer qu'elle-même, il y a drame, c'est, avant tout, celui du corps à corps toujours victorieux du musicien avec sa matière sonore, dont il fait naître une œuvre posée pour elle-même, comme un *en soi* qui semble n'exister que *pour soi*. Sa hardiesse, son audace syntaxique, son style épuré jusqu'à l'abstraction semblaient, pour la première fois de ma vie, non seulement m'inviter au dépouillement ascétique de tout gémissement, de toute tragédie intériorisée, de tout regret, mais aussi à puiser en elle une énergie si généreuse qu'elle débordait autour d'elle. Car, avec ses incomparables et merveilleux principes d'ordre, la musique de Bach donne immédiatement un goût mental de l'organisation et des structures, mais aussi, comme dans les "*Concertos brandebourgeois*", le plaisir d'écouter de véritables poèmes de l'élan, de la marche en avant, de la vitalité et, en quelque sorte, une joie tout à la fois cérébrale et musculaire. Au camp, de tels souvenirs m'ont chaque fois revitalisé, jusqu'au jour où, épuisée elle aussi, ma mémoire s'est vidée. Combien fus-je heureux de retrouver une telle musique après ma libération à une époque où mon besoin de musique était encore plus fort !

Un autre secours musical me vint du monde de Beethoven qui, par cette aventure intérieure qui fut la sienne, inscrite dans une sorte de marche épique de l'Histoire, n'avait cessé d'exalter mon adolescence. A Schömberg, le souvenir de cette musique, souvent forte et virile, me semblait la plus propice à résister à tous les destins contraires ; tout y est lutte, même contre le découragement et j'en tirais un extraordinaire gain d'énergie. En outre, le souvenir, même vague, des "*Variations sur un thème de Diabelli*" par l'audace des inventions que seule la grande pauvreté du thème initial paraissait soutenir, m'invitait à me préparer ou à procéder douloureusement à toutes sortes de métamorphoses dont la possibilité, au camp, semblait avoir été rayée une fois pour toutes. Mais je n'aurais eu qu'à croire, si j'en avais alors connu la formule, ce qu'avait écrit ce musicien plongé dans la surdité : "Celui qui a compris le sens de ma musique sera libéré de la misère où se traînent les autres" ; mais quel pouvait être, pour Beethoven, le sens de sa musique ? Malgré ses trouées de lumière et d'espérance dans la fraternité humaine que la vie au camp — qui en avait tant besoin — démentait, cette musique, zébrée d'éclairs sur fond de ténèbres, était trop ouverte à tous les vents, à toutes les tempêtes pour ne pas être menacée elle-même d'une sorte de cataclysme qui, dans une galopade violente et sublime, emporterait l'Histoire vers un lieu où tout se rassemblerait, au final : pour s'anéantir. Secouée par un esprit de feu et travaillée par son gigantisme, une telle musique, aussi musclée, demandait d'autres corps que les nôtres pour se réincarner.

Alors, je me retournais vers Haydn dont la musique offrait sa fraîcheur souriante, la douceur ironique de ses fantaisies fermées à toute angoisse, et la promesse d'horizons neufs et désirables. Cette musique sans vraie surprise, aux cadences arrondies, aux reliefs modérés et qui semblait bien accueillir tout ce qui arrive, avait pour moi une vertu extraordinairement apaisante. Par son alliance heureuse entre la solidité géométrique et une élégance raffinée, entre la régularité des rythmes de son architecture et son allure chantante et lumineuse, cette musique tranquille et résolue semblait me dire : "Quoi qu'il arrive, affirme la vie en toi et autour de toi !" Exhortation que j'ai tenté de faire mienne parce qu'elle était une invite à rassembler, à ressouder, à réunifier, à bâtir et à rebâtir ce qui est ou a été disloqué ou brisé.

Je m'interroge aujourd'hui encore sur ces étranges moments de bonheur que me faisaient vivre quelques bribes de la musique de Mozart lorsque, sans y être appelées, elles faisaient irruption en moi comme le défi le plus absolu à toutes les misères du camp. Ce bonheur-là — que Mozart fait voir même à travers la plus poignante nostalgie — je ne l'avais jamais ressenti auparavant avec une telle force, et je dois dire que, jusqu'à ce jour, il n'est pas rare que tel ou tel fragment de cette musique rappelle en moi de façon fugitive, tel ou tel aspect topographique du camp ou tel malheureux épisode qu'elle avait, par un coup de baguette magique, transfigurés. A quoi tient cette magie si propre à Mozart ? Est-ce parce que sa musique se pose à la fois comme naturelle et surnaturelle et que, par elle, la vie nous semble soudain accordée comme une grâce ? Sans turbulence ni arrogance, elle fait lever la liberté comme une aurore ; elle absorbe des apports extérieurs dont les fonctions harmoniques s'accordent avec l'ensemble ; cette marche de la liberté aux parcours multiples, souvent inattendus mais réversibles, annonce une délivrance de toutes les pesanteurs de l'existence, dans l'allégresse et la jubilation. Certes, sous la tendre ironie et la fantaisie ailée, on sent parfois perler les larmes d'une mélancolie ou d'un chagrin ; mais le retour du désir et de la foi en la vie se dote, comme dans les *Danses allemandes*, de vertus et de formes chorégraphiques que multiplient girations, volte-face, balancements, oscillations, glissades, arabesques, saltations : miracle des rythmes qui font de la mélodie un mouvement dansant et de la danse un mouvement mélodieux. J'avais l'impression insistante de m'envelopper dans un de ces amples dominos aux formes souples dont le satin et la moire, comme dans *Don Giovanni*, chatoient au moindre geste pour mieux se voiler et repousser la présence rôdeuse de la Mort ; il me semblait alors que, si la mort est souvent liée chez Mozart à la grâce aérienne de son style, à l'intimité de son ton, à ses envols ou à ses "fins silences", elle n'était plus qu'un épiphénomène, un simple passage, une évaporation vers un Ailleurs dont il était indifférent de savoir quels pouvaient être le lieu et la nature. A la lumière de ma mémoire et de ma réflexion, cette musique, alliance étroite de la légèreté désinvolte et de la gravité songeuse, me révélait pour la première fois la secrète connivence de la vie et de la mort comme pour, enfin, les réconcilier et en absorber la contradiction. C'est Mozart qui, en moi, avait accueilli l'annonce de la mort de mon ami Valette, cette mort qu'il avait reçue lui-même comme une délivrance ; deux ou trois des *Danses Allemandes* m'avaient permis de transmuer mon émoi ; pris dans un tourbillon de valse lente, j'avais vu l'aspect horrible de la Mort refluer devant moi comme un ressac. Je découvrais que "la bonne musique, comme l'avait écrit Stendhal (dans sa *Lettre XVII sur Haydn*), va chercher au fond de l'âme le chagrin qui nous dévore". On serait tenté de dire, contre Schubert qui disait ne pas savoir ce qu'est une musique joyeuse, qu'il n'y a pas de musique triste. Tout au moins peut-on dire que nimbé de tendresse et de grâce, enveloppé dans des formes qui enchantent, le chagrin, transfiguré, n'est déjà plus ce qu'il était. Ce qu'avaient bien compris un certain nombre de mes camarades qui, ayant une mémoire textuelle plus fidèle que la mienne, se récitaient à eux-mêmes et nous récitaient à voix basse des morceaux de poèmes dont le chant, plus deviné que perçu, mais soutenu par les rythmes et la puissance suggestive des mots, faisait passer un éclair de lumière dans les regards, comme des parcelles ou des bouquets d'éternité dans la désolation du temps. En réaccordant le corps et l'âme, la sensibilité et la volonté, le passé et le présent, de telles éclaircies étaient reçues comme un accroissement d'être : pour une nouvelle puissance d'exister, pour résister dans une dignité retrouvée.

Depuis ma découverte, au camp de Schömberg, de la vie prodigieuse de la musique, de sa magie, de sa toute puissance, je ne cesse de m'interroger sur sa portée métaphysique. Et si la musique existait antérieurement à la naissance du monde, à l'apparition de tout ce qui est ? Le monde lui-même — avec l'infinie variété de ses rythmes, de ses architectures, de ses formes, de ses bruits, de ses rumeurs et de ses couleurs — en serait-il sorti comme l'expression de sa riche ambivalence, comme un témoignage magnifique de ses extraordinaires pouvoirs ? Pourrait-on aller jusqu'à dire, comme le philosophe Schopenhauer, que "la musique est complètement indépendante du monde phénoménal ; elle l'ignore absolument et pourrait en quelque sorte continuer à exister, alors même que l'univers n'existerait plus" ?

Serait-ce en raison de cette "ignorance" superbe de la musique à l'égard du monde, qu'elle peut s'offrir aux meilleurs comme aux pires des êtres humains et des régimes politiques qui se l'annexent pour la faire servir à leurs fins ?

Il n'y avait pas, au camp de Schömberg qui était de taille réduite, un orchestre dont les concerts, comme par exemple dans les camps d'Auschwitz et de ses satellites, accompagnaient, dans la cruauté la plus abjecte, le destin de ceux qui étaient promis à l'extermination. Mais dans notre camp, il y avait un S.S. — le seul à ma connaissance — qui s'emparait parfois du temps vertical dans une évasion vers le haut : par la musique. Lorsque, pour la première fois, je l'entendis jouer admirablement un extrait d'un concerto pour flûte ou d'un quatuor avec flûte de Mozart sur sa flûte traversière, j'eus immédiatement la double et douloureuse impression qu'un miracle venait de se produire là où l'on ne s'y attendait pas, et qu'un tel miracle, opéré par l'un des porteurs de notre mort, avait quelque chose d'incompréhensible et de scandaleux. Son talent de musicien lui avait valu, parmi les S.S., une notoriété que ses pairs n'étaient nullement désireux d'acquérir pour eux-mêmes, soucieux qu'ils étaient, par prudence, de dissimuler, dans la grisaille de l'anonymat et de leur ennui, le versant privé ou personnel de leur existence. On disait — et les Kapos devant nous s'en faisaient l'écho — que Hellmut, cet homme d'une trentaine d'années, lauréat d'un Conservatoire de musique, marié et père de famille, avait d'abord reçu une formation de "Pur" au sein des "Jeunesses hitlériennes" dont il avait été un haut gradé, et qui avaient été sa vraie famille. On racontait aussi que sa foi dans le parti nazi lui avait valu d'être versé dans un corps d'élite chargé de libérer Stalingrad investie ; le corps d'élite, arrivé trop tard en vue de Stalingrad réduite à un amas de ruines fumantes, s'était fait décimer ; Hellmut, lui, en était revenu mais avec une jambe en moins, et trépané. Ce n'était plus, apparemment, qu'un infirme ; les traits de son visage, restés durs, ne semblaient plus capables de traduire la moindre manifestation d'ardeur ou de foi ; les convulsions de la colère pouvaient seules animer ce visage. Confronté au personnage qui le portait, le prénom allemand de "Hellmut" évoquait avec dérision le courage et la lumière. Le fait que cet homme, sombre et solitaire, était différent des autres S.S. ne l'empêchait nullement de frapper ni, à l'occasion, de lâcher son chien.

Comment cet homme pouvait-il raccorder sinon accorder ses deux existences séparées moralement et socialement ? Deux existences distinctes, superposées, juxtaposées et assurément antithétiques : celle de l'homme privé (du mari, du père de famille, du musicien amateur) et celle du soldat à tête de mort et de tortionnaire sans pitié comme le confirmait la fourragère jaune qu'il portait à l'épaule comme une distinction, heureusement pour nous, visible de loin. Rentré chez lui, le S.S. mourait-il dans le mari, le père, l'ami, le musicien ? De retour au camp, l'homme privé mourait-il dans le S.S. ? On pouvait être sûr que, dans chacune de ces deux situations, le langage d'Hellmut, comme celui de bien de ses pairs, n'était absolument pas le même. Mais il avait, pour sa part, résolu ce problème des deux langages, des deux existences séparées, d'une façon élégante, radicale et miraculeuse par ses effets : le troisième langage, qui renvoyait dos à dos les deux premiers et les rejetait telles des défroques, était le chant inouï et bondissant d'une flûte traversière en argent qui, sous ses doigts, lançait des éclairs : il en jouait admirablement. Alors, pour Hellmut, emporté par des rythmes de cavatines, finies les claudications de l'existence !

Certains soirs, lorsque notre petite équipe, fourbue, rentrait de la mine, ce chant nous parvenait d'une salle vitrée de la caserne devant laquelle, avant de rentrer au camp, nous attendions pour être comptés. Nous écoutions. Des sonorités couleur d'opale et presque détimbrées s'échappaient du bâtiment. Puis, une mélodie perlée se faufilait parmi nous dans un espace où elle se recomposait ; mais ses attaques et son articulation étaient amorties par la vitre, la tombée du jour et notre étonnement. La carapace grise et l'obscurité suintante de la mine, collées à nos visages, tombaient subitement à nos pieds ; alors, des sautillements cristallins s'essayaient à de gracieuses acrobaties ; puis, après avoir cherché et trouvé un pôle qui pût les regrouper, ils se disposaient en cercles qui, sur un rythme de palpitations, se déroulaient en spirales. C'était, par exemple, des fragments de la suite en si mineur de Bach que l'exécutant, dans l'espoir sans doute d'en extraire l'Ineffable, aimait répéter. Cette voix solitaire, d'une beauté tendue, faisait éclore une fleur dont les pétales, en s'éparpillant autour de nous, éclataient dans notre univers comme un scandale.

Lorsque nous rentrions à cette heure incertaine où la nuit et le jour se confondent avant de se séparer, nous ne pouvions guère apercevoir l'artiste : derrière la vitre dont les défauts répercutaient à l'infini la lueur d'une lampe à abat-jour, nos ombres se mêlaient aux objets du décor pour les hanter comme si elles s'étaient résolues à prendre la place de l'artiste ou celle, laissée vide, d'une foule de spectateurs absents.

Mais lorsque, à notre retour de la mine, la nuit était déjà tombée sur le camp, c'était l'image d'un Hellmut éclaboussé de lumière, libéré des hantises envahissantes de nos ombres, que nous pouvions voir à travers la vitre où ne jouait aucun reflet. Cette vision rompait le charme de la musique ; un autre charme nous prenait : on voyait Hellmut, les yeux rivés sur le rectangle lumineux de sa partition et la bouche collée sur le trait d'argent qui, au moindre mouvement, lançait des feux ; alors, il était pour nous impossible de décider si

Hellmut expulsait la Vie ou s'il l'aspirait, impossible de savoir si c'était la Béatitude ou la Mort qui donnait, à ce visage éclairé d'en bas, cet air inquiétant de transfiguration. Pour un temps seulement, il était enfin sorti du périmètre électrifié clôturant le camp, libéré du mécanisme de ses fonctions de S.S., délivré du poids de son infirmité. Voulait-il, à la limite, se libérer de sa propre existence ?

Ce qui, aussi, était stupéfiant, profondément choquant et révoltant, c'était que ce tortionnaire pût "jouer" le rôle d'un *passeur* de qualité en nous inscrivant avec lui dans un temps vertical où la mort s'était dissoute et d'où il faisait descendre des parcelles d'Eternité dans notre Enfer pour y faire luire les éclairs de leurs bienfaits. J'ai parfois souhaité qu'Hellmut possédât moins de talent et même n'en eût aucun : médiocre, sa musique aurait été moins scandaleuse ; mais alors je n'aurais pu être touché par la grâce de l'univers de Bach ou de Mozart dont, au camp, il était l'unique médiateur.

Lorsque, au début de 1947, j'ai été convoqué comme témoin à charge au tribunal de Rastatt réuni pour juger les S.S. des camps de concentration de Forêt-Noire, j'ai reconnu nombre d'entre eux dont certains ont été condamnés à mort. Episode très désagréable que j'ai raconté dans *Le Passage à Niveau*. En vain, j'ai cherché Hellmut au banc des accusés. Je l'attendais beaucoup, celui-là, par curiosité, pour voir comment son existence à trois étages — le S.S., l'homme, l'artiste — ferait face à sa nouvelle condition d'accusé ; s'était-il évanoui dans la Musique, comme autrefois l'enchantement d'une flûte lui permettait d'étouffer, mais sans l'annuler, ce double et insupportable langage d'homme et de S.S. qui avait été le sien ? Par la magie de quel "fugato" avait-il pu, de surcroît, échapper au dur et pesant langage de la Justice ?

Toutes les images et les sensations vives qui me venaient, comme de très loin, de ma culture littéraire, philosophique et musicale et auxquelles était venu se joindre le choc des exploits talentueux d'un musicien S.S., m'avaient profondément remué. Grâce à ces germinations intérieures annonciatrices de redressements, il me semblait enfin possible de remodeler, non pas bien sûr l'espace du camp, mais la perception que, quotidiennement, nous en avions. Une perception qui, certes, ne ré-enchantait pas le monde, mais avait pour effet de l'euphémiser ; à demi hallucinée, travaillée par un quasi-délire de l'imagination qu'il convenait de solliciter par une sorte de jeu bien contrôlé, cette nouvelle perception devait profiter de l'éloignement d'un Kapo, d'un relatif isolement du groupe ou de l'équipe, d'une longue attente sur la place d'appel : il s'agissait surtout de faire bouger son regard de mille façons. C'est alors que l'espace environnant, de proche en proche, se rapetissait, se contractait comme s'il avait été vu successivement au travers des deux côtés d'une lunette d'approche ; il semblait d'abord glisser, le long d'une déclinaison horizontale, vers un lointain devenu comme la source de forces centrifuges qui distordaient toutes les formes. Quelle victoire ! Les choses et les êtres tendaient à se réduire à leurs silhouettes embrumées et à dépeupler un espace lui-même en voie de déréalisation. Ces moments heureux partagés avec quelques rares amis, étaient à chaque fois une redécouverte ; ils se teintaient cependant d'une vague inquiétude : étions-nous plus ou moins victimes d'une pathologie de la perception liée à la faim qui nous tordait l'estomac et à notre état d'extrême fatigue ? Peut-être, mais cette perception délirante qui avait pu, la première fois, s'effectuer de façon spontanée, nous l'avions, ensuite, souvent sollicitée et entretenue par des jeux de l'imagination, par une forte complicité entre nous, ou entre soi et soi-même, par une volonté certes naïve, mais déterminée à multiplier des fugues salutaires. C'était presque une révolution du regard qui s'opérait.

Une nouvelle manière de voir allait faire lever une nouvelle énergie qui, en s'exerçant dans de nouvelles directions, se fortifiait en retour.

Ce regard pouvait jouer avec la verticale. Il nous arrivait de nous retrouver plantés en terre au fond d'une de ces tranchées creusées pour un constant agrandissement de l'usine du camp. Gardes S.S. et Kapos passaient régulièrement au-dessus de nous — sans doute avec la tentation de jouer avec nos têtes comme avec un ballon — pour nous injurier et nous menacer ; dès qu'ils nous tournaient le dos, nous levions les yeux pour ne plus percevoir que des silhouettes flottantes, incertaines comme des baudruches en train de se dégonfler ; mes voisins et moi, nous nous mettions à rire, d'un rire muet épanoui par le mépris et la haine. Nous venions d'utiliser une arme invisible contre nos tortionnaires et qui les frappait à mort dans le dos, symboliquement : tout d'un coup, plus de visages, plus d'insignes à tête de mort, plus de galons, plus de matraques ; simplement, amputés de leur tronc, des corps réduits à des pots qui se seraient mis à marcher, des rondeurs gélatineuses, écoeurantes, s'en allaient : des fesses comme des accouplements de méduses qu'on avait envie de crever. Quelques instants auparavant, on n'avait vu, à hauteur du visage, que la lumière noire des bottes bien cirées, menaces tombées du ciel pour nous écrabouiller ; maintenant, elles n'étaient plus que de simples accessoires d'un théâtre bouffon, chaussés par de minables acteurs, hués par des spectateurs qui les renvoyaient dans les coulisses. En inversant les rôles et les fonctions, cette façon de voir devint vite un jeu qui avait la force d'une victoire : nous prenions, par en-dessous et dans leur dos, la mesure de nos maîtres. Notre fosse n'était plus l'image de notre sépulture prochaine, mais la fosse du IIIe Reich que nous creusions sans zèle mais avec un courage rageur renouvelé ; il nous fallait cultiver la force de retourner ce monde-là comme un gant.

A cette double déclinaison, horizontale et verticale, s'articulait une manière de voir oblique, diagonale ou circulaire qui s'avérait efficace lorsque, à l'angle d'un mur, on se trouvait nez à nez avec un S.S. : il valait mieux ne pas s'aviser de soutenir son regard enflammé, surtout lorsqu'il se mettait à aboyer. C'est ainsi qu'un matin je me trouvai face à un contrôleur S.S. qui s'appelait Pauli ; il avait été, dans le civil, tailleur puis employé de bureau ; colérique et brutal, il était passé maître dans l'art de la fouille qui précédait les coups. Ne voulant rien voir de son corps massif engoncé dans son uniforme, ne rien entendre de son coup de gueule, je glisse mon regard vers cet espace vide délimité par son oreille droite et son épaulette galonnée ; dans l'ouverture de cet angle, je tente de dessiner mentalement la figure humaine d'un Pauli dépouillé de ses masques emblématiques et de ses fonctions, ce qui calme un peu ma peur ; je lui présente maintenant mon visage respectueux et tranquille, ce qui paraît l'étonner ; son langage s'apaise un peu et il me regarde rêveusement pendant que je me pose, pour la énième fois, les questions devenues obsédantes : quel homme avait-il été, et quel homme est-il maintenant ? Quel mari, quel père, quel travailleur, quel citoyen ? A la question que j'aurais tant voulu lui poser : "comment était-il devenu S.S. ?", que m'aurait-il répondu, sinon par des coups ? Cet affrontement devenu presque silencieux et lourd de points d'interrogation de part et d'autre, ne dura que quelques secondes. Au lieu des coups attendus malgré tout et qui ne vinrent pas, je vis son regard bleu se voiler de contrariété et d'incertitude, comme s'il se sentait désarmé par ma façon faussement tranquille d'être en même temps là et ailleurs ; je glisse légèrement mon regard de côté, il paraît sur le point de tourner la tête pour voir ce que je regarde derrière lui : son double, son ombre et son passé qui le hante peut-être ? Etait-il traversé par l'idée des malheurs subis par les siens que sa prochaine permission lui révélerait peut-être, parmi tant de ruines auxquelles il ne penserait jamais qu'il y avait été, même de loin, pour quelque chose ? Son langage et ses gestes dans cette sorte de confrontation ont perdu de leur virulence et leur force de conviction, et ses bras sont retombés le long de son corps. La détermination calme de mon "regard à côté" semble l'avoir décentré de lui-même ; quelque chose de son visage, marqué encore par la colère, mais aussi par la lassitude, s'affaisse ; son corps se tasse un peu ; il me tourne un dos qui n'est plus pour moi, cette fois, la cible d'un tir vengeur imaginaire et, sous son uniforme défraîchi, sa silhouette a pris maintenant la couleur grise et l'âge du schiste de notre univers quotidien. Une force en moi avait paru, non pas vaincre la sienne, mais la neutraliser. Je découvrais la puissance infinitésimale d'un certain regard et de l'obliquité de ses glissements. Cette pratique, que quelques camarades avaient aussi découverte, j'en usais également avec d'autres S.S. qui paraissaient s'y prêter plus que d'autres, mais toujours avec un succès inégal et jamais assuré. Quant à Pauli, je crois qu'il tâchait de m'éviter lorsque l'occasion d'une rencontre se présentait, et lorsqu'il ne le pouvait pas, il me menaçait brièvement sans se servir de sa matraque.

Une série d'équivalences se proposèrent pour désigner la pratique de ce pouvoir de l'infinitésimal : la déclinaison, l'écart, la différence, l'angle, l'oblique, la diagonale et même le strabisme ; il nous fallait apprendre à bien loucher et à maquiller les visages de la mort, de préfixes, de suffixes, d'affixes et autres désinences. Ce pouvoir de subversion symbolique avait bien sûr ses limites ; il atteignait son absolue limite lorsqu'il ne pouvait s'exercer contre les "Purs" dont notre regard n'entamait pas le granit, mais aussi et paradoxalement contre les plus jeunes, enrôlés de force dans la S.S. — ce que nous savions — et qui, se sentant surveillés par la hiérarchie, témoignaient d'un zèle démonstratif ; ils détestaient être regardés en face, ils prenaient les devants en faisant de leurs bras des moulinets de coups : une façon de se voiler la face ?

Se durcir contre les coups était une des premières nécessités. J'avais trouvé une parade qui ne pouvait être que symbolique ; elle faisait de mon corps une sorte d'étranger à moi-même, quelque chose qui m'appartenait encore mais distinct et distant de moi. Pour cela, il me suffisait de regarder à quelque distance un objet quelconque et de m'imaginer en occuper la place ou le centre ; ou de promener un regard circulaire sur ce qui m'entourait pour me pénétrer du poids ou de la substance des choses ; ou encore de porter, au-delà de la clôture des barbelés, mon regard vers les prés et les forêts qui escaladaient la montagne toute proche. Je laissais ainsi derrière moi une coquille vide entre les pattes de mon tortionnaire dont je ressentais certes, encore les coups, mais à travers leurs échos affaiblis. Tout se passait comme si j'avais pu ôter de mon corps, avant de le "quitter", une part essentielle de sa sensibilité. Quand je fis cette découverte, une image s'offrit à moi pour traduire de façon significative ce qui venait de m'arriver : celle d'un Fil, parti de mon corps réel pour se dérouler et me transporter imaginairement plus loin, en un lieu où mon âme, faisant provision de la force vive des choses et pourquoi pas du cosmos, communiquerait à mon corps une sorte d'invulnérabilité. Lorsque je "réintégrais" ce dernier, la douleur avait fait place à des sensations de fourmillement et de cuisance qui n'étaient que la queue ou le souvenir de ce que j'aurais dû supporter. La découverte de la puissance de cette "Filature" eut des lendemains féconds.

Il y avait des situations où les déclinaisons de la perception et de l'imagination étaient bien plus difficiles à mettre en œuvre ; un soir, j'avais été contraint avec deux autres détenus et un Kapo de dresser, après en avoir assemblé les éléments, la potence d'un condamné. Je m'étais efforcé, avec des mains d'aveugle qui ne semblaient plus être les miennes, de ne percevoir que la consistance des matériaux et de leurs formes, comme si mes mains elles-mêmes se refusaient à admettre leur participation à une mécanique de mort, à l'érection de la croix d'un supplicié. La chose faite, tout le camp fut réuni autour d'elle et attendit. J'avais beau chercher recours dans la contemplation oblique du ciel magnifiquement constellé qui coiffait, indifférent, l'ensemble du camp ; j'avais beau regarder circulairement la masse des détenus qui peuplait la place d'appel où nous devions rester debout plus de deux heures ; j'avais beau tenter de m'abstraire du spectacle et penser à autre chose : en vain. Sur un tabouret, le nœud de chanvre posé comme un scapulaire sur ses épaules et sa poitrine, le condamné — un Polonais qui avait tenté de s'évader — attendait, frappé par la lumière des projecteurs et la brutalité des insultes d'une brochette de S.S. alignés au premier rang ; le malheureux attendait, attendait : il suppliait les S.S. de l'épargner, et nous de le délivrer en nous traitant de lâches, et, d'une voix d'enfant en pleurs, il appela sa mère. J'avais beau regarder ailleurs et dessiner des cercles imaginaires autour de moi pour refuser le spectacle, j'étais incapable d'être sourd et insensible à ce sentiment de révolte et de rage impuissante qui me traversait comme un poignard. Heureusement, l'interminable attente avait ravivé notre sensibilité au froid, à la faim, à la douleur des crampes, et à notre état d'épuisement : cette attente était un écran qui nous protégeait des "excès" de la sensibilité affective et du "luxe" des sentiments. Nous n'osions guère nous avouer que l'ouverture de la trappe sous les pieds du supplicié nous l'avions ressentie comme une sorte de soulagement et même de libération ; retrouvée, la tiédeur fétide des blocks consacrait notre privilège d'être encore en vie. De tels événements, nous ne les commentions pour ainsi dire jamais.

Le regard que la mort dirigeait sur nous, il fallait le réfracter vers toutes sortes d'Ailleurs : un passé judicieusement choisi et un avenir de promesses, mais sans s'attarder sur eux ; il y avait aussi les toits, les arbres, les prairies, le ciel avec ses nuages et ses étoiles et, surtout, dans certaines circonstances, les fantaisies de l'imaginaire.

C'est cette stratégie du regard dévié et décliné — le regard des yeux du corps et le regard de l'esprit — qui m'a servi de défense contre l'ignominie. Après la libération, quelque chose de ce double regard a persisté et il a pu souvent faire peur autour des survivants des camps. Les gens ont été frappés, tantôt par sa fixité luisante ou assombrie, tantôt par son inquiétante mobilité. Dans ce regard du déporté qui collait encore à notre visage et à notre vie, se mêlaient sans doute le souvenir glaçant de la Camarde et l'ardeur rageuse de la lutte, toujours incertaine, contre toutes ses figures dont aucune ne nous avait été épargnée. C'est pourquoi mes amis me disaient alors avoir l'impression que je flottais : entre un présent inactuel et un passé dévorateur du présent. C'était vrai.

Pour augmenter cette puissance d'écart susceptible de devenir un viatique, la nécessité se fit sentir de recourir aux élans de l'imagination pour greffer de l'imaginaire sur la perception ou même pour se substituer à elle. Démarche naïve, presque enfantine, mais d'une efficience qui me déconcerte encore aujourd'hui.

D'abord, il m'était apparu périlleux, pour garder le moral, de se complaire à imaginer les multiples projets destinés à peupler la représentation d'un avenir radicalement différent du présent. Certes, tous, nous ne nous privions pas de décliner, parfois à l'infini, l'avenir sur le mode récurrent du "Je ferai" : il y avait là quelque chose d'exaltant et d'encourageant. Mais le bénéfice de tels effets ne durait qu'un temps : à force de répéter le "Je ferai" dans le vide d'un présent refusé, l'avenir, toujours de plus en plus lointain, paraissait à certains se dérober de plus en plus. De toute nécessité, il fallait revenir à la dure réalité présente, et c'est alors que, pour beaucoup, l'espérance en la venue du Jour libérateur retombait comme un soufflé. L'imagination, pour être vraiment efficace, devait fonctionner dans l'espace temporel du présent et rester contemporaine de ce qui pouvait nous arriver.

J'avais remarqué que des sensations et des postures, même les plus banales, sollicitaient l'imagination et en fortifiaient l'élan, et que c'était là une façon de retourner une situation insupportable pour en faire momentanément une défroque : c'était de la Terre que pouvaient naître cette imagerie mentale, son impulsion et son élan, ou du Ciel qui lui donnait sa grâce et sa fantaisie ailée. Dans les deux cas, l'énergie de l'imaginaire se déployait dans un espace et dans un temps verticaux jubilatoires.

Un soir d'hiver, sur la place d'appel, les S.S. s'étaient plu à faire durer notre attente avant de nous renvoyer aux blocks. Les ondulations de la boue gelée se développaient comme les vagues pétrifiées d'un lac, et sur nos semelles de bois nous nous sentions en équilibre instable. Pour lutter contre le froid et le retour des crampes, ceux qui se trouvaient comme je l'étais moi-même dans les dernières rangées, pouvaient, de temps à autre, changer la position de leurs pieds sur le sol ou fléchir les genoux pour ranimer la circulation du sang. Soumis à cette légère poussée, le sol, en cédant un peu, se mettait à crisser ; les cristaux de glace qui le vernissaient lui donnaient, en éclatant, une sorte de souplesse et d'élasticité ; le corps recevait ainsi une impulsion et en ressentait un allégement.

Brusquement, décollant de terre, je me séparai de mon corps pour m'élever à quelques pas du sol. Cette hallucination qui dura quelques minutes, je la laissai se développer toute seule. Elle se peupla d'abord de corps effilés aux teintes neutres autour desquelles se devinaient des nimbes. Mes meilleurs camarades, puis des compagnons de travail que je ne connaissais guère et même Valette ressuscité d'entre les morts, m'avaient très vite rejoint ; dans un désordre suave, nous gravitions les uns autour des autres ; mûs par une simple flexion des pieds, nos corps dessinaient des circonvolutions qui découpaient des volumes ouatés ; et sans jamais nous heurter dans cet espace privé de pesanteur et de froid, nous partions à la découverte de la liberté physique. D'en haut, je voyais les S.S. privés de leur épaisseur verticale : des bouts de bottes, immobiles, écrasés par l'ovale des casquettes ; je voyais aussi en bas, mais à l'oblique cette fois, les corps pétrifiés de plusieurs de mes amis... mais ce n'était que leurs doubles qu'ils avaient, eux aussi, abandonnés à terre ; je n'osais pas m'attarder à regarder le mien. Pris d'une soudaine compassion pour lui, je le réintégrai. Alors, redescendu à terre, je voyais au-dessus de nous, dans un chassé-croisé lyrique et fluide, des corps très légèrement diaphanes célébrant leur bonheur d'avoir recouvré une liberté de baladin ; allégé des vicissitudes de la matérialité et de la nuit, le visage de chacun d'eux retrouvait enfin sa singularité que je n'avais jamais vue, ni soupçonnée. Parfois, ils allaient se poser autour de la cheminée du bâtiment d'en face — celui des cuisines ; par-delà l'ouverture fumante et rougeoyante, ils tendaient leurs mains... ; un instant plus tard, ils glissaient en folâtrant, pour se regrouper ailleurs en de vertigineux bouquets ; fasciné par leur jubilation, j'en oubliais de les rejoindre. Un ordre bref... et c'était la retombée.

Certains soirs, lorsque la neige n'avait pas encore recouvert cette étendue gelée dont les rides souples invitaient à de brèves évasions à la verticale, je me laissai engager dans ces voyages que j'arrivai à mieux contrôler ; et aux plaisirs du dédoublement et de la lévitation, mon imagination convia de nombreux figurants.

Tel Icare, je laissais, loin de moi, les dédales de la mine ; plus avisé que lui, je prenais garde, néanmoins, de monter trop haut, où sans doute le froid était mortel.

La force d'une telle hallucination fit pâlir rétrospectivement ces formes de "déclinaisons" de la Mort qu'avait jusque-là produites mon imagination.

Se mettre en retrait, à distance, en élévation : par un Fil imaginaire. Cette image, je l'ai dit plus haut, était une sorte de ruse pour feutrer l'impact des coups que je pouvais recevoir ; elle s'était présentée à moi sans que je l'eusse recherchée, d'abord comme une énigme à déchiffrer, puis, très vite, comme une voie ou une direction à suivre dont je sentais qu'elle pouvait mener très loin et dans plusieurs directions. Comme la naissance d'un mythe a besoin d'une communauté si réduite soit-elle, je ne pus m'empêcher de faire part de ma découverte à quelques camarades qui d'abord éberlués — étais-je devenu dingue ? — s'enthousiasmèrent pour cette ruse de guerre qui équivalait à des tentatives d'évasion sans risque et faciles à réussir. A l'occasion de nos rencontres, c'est avec une naïveté complice que nous nous mettions à chercher toutes les possibilités d'être de ce Fil et ses variantes dont chacune, selon nous, devait avoir sa place et sa partition au sein d'un Tout. De quelle matière était-il fait ? Quel était son point d'attache ? Comment l'empêcher de s'emmêler ? Comment régler sa tension ? Jusqu'où pouvait-on le dérouler et pouvait-il nous mener ? A quels usages pouvait-il servir ? Sa solidité était-elle fiable ? Rompu, que pouvait-il advenir ? etc... Le sourire d'une enfance en quelque sorte rameutée éclairait les visages pourtant bleuis de froid et les déclinaisons sur le thème du Fil commencèrent à fuser. Ainsi vinrent : le fil d'un cocon protecteur et chaleureux, le fil du ver à soie pour le tisser à notre usage, puis le fil de l'araignée captant sa nourriture sur sa toile, le fil d'Ariane menant à la sortie de notre prison-labyrinthe, après avoir déjoué la cruauté du Minotaure ; les fils de la Vierge aussi, pour la pluie de lumière argentée que faisait retomber l'envol d'araignées au printemps, et qui nous reliaient à un Ciel ayant cessé d'être sombre, sourd et muet ; il y avait également les fils du théâtre des marionnettes ou des pantins qu'étaient devenus nos tortionnaires tués par le ridicule orchestré par un maître-vengeur marionnettiste ;

nous avions aussi recours à ce fil qu'est le cordon ombilical pour retrouver la chaleur et la sécurité du ventre maternel, etc... Luxe culturel : nous avions même convoqué à notre filature la fée Pari-Banou qui, dans les *Contes des Mille et une Nuits*, offre à son jeune époux le peloton qui lui permettra d'approcher de *la Fontaine des Lions* dont nous avions besoin — nous qui devenions vite des vieillards avant l'heure — et de cette eau de Jouvence qui accorde les besoins d'un corps et ceux d'une âme enfin réconciliés. Car là était, dans notre imaginaire, la question essentielle : après s'en être provisoirement séparée, comment l'âme pouvait-elle rejoindre le corps lorsqu'il n'avait plus à subir tant de maux ?

Nos voisins immédiats, Russes et Polonais, nous regardaient d'un œil rond avec une expression d'inquiétude et d'ironie : nos gestes et nos façons de regarder en l'air montraient des choses qui n'existaient pas, et ils se sentaient vexés d'être exclus d'un jeu dont le sens leur échappait et qui nous projetait à mille lieues de là où nous étions. Mais les morceaux épars d'un puzzle que nous cherchions à rassembler pour en tisser un vêtement d'arlequin, s'éparpillaient davantage à l'arrivée d'un Kapo ; en outre, ces rêveries, qui nous avaient emmenés si loin et si haut qu'elles avaient fait passer sur les visages quelque chose de religieux ou de sacral, il fallait les déposer au seuil du block où nous accueillaient bousculades, cris et hurlements. Peu importait : cette entreprise de filage et de tissage nous avait permis, disions-nous, de conjurer les menaces de la clôture de barbelés électrifiés et de défier le fil de ce rasoir qui, périodiquement, mettait nos crânes à nu et avec lequel nous rêvions de trancher la gorge à tous nos tueurs. Puissance d'un mythe, si modeste soit-il !

Le temps de l'Imaginaire collectif triomphait, avec bonheur, de la tristesse de la Mémoire personnelle, et de la pauvreté d'une Réflexion si souvent inopérante.

La force de ces rêveries réjouissantes était sans doute liée à un thème central, au cœur de notre expérience quotidiennement vécue : celui des rapports entre l'âme et le corps. Ce vieux problème philosophique retrouvait ici toute sa douloureuse et vivante actualité, un problème que, en apprenti philosophe, je n'avais guère abordé que théoriquement : dans le langage de l'Ecole ; je me souvenais sans rien conclure de précis, de noms d'auteurs illustres, de Platon à Descartes et à Spinoza dont les belles constructions conceptuelles me revenaient à l'esprit ; je leur préférais les images platoniciennes comme celles du char, de son cocher et de ses coursiers formant attelage, destinées à illustrer la fermeté du gouvernement de l'âme sur le corps, un attelage qui, en somme, courait tout le long de l'histoire des idées. Je cessai vite d'attendre un viatique de ces prestigieux penseurs. Ma conviction était que l'interdépendance étroite de l'âme et du corps devait pouvoir être gouvernée. Je congédiais mes souvenirs philosophiques dont l'abstraction, au-dessus de mes forces, me fatiguait, et je retournais à mes variations mythiques sur le thème du Fil qui me paraissaient conférer force et réconfort à mon âme comme à mon corps, et montrer une voie à leur réconciliation et à leur unité. L'imagination semblait plus forte et plus efficace que la spéculation ou l'activité réflexive.

Pourtant, proche de l'imagination, il existe — et elle me hantait — une forme de réflexion objectivée qui, au camp, était absolument interdite, sans doute parce qu'elle pouvait être la source d'une énergie bienfaitrice, capable de durer et de faire durer dans un temps vertical : c'était, clandestine, l'Ecriture à laquelle, bénéficiant de hasards heureux, je décidai de me consacrer si je le pouvais et quand je le pourrais.

Un jour de novembre, je ramassai sous une table, froissé et jauni, un morceau de journal, sans date, édité en Belgique, en français. Ce n'est pas l'histoire d'une passion amoureuse couronnée par un crime qui me bouleversa, mais un texte qui avait l'air d'ignorer son propre sens et avait le pouvoir de faire danser les mots. Un désir fou me secoua : celui de dessiner des lettres et des mots, de les faire se chevaucher et de bondir avec eux le long des phrases. Cet incident serait resté sans lendemain et n'aurait pas agi comme un déclic, s'il n'avait ravivé le souvenir d'un personnage qui, au camp du Struthof, m'était apparu comme une figure exemplaire. C'était Georges Lapierre, cet instituteur, grand responsable syndicaliste, qui avait fondé un journal dont le titre était tout un programme : *L'Ecole libératrice*. Cette idée de l'Ecole, dont il continuait à forger le concept, prolongeait au camp sa force libératrice. A l'ignominie du camp, il avait opposé le feu de sa passion éducatrice ; je l'admirais et, comme il m'avait pris en amitié, je cherchais à le rencontrer souvent. Sur des bouts de papier chipés dans un bureau de l'infirmerie, il avait pendant des mois échafaudé puis édifié des plans, articulé des chapitres, organisé des thématiques pour construire un livre de grammaire à l'usage des élèves du primaire. "Maintenant, j'ai tout déchiré", me dit-il un jour, "j'ai tout dans ma tête, j'y vois même la disposition du texte sur les pages de mon livre, et les variantes indispensables de la typographie". Dans l'odeur âcre, épaisse et vaguement sucrée du four crématoire qui fonctionnait à plein temps en août 1944, dans cette odeur que le vent du nord plaquait sur le camp, il songeait pareillement à écrire un nouveau livre, d'histoire celui-là. Les opérations de "transports" de sinistre réputation nous séparèrent ; le long hiver de 1944-1945 les avait emportés, lui, son livre et sa générosité, mais le souvenir lumineux de cet homme qui, par l'écriture, réussit à vaincre les idées de faillite, de catastrophe et de mort, continuait, à Schömberg, à me vriller comme une force.

Ma décision fut prise. Un ami qui travaillait au laboratoire me procura quelques feuilles de papier, un crayon et même un bout de gomme ; le soir même, je confectionnais un carnet qui avait la surface d'une main. Une aventure commençait. Ecrire quoi ? Pourquoi ? Et surtout, où ? Je ne me posais guère les deux premières questions, puisque je savais que le pouvoir d'écrire, quel que soit son objet, me donnerait un nouveau pouvoir de vivre. L'idée d'en faire les matériaux d'un futur livre ne m'effleura pas, pas plus que de sauver de l'oubli ce dont je pourrais plus tard témoigner, car j'observais ce qui se passait autour de moi de façon si attentive et presque maniaque, que je savais pouvoir longtemps me fier à ma mémoire.

Mais comment se faire admettre comme écrivant ? Tout le monde désapprouvait, sinon réprouvait ma prétention à une activité interdite et, dans certains camps, disait-on, punie de mort. Lorsque le premier soir, après la maigre pitance et le moment du coucher qui devait obligatoirement suivre, je restai à table et commençai d'écrire, la tablée des vétérans, des dignitaires et des Kapos qui, eux, avaient le privilège de s'attarder, fut stupéfaite et fit peser sur moi un regard de suspicion et de franche hostilité ; la hardiesse de cette initiative inédite faisait problème : interdire absolument ou fermer les yeux en laissant faire ? Je me faisais tout petit et mon matériel était à peine visible. Seul le chef de block, un détenu de droit commun, imprévisible et brutal, fonça sur moi, s'empara du calepin et, sans l'ouvrir, le jeta derrière lui comme si c'était du feu ; il hurla que je devais renoncer à "cette merde" puis, radouci, il ajouta : "en ma présence". J'ai profité de son absence, lorsqu'il se retrouvait le soir avec ses pairs dans un local réservé à leur usage. Tolérance étonnante qui s'expliquait : ce super-Kapo, ancien casseur analphabète, apprenait secrètement à écrire auprès d'un communiste allemand, et négociait en haut lieu la disparition de son triangle vert d'infamie, celui des condamnés de droit commun, contre le triangle rouge des politiques et des résistants. Peut-être s'imaginait-il aussi, devant mon culot que, moi aussi en "haut lieu", j'étais, ce qui n'était nullement le cas, protégé : ce que je lui laissais croire. Parce que j'étais un étudiant et surtout un étudiant français, j'étais harcelé et persécuté par un autre vétéran du bagne ; ce minable analphabète qui avait assassiné toute une famille, était pétri de rancœur et de haine et m'administrait régulièrement une volée de coups de poing : il ne me pardonnait pas mon audace d'être un "écrivain" qui possédait un carnet et il ressentait cela comme une offense personnelle. Mais j'étais prêt à payer très cher un tel privilège.

J'avais réparti mon carnet en diverses rubriques.

La première fut consacrée aux Français morts au camp et dont j'enregistrais la date de décès, la nature du mal qui les avait emportés (généralement la furonculose et la septicémie), l'adresse de leurs familles, de leur ville ou de leur village à la terre desquels leurs restes ne seraient jamais rendus.

La seconde rubrique mentionnait des événements ou des incidents remarquables de la vie au camp : tentatives, toujours manquées, d'évasion ; arrivées et départs de "transports" de détenus ; corrections pour l'exemple ; visites d'inspecteurs généraux des camps ; refus systématiques de l'entrée de camions de la Croix-Rouge dans le camp ; exécutions ; fluctuations de notre maigre pitance et de la structure des kommandos de travail et de leurs fonctions. J'ai noté aussi, le 19 février, le chant de la première alouette.

Enfin, d'autres rubriques dont l'une, d'écriture plus soignée, était réservée à l'adresse de mes camarades avec lesquels j'avais noué et nouerais, pensais-je, des relations de sympathie et d'amitié pour "après". Un ingénieur russe, chef d'une tablée, me demanda fort révérencieusement mais avec une certaine autorité d'écrire lui-même son nom et son adresse à Moscou ; pour se rassurer, il le fit plus tard une seconde fois et chaque fois d'une écriture immensément large qui dévorait l'espace restreint de mes pages : avec une grande solennité.

Quelques-unes de mes pages se firent l'écho dérisoire de ces distractions où nous pensions, sans illusion, nous réfugier : des histoires paillardes, des contrepèteries et surtout des recettes de cuisine gourmande ; le cœur n'y était pas et j'abandonnai vite cette dernière rubrique. C'était mal rêver et fuguer.

J'eus enfin la naïveté de vouloir faire le portrait générique de l'homme concentrationnaire quand ce dernier n'avait pas encore, au début de l'hiver, fini de se défaire. Sous mon bout de crayon, je faisais tomber, dans le vide de mes pages, des définitions et des formulations dont j'aurais souhaité qu'elles pussent — par sécurité plus que par rigueur — avoir la forme de lignes et de figures géométrique ; m'oubliant moi-même ainsi que mes compagnons, j'évacuais le concret et le vécu pour rejoindre la dureté impersonnelle de l'abstrait : dans le monde des essences. Je me réfugiais, à mon insu, dans l'universalité ressaisie par le pur regard qu'était, croyais-je, devenu le mien. En écrivant ainsi, je me dégageais de ma situation concrète, comme si j'avais voulu faire mon salut tout seul, au-dessus de la misère générale, mais en retrouvant la Pitié universelle de l'antique tragédie. Depuis cette époque-là, je n'ai jamais osé, par crainte d'être mis en face de la médiocrité ou de l'insignifiance de ce que j'avais pu écrire, relire ce texte. Ma certitude est que le plaisir que j'ai éprouvé à écrire venait beaucoup plus de la matérialité des mots dessinés par mon crayon que du sens que ce dernier leur demandait de porter et de véhiculer. Un ami m'apporta un soir quelques feuilles d'un jaune d'or dérobées dans un bureau ; je le découpai et l'intégrai dans mon calepin ; ce don, je le reçus comme la bénédiction lumineuse d'un Saint-Sacrement de la Parole et de l'Ecriture.

C'est alors que mon écriture devint en quelque sorte hallucinée, peut-être aussi sous l'effet de l'emprise de la faim et de la grande fatigue agissant comme des drogues. Par une sorte de transmutation ou de transfiguration, les mots parurent se rêver eux-mêmes et n'être même plus des mots à mesure qu'ils s'écrivaient.

Des mondes protéiformes surgissent avec des mots qui sont devenus des arabesques et des grilles derrière lesquelles il n'y a ni ciel, ni terre, ni êtres humains, ni les malheurs de l'Histoire, mais un éther dans lequel la feuille d'or fait pleuvoir sur les mots une poussière d'or. Je traverse les hublots que sont devenues les voyelles et je me déplace dans la lumière dorée qui me porte et qui devient celle d'un bonheur affirmant la vie. Sur le rythme des groupes de lettres apparus en cortèges, des hommes de toutes races et de tous âges dansent en se tenant la main, ils deviennent des enfants qui apprennent la vie en chantant. J'avais peine à saisir le moment du passage d'une transformation à une autre, tant s'accélérait le mouvement perpétuel de la déconstruction de la langue. Arrêté depuis des mois, le Temps, non seulement se repeuplait, mais se remettait en route à toute vitesse. Parce que, comme l'amour et la fraternité, le langage est bien ce qui nous sépare de la Mort. La partie n'était pas gagnée pour autant ; dans mon demi-délire, il arrivait que les mots disparaissaient en agitant leur dessin pour se préparer à de monstrueux accouchements : mille-pattes processionnaires, buissons griffus, crabes aux aguets, sur fond de fournaise qu'est devenue la plage d'or de mes feuillets ; les consonnes crient, les voyelles pleurent et gémissent, les phrases volent en éclats. Malédiction du langage qui retombe dans l'enfer du camp.

Mais en dépit de son ambivalence, mon calepin m'était extrêmement précieux ; privilège exorbitant : c'était la seule chose qui était mienne et sortie de moi. Il ne me faisait pas seulement survivre, mais re-vivre. Le jour où une bagarre autour d'un tas de patates me le fit perdre, je fus vraiment malheureux, puis j'en confectionnai un autre le soir même ; je lui donnai un gîte dans une poche cousue secrètement à l'intérieur de ma veste où une fouille rapide ne pénétrerait pas ; pour le protéger d'une fouille méthodique, je lui donnai les dimensions du plat de ma main qui pouvait, en se refermant sur lui, lui épargner toute capture en le rendant invisible. Je veillais sur lui comme sur un enfant, alors qu'il était aussi comme un père qui m'avait redonné la vie.

Ce calepin, je l'ai conservé jusqu'à ce jour comme une relique. Je ne l'ouvre que très rarement, pour en vérifier l'état et déplorer chaque fois la perte de la moitié de ses pages au cours de sérieuses empoignades avec des Polonais et des Russes qui, pour des histoires banales d'épluchures que nous nous disputions, avaient réussi à me jeter à terre, veste déchirée. Je l'ai transporté une fois à Paris, mais sans l'ouvrir moi-même, pour un film de télévision consacré à la déportation au Struthof.

Malgré tous ces risques, le cérémonial de l'écriture interdite avait été pour moi un viatique et il le resta jusqu'à la fin. Mon calepin, en dehors des moments où j'étais penché sur lui, devint un compagnon ; la nuit, il demeurait dans ma veste que je roulais, pour le soustraire à un vol, sous mon traversin de paille. Au fil des jours, sur le chantier, lorsque naissaient une peur, une hargne, une colère rentrée ou, plus souvent, un découragement, ma main gauche se portait sur le bord de ma veste pour effleurer les contours du "livre" et en tâter l'épaisseur ; ce geste, d'abord instinctif, devint un tic ; si je n'en avais pas souri, il eût été superstition. Un tel contact m'apaisait, mes humeurs partaient en déroute, comme un souci sur un haussement d'épaules ; de ce quasi-talisman — j'étais aussi impatient d'en apprécier la portée pratique que curieux d'en connaître les limites — je généralisai l'usage. Face aux injures gutturales et aux grimaces de haine de nos gardiens, il se révéla — sous ma main et, plus tard, par la seule idée de son existence — comme ma protection ; la hideur des visages n'était plus que celle de masques grotesques qu'une phrase écrite plus tard, dans la paix relative du souvenir, arracherait ; je cessais presque d'entendre ; les aboiements me parvenaient comme de très loin. Je me sentais hors d'atteinte. Relative mais salutaire illusion parce que source d'énergie.

Etonnante énergie, miraculeuse dans ses effets et reçue comme un privilège dont j'avais parfois honte parce qu'elle était mal partagée entre nous ; privilège qui contribuera pendant des années à me donner le sentiment de culpabilité d'avoir survécu.

Ceux qui avaient été pris arbitrairement comme otages ou arrêtés au cours d'aveugles représailles, et ceux qui n'avaient jamais accompli la moindre activité résistante contre l'occupant semblaient d'abord, pendant un certain temps, privés de tout ressort avant, pour la plupart d'entre eux, de se ressaisir. J'ai connu quelques hommes qui, sans avoir activement collaboré, avaient cru pouvoir applaudir au régime de Vichy et à la politique de collaboration inscrite dans la perspective d'une victoire du IIIe Reich qui débarrasserait l'Europe, une fois pour toutes, du communisme et du "poison" de la doctrine marxiste et de l'idéologie socialiste. Peu nombreux il est vrai, ils avaient été arrêtés par erreur ou pris au hasard comme otages dans un bistrot ; malgré leurs dénégations, leurs protestations et des jeux d'influence supposés favorables, ils avaient été incarcérés ; ils ne parvenaient pas à comprendre ce qui leur était arrivé, ils pestaient contre l'univers entier, et puis contre eux-mêmes lorsqu'ils découvraient n'avoir rien compris aux enjeux d'une guerre devenue mondiale ainsi qu'aux visées du régime nazi et de l'idéologie qui l'avait fondé ; j'en ai vu certains pleurer chaque jour parce qu'ils ne se pardonnaient pas une telle erreur ; j'en ai connu quelques-uns qui, frappés de stupeur par ce qu'ils venaient de découvrir autour d'eux, et peut-être pour se punir de s'être aveuglés si longtemps, paraissaient s'être imposé une anorexie mentale ; sans qu'on pût rien pour eux, je les ai vus rapidement dépérir et, solitaires, mourir, peu après leur arrivée au camp, de désespoir ; après la libération, leurs veuves m'ont écrit ou sont venues me voir pour avoir des détails ; qu'ai-je pu leur dire ou leur écrire dans l'intention de ne pas nourrir et aggraver leur douleur ? Il était évidemment plus facile de faire face à la barbarie de notre condition pour ceux qui, parmi nous, avaient déjà combattu ailleurs sous des formes multiples, tantôt manifestes et tantôt clandestines, selon les circonstances ; c'était, par exemple, le cas des Résistants en Europe occupée et, en Allemagne, le cas des objecteurs de conscience qu'animait une double énergie : celle d'une éthique de conviction, qu'elle fût de nature républicaine, démocrate, socialiste ou religieuse, redoublée par une éthique de responsabilité soucieuse d'un engagement concret, efficace et toujours solidaire. Ceux qui croyaient en Dieu avaient vu d'abord leur croyance mise à rude épreuve : certains, après avoir fait reproche à leur Dieu de les avoir abandonnés, découvrirent très vite cette "puissance d'appel et de recours" qui, au-delà de la simple et banale croyance, s'appelle la foi, faite de ferveur, de lumière, de fermeté et d'espoir ; une foi que, à la tombée de la nuit derrière un block et à de rares moments, venait soutenir le sacrement de la communion ; les hosties étaient distribuées par les deux prêtres détenus comme nous autres au camp et qui les avaient reçues je n'ai jamais su dans quelles conditions. Une foi censée être doublement salvatrice.

Parce que la foi est toujours la puissance d'une énergie, au camp, qu'elle fût religieuse, philosophique, idéologique ou politique, non seulement elle demeurait généralement intacte, mais par défi, elle se trouvait renforcée par le choc de sa négation même qu'était la réalité des camps ; elle constituait un capital de force en réserve qu'il fallait préserver des moments, toujours possibles, de désespoir et qu'il ne fallait pas abandonner après qu'elle eût, pendant les années antérieures, permis de construire une vie. Quels qu'en aient été le terrain et les modes, cette foi en l'homme n'offrait pas seulement une force de survie, mais aussi la possibilité de donner quelque sens, même fragmentaire, à une existence qui, dans les camps, n'en tolérait aucun. Une foi, certes vécue au présent, mais résolument tournée vers un avenir destiné à promouvoir la paix, la liberté, la justice, la solidarité et la fraternité pour accomplir l'humanité en tout homme, alors que le système renvoyait à ce qu'un détenu devait être et tendait à être : à l'image d'un déchet. Quelques-uns d'entre nous se plaisaient rageusement à tourner le dos pour montrer, peintes en rouge sur leur veste rayée, les deux initiales géantes N.N. de "Nacht und Nebel" ("Nuit et Brouillard") où nous devions tous nous perdre ; puis ils se retournaient pour proclamer à voix basse leur façon de retourner le sens de la formule maudite : "Non à la Nuit". Il s'agissait de "proclamer" partout autour de soi, que le combat, mené en d'autres temps, ailleurs, se poursuivait "*ici et maintenant*" avec les pauvres moyens du bord, plutôt que de se perdre en imaginant le poursuivre ailleurs dans un "plus tard" problématique — tout en étant assuré que les valeurs d'un idéal visé ou un simple projet pourraient s'inscrire dans des horizons à venir. Je découvrais, en observant de vieux militants politiques qui s'étaient engagés auprès des républicains espagnols dans les Brigades internationales, puis dans la Résistance, que, dans des circonstances même les plus tragiques, il fallait *être là*, dans le présent le plus actuel et, en quelque sorte, à sa pointe ; et, par exemple, être à l'affût de la circonstance jugée instinctivement favorable à une initiative qui, en démentant symboliquement notre esclavage, signifiait une capacité mentale à résister : l'art — difficile à apprendre — de faire semblant de travailler ; faire glisser le regard ; greffer sur la perception les fleurs de l'imaginaire ; restaurer discrètement le droit à la parole sauvé des hurlements, des injures et des insultes ; se constituer une carapace pour amortir les coups ; offrir à un camarade quelque chose, pour lui arracher un sourire : un clin d'œil, un regard complice, une patate, une plaisanterie. Dérisoires recours, mais efficaces : recueillies par un mendiant, des miettes sont pour lui un festin. Nous étions tous, d'une manière ou d'une autre, des mendiants de l'Etre.

Etre une sorte de magicien du présent. Avec les Russes, passés maîtres dans l'art de décliner instantanément les figures de la mort, j'étais à bonne école. Lorsque j'ai dû, avec deux ou trois d'entre eux, édifier une potence et transporter des cadavres gelés sous une bâche dans la charrette des morts, ils plaisantaient dans leur langue, que je ne comprenais pas et, pour ne pas pleurer de rage, ils se mettaient à rire lorsque les cadavres, mains sur les hanches, basculaient en pirouettant par-dessus la charrette pour y retomber en se brisant les membres. Je voyais bien que, pour creuser l'écart avec la réalité, ils projetaient sur elle la magie des métaphores, et j'appris d'eux à le faire. J'imaginais ce qu'eux-mêmes pouvaient alors imaginer ; ces cadavres nus dans la charrette : des mannequins de cire ? des figures de théâtre ? des pantins de bois ou de verre ? une cargaison d'épouvantails entrelacés envoyés à la casse ? Ces Russes, qui avaient, avant les camps, connu chez eux la disette, la faim et parfois le harcèlement de la police, n'avaient pas leurs pareils pour flairer de loin l'arrivée d'un camion de choux ou de pommes de terre que nous autres, Français, nous ne devinions pas, ou encore celle d'un Kapo, d'un garde ou d'un S.S.-contrôle ; espions au regard perçant, ils sonnaient rapidement l'alerte dans toute l'équipe et savaient distinguer de loin entre les S.S. les plus violents et ceux, plutôt rares, qui étaient plus accommodants. Quand ils ne pouvaient esquiver la rencontre inopinée avec un S.S., ils se composaient une attitude oblique faite d'obéissance résignée, d'humilité mais aussi de distance respectueuse, comme si, tout en étant là, ils avaient déjà commencé à fuir les coups dont ils feutraient l'impact ; comme si la vraie réalité de leur corps, inatteignable, était déjà ailleurs ; puis, le S.S. le dos tourné, ils s'adonnaient à un festival de gestes obscènes fort réjouissant pour nous, les autres détenus. Leurs moments de revanche, c'était aussi de faire semblant de travailler en l'absence d'une surveillance immédiate : un art pénible à acquérir et qui, à une certaine distance, pouvait faire illusion ; un art que j'ai réussi à pratiquer après les avoir vu faire. Appuyés sur un manche de pelle ou de pioche, ils regardaient tous les autres, détenus et gardiens ; ils avaient l'air de leur appliquer, comme j'avais appris d'eux à le faire, des préfixes, des affixes, des infixes, des suffixes et toutes sortes de désinences, et de nous percevoir à travers des métaphores. Mis en confiance, ces paysans d'Ukraine, du Caucase ou d'ailleurs, se mettaient à mimer de façon vivante et fugitive, la caricature de ce que nous étions à leurs yeux ; instant magique : puissamment communicatifs, leurs rires attestaient de leur joie à transgresser les interdits, à contourner les obstacles en se donnant l'air de jouer avec eux ; en somme à faire un pied-de-nez à l'univers entier dans des instants privilégiés qui semblaient transfigurer le temps de notre misère à tous, en réaffirmant la vie dans son irrésistible rebondissement. Auprès d'eux, ou mieux avec eux, je réapprenais chaque fois que résister pour survivre se conjugue au présent, là où l'on se trouve, pour peu que la circonstance s'y prête. J'apprenais aussi que de tels comportements de résistance, réels ou symboliques, nourrissaient ou rechargeaient — à la façon des effets qui, en retour, deviennent la cause de leur cause — la force ou l'énergie qui les avaient engendrés. Ces Russes, majoritaires au camp et qui passaient aux yeux de beaucoup pour des êtres frustes, brutaux mais inventifs, combien de fois me suis-je félicité de pouvoir et d'avoir pu les côtoyer !

Mais le fait de déployer au présent cette puissance d'écart qui pouvait être considérable, avait son corollaire terriblement ambivalent, ressenti comme une rançon, comme un prix à payer : c'était la perte relative mais progressive d'une part de sa sensibilité à ce qui pouvait arriver aux autres, comme aussi à soi-même ; insidieusement insinuée en nous, elle menaçait, si l'on n'y prenait garde, de gagner en profondeur. Se durcir soi-même pour faire face à l'adversité, allait de pair avec cet autre durcissement pour se défendre du spectacle déprimant du malheur des autres. Cette désensibilisation progressive m'étonnait et m'inquiétait, mais au fond, je savais bien qu'elle était d'une utilité vitale. Etait-elle, et pour quelle part, l'expression d'une spontanéité instinctive, d'une sorte de vouloir-vivre ? Ou bien, pour quelle autre part, l'expression d'une décision consciente et volontairement entretenue ? Je me souviens de m'être surpris à pouvoir retenir mes larmes à la vue d'un homme battu et en même temps livré aux chiens ; à retenir un cri d'indignation ou de révolte ; à détourner le regard des scènes de ce genre ; à refuser un geste spontané de commisération ou de chaleureuse amitié dont l'aspect manifeste ou démonstratif nous était interdit. L'expression d'une émotion est inséparable de son essence, elles se nourrissent l'une de l'autre, et s'interdire de manifester une émotion est le meilleur moyen de la tuer dans l'œuf. Cette perte tendancielle de l'émotivité ne laissait pas de m'inquiéter : irait-elle jusqu'à l'indifférence et, pourquoi pas, jusqu'à un égoïsme aveugle farouchement replié sur soi ? — ce que visait le système qui, sachant qu'une émotion séparée de sa charge corporelle expressive n'en est plus une, voulait séparer tout individu de lui-même et chacun de tous les autres, c'est-à-dire priver sa personne de sa dimension la plus profondément humaine. J'ai connu des camarades qui, jusqu'au bout de leur calvaire, se sont emmurés dans une sorte d'aveuglement, de surdité, dans le silence aussi, pour se situer entre l'ici et un quelconque ailleurs, entre la vie et la mort. Que pouvait-on faire pour eux, qui avaient l'air de s'être enfoncés *sous* leur misère pour la ressentir le moins possible, la leur et celle des autres ? Après la libération — mais, généralement, seulement après — un sentiment de culpabilité s'est insinué dans la conscience troublée des survivants : il est demeuré longtemps en moi avec la perfidie d'une mauvaise racine. Certes, j'avais donné quelquefois à quelques-uns ce que je pouvais : une part du produit de mes rapines, un sourire amical, une parole de réconfort, une tape sur l'épaule, une écoute attentive à leurs angoisses. Mais, en vérité, comment donner assez, surtout avec le peu dont on dispose et de plus, au sein d'une innombrable communauté de malheureux : les excuses sont faciles à trouver : en vain. Malgré de faibles solidarités qui jouaient seulement à l'intérieur de petits groupes, le "chacun pour soi" l'emportait sur "le chacun pour tous" ou "le tous pour chacun". Mais au camp, ce qui me permettait parfois de folles audaces — ma jeunesse, mon énergie et une bonne dose d'inconscience — aurait-il pu également me permettre d'être plus généreux envers ceux qui, bien que ne faisant pas partie de mes meilleurs amis, n'en étaient pas moins mes proches et dont certains avaient l'âge de mon père ? Un sentiment de culpabilité diffuse, peu niable, dont j'ai mis longtemps à me débarrasser.

Au camp, cette capacité réduite de s'émouvoir et de sentir nous paraissait normale puisqu'elle nous entourait d'une sorte de carapace à épaisseur variable et qui pouvait très bien se disloquer un moment et se reconstituer à un autre, sans que l'on sût à quoi étaient dues de telles variations. Il arrivait que, devant plus misérable que soi, nous ne sentions rien, sinon le passage de l'ombre d'une émotion possible. Détachés mais non indifférents, quelques-uns d'entre nous se posaient la question de savoir si cette "culture de l'insensibilité" qu'il nous fallait malgré tout entretenir nous affecterait encore après les camps. En ce qui me concerne, au lendemain de la mort de mon ami Valette, j'avais perçu, pour la première fois, la perte d'une part de ma capacité à m'émouvoir ; j'étais conscient que, si bien des situations au camp pouvaient, en principe, être source d'émotions, ces dernières, en fait, n'étaient que rentrées ou refoulées pour un temps seulement dans les flacons bien refermés de la mémoire. Virtualités intactes, comme le souvenir des situations qui les avaient générées, nous savions les uns et les autres qu'elles s'exprimeraient après les camps dans nos récits et nos témoignages ; mais nous ignorions que, mal préparés à ce que nous dirions et à faire entrevoir l'inimaginable, notre auditoire, choqué et parfois incrédule, se refuserait à écouter et même à entendre ce que nous tenterions de nommer et qui serait encore, pour nous, innommable. Un langage difficile, heurté, truffé de coupures, un regard perdu, glissant ou d'une fixité hagarde, quelques autres tics ramenés des camps, tout cela pouvait donner l'impression que mentalement nous ne nous étions pas remis d'un choc dont personne n'avait encore l'idée exacte ; personne ne savait qu'il faudrait encore un certain temps pour que nous puissions dire et raconter, posément et calmement, ce dont nous avions été les victimes et, ce qui nous importait le plus, ce dont nous avions été les témoins. Cette surdité d'une écoute que nous attendions, venait sans doute aussi de la crainte, plus ou moins consciente, d'une violation inédite de la sensibilité de nos interlocuteurs et, plus gravement, d'une nécessaire et douloureuse remise en cause des fondements de notre civilisation occidentale dont nous étions si fiers, mais où s'était inscrite, si tragiquement, la pire des barbaries. Dans notre attitude et notre langage de témoins il y avait souvent une gêne : privilégiés pour avoir survécu, nous détestions en nous cet impouvoir qui nous avait empêché de sauver des vies, de nourrir les plus malheureux, d'adoucir les derniers moments d'un moribond.

Au camp, le moment n'était pas encore venu de détester notre impuissance perçue alors comme une nécessaire sécrétion du système, et encore moins de nous détester nous-mêmes. La puissance qu'il nous fallait cultiver était celle qui nous permettait, jour après jour, de creuser l'écart qui nous séparait encore du regard de la Mort ; un regard qu'il nous fallait dévier, réfracter pour le dénaturer ; nous n'avions pas le bouclier-miroir magique de Persée pour renvoyer à la Mort-Méduse sa propre image qui la ferait mourir. Nous nous contentions d'envelopper de nos nuages les figurines de la Mort et de les expédier dans les prairies de l'imaginaire et les forêts qui cernaient le camp, vers le ciel et les étoiles offerts aux forçats de la nuit.

Mais la puissance de ces déclinaisons n'était pas toujours égale à elle-même, elle avait ses éclipses et aussi ses limites. C'est le défaut de volonté de la maintenir, tout autant que le hasard des circonstances, qui en décidait. Lorsque toutes les misères du camp s'accumulaient sur nous pour forger les anneaux d'une même chaîne dans le temps d'une même journée, nous plongions facilement dans un état de découragement qu'aggravaient les rumeurs de "transports" de sinistre réputation, et les menaces de punitions exemplaires, individuelles ou collectives, proférées par la hiérarchie S.S. devant l'ensemble des détenus alignés debout devant elle, pendant des heures sur la place d'appel. Aucun désespoir cependant, mais un état d'hébétude et d'abattement qui nous donnait l'impression de coïncider parfaitement avec notre condition à laquelle le système voulait nous réduire. Nous glissions alors sur la pente d'un temps mortifère, sans relief, sans que pût émerger quelque pensée susceptible d'une affirmation du genre : "Moi, je...". Un état pire que la mort puisqu'il fallait se résigner à constater que le temps vertical de l'affirmation ou de toute initiative s'était effondré. Mais, au fond de moi-même, je savais qu'il reviendrait ; j'attendais, avec une passivité patiente, son retour, dans une sorte d'hibernation, ce qui pouvait être dangereux. Je me souviens de m'être glissé, un jour de neige, dans une équipe qui devait maçonner un four dans l'embase de la cheminée d'un atelier destiné à traiter une huile extraite des schistes bitumineux pour en tirer un carburant. Bien que nous ayons reçu l'ordre de tester le tirage, nous ne tenons aucun compte des consignes données et nous nous blottissons dans les coins les plus obscurs du four comme dans l'univers le plus gris et le plus morne ; la fumée nous fait pleurer et suffoquer ; je passe ma tête dans une chatière à guillotine pour avaler un peu d'air ; un S.S. nous surprend et nous suspectant de fainéantise ou de préparer une évasion, nous menace de la corde ou mieux de nous faire emmurer. Je me souviens que la quête de lieux réduits, isolés, sombres et clos, devenait une obsession.

J'essayais de me secouer. Je tentais de rameuter en ma mémoire tous les épisodes qui, dans le passé de mon enfance et de mon adolescence, avaient fait naître et nourri mon goût et ma force de vivre. J'avais pu constater que la puissance émanant de leur simple évocation avait, aux premiers jours de ma déportation, contribué à me donner et redonner la rage de vivre ; mais je n'avais jamais osé me les rappeler trop souvent dans la crainte que cet exercice thérapique de la mémoire ne perdît peu à peu ses effets bénéfiques — comme un vêtement ou un outil ayant trop servi.

Malgré l'usage économe que je continuais à faire du recours à ces souvenirs, c'est en vain que je m'exerçais à retrouver la force, la chaleur et la lumière des épisodes qui, dans le passé, m'avaient enthousiasmé, émerveillé, soulevé au-dessus de moi-même. C'est à ce moment-là que je découvris vraiment les ressources que j'avais déjà perçues en moi, dans l'épaisseur de ma courte histoire. C'était : mes promenades solitaires en forêt ; la lecture de tel ou tel livre qui m'avait fait découvrir un monde inouï ; la rencontre d'un être exceptionnel ; une œuvre musicale qui m'avait bouleversé en m'ouvrant à des sentiments inconnus et que, sans elle, je n'aurais jamais imaginés ; la musique des cloches qui ne s'était pas bornée à bercer ma première enfance, mais l'avait sensibilisée à l'approche d'une métaphysique des lointains ; et même, dans un passé qui m'était encore très proche, la libération de mon père que j'avais pu obtenir d'un potentat nazi... et tant d'autres épisodes encore. Mais j'avais beau tenter de faire revivre en moi l'expérience d e ces moments forts, je ne recueillais plus entre mes mains qu'un assemblage discordant de représentations pâles, incolores, inertes et comme mortes : ce passé était bel et bien "passé" — comme une étoffe, jadis superbe, dont le ton général et les couleurs, sous l'effet du temps mortifère, ont, comme l'ont dit, "passé". Désormais, une distance infinie m'en séparait, comblée par une épaisseur de grisaille et d'ombres sépulcrales qui ensevelissaient ce qui avait été pour moi source de vie et d'appétit de vivre. Mais comme j'avais, bien ancrée en moi (et d'où venait donc cette nouvelle force ?), la certitude qu'une telle perte de puissance n'était que provisoire, je ne connaissais pas les affres de la désespérance ou l'angoisse du désespoir : je vivais, insignifiant, suspendu dans l'univers du morne qui ressemble si fort à l'univers d'un mort-vivant. Un univers, comme on le verra, extrêmement dangereux.

Ce moment-charnière entre la vie et la mort ne pouvait durer. Il me fallait trouver quelque chose, mais quoi ? Je me comparais, ce qui me paraissait euphémiser ma condition, à une pompe momentanément privée de sa pression et qu'il fallait ré-amorcer. Je ne pouvais alors m'adresser ni à mon corps abandonné à sa pesanteur, ni à ma mémoire éteinte et sans ressort, ni à mon esprit privé lui aussi de toute lumière et de tout élan. Il me fallait donc sortir de moi et de ce "trou à rats" où j'avais failli me faire piéger, et me tourner résolument vers un dehors, vers un extérieur capables de me donner un vrai coup de fouet libérateur. Je décidais — mais d'où venait encore la force de ce coup d'éclat, sinon des épisodes d'un passé qui avaient cessé d'agir en pleine lumière de la conscience ? — je décidais donc d'y parvenir de différentes façons : une habitude que je pris toutes les fois qu'une lassitude mortelle m'accablait et que les circonstances s'y prêtaient.

La plus simple était de m'intégrer dans une équipe de Russes au travail, comme on se rapproche d'un modèle longtemps disparu. Certes, il n'était pas question pour moi, dont l'histoire personnelle et culturelle était différente de la leur, de les imiter platement ; mais j'admirais et j'enviais l'éclat de leur regard, la vivacité de leur propos dont le sens, pourtant, m'échappait, la rondeur sensuelle d'une voix qui semblait rouler sans heurt sur des cailloux, l'impression qu'ils donnaient d'être chez eux, où qu'ils se trouvent, qu'ils restaient bien vivants dans un présent où rôdait partout la mort, tout cela grâce à un vigilant et constant "qui vive". Leur présence à mes côtés me regonflait d'autant plus sûrement qu'ils m'avaient plus ou moins adopté, peut-être parce qu'ils me percevaient comme un oiseau rare : une sorte de jeune écrivain qui tenait un journal de bord et qui échappait plus ou moins à la condition de ces Français qu'ils n'aimaient guère. Même en l'absence des liens d'un vrai langage — sauf celui d'un charabia fait de lambeaux empruntés à l'allemand, au russe et plus rarement au français — certains d'entre eux, avec qui je m'étais montré solidaire dans leurs rapines, me considéraient comme faisant partie de leur fratrie. J'étais revigoré.

Beaucoup plus difficile était une autre façon, à laquelle j'eus recours plusieurs fois, de refaire le plein de la force vitale. Je sentais le besoin de réentendre parler ma langue dont je commençais à perdre et l'écoute et l'usage : une langue parlée par des gens qui avaient des choses à dire. Il me fallait alors, le soir, quitter le block auquel j'étais affecté (où il n'y avait qu'une poignée de Français impatients de regagner leur paillasse sitôt levés de table), pour rejoindre un autre block où, à cette heure-là et de temps en temps, un groupe important de Français se soudait autour d'une grande table et, disait-on, était autorisé à parler de tout, ou presque, mais pendant un temps relativement bref. Pour moi : une aventure risquée que je ne pouvais renouveler souvent : il me fallait choisir une nuit noire, un passage en zigzag le plus silencieux possible pour ne pas attirer l'attention de la sentinelle du mirador qui, à quelques mètres de là, dominait la clôture des barbelés électrifiés dont le grésillement me semblait presque rassurant ; pourtant un coup de projecteur signifiait la mort assurée. Il fallait enfin me faire admettre du chef de block, un "droit commun" qui devait son autorité à sa grande gueule, à sa stature de géant et à son prestigieux passé de braqueur, mais qui savait se montrer parfois accommodant parce qu'il négociait en haut lieu, comme certains de ses pairs, l'échange de son triangle vert contre celui, convoité parce que plus honorable, des politiques et des résistants. Dès que j'ouvrais la porte, des bouffées de chaleur portées par le bourdonnement des voix m'enveloppaient le visage. Je rejoignais la tablée des Français qui se serraient pour me faire place : j'y avais quelques amis. Il y avait là des hommes de toutes professions, de toutes les classes sociales et de nombreux Résistants. Dans un réseau de paroles croisées ou superposées, c'étaient : des récits autobiographiques ; parfois des confidences et même des confessions ; des professions de foi, des rêveries à mi-voix ; des anecdotes attendries sur un métier aimé ; et surtout, puisqu'il y avait là d'anciens résistants et militants politiques, c'était l'insistance d'une même question : comment comprendre ce qui nous est arrivé, à nous, à la France, à l'Europe entière ? Qu'avons-nous fait, que n'avons-nous pas fait, qu'aurions-nous pu ou dû faire pour éviter que l'Histoire tourne à une telle catastrophe ? Et cette Histoire comment la refaire après la victoire ? Je ne disais rien, j'écoutais la parole et l'expérience des vétérans. Tout cela faisait voir et entendre tellement de choses que, gorgé d'images, de perspectives, d'horizons et de promesses qu'un tel concert avait fait lever, je me sentais un peu ivre. Ce qui me comblait ce n'était pas tellement le contenu ou le sens de ce qui se disait : c'était, dans cette polyphonie sans vraie dissonance, le langage des gestes et des mots dont les accents divers charriaient des morceaux de terroirs ; des mots et des gestes qui prenaient l'aspect de vêtements de cérémonie plus ou moins bien ajustés. Par-delà ces bigarrures de langage, c'était une même voix, la même forme, le même mouvement de tout langage qui rappelaient la Vie et en célébraient le retour. On se serait cru un dimanche à la campagne autour d'une table de bistrot sur laquelle manquaient tout de même des verres, une bouteille et le flottement d'une odeur de pastis et de tabac qu'évoquait la Parole revenue. Ce qui nous était aussi rendu était le monde d'une existence où cherchaient à s'articuler de confuses essences : celles du Désir, du Souvenir, de la Joie, de la Mort et de la Liberté ; le rappel d'un tel monde nous signifiait que notre condition d'homme n'avait pas encore été annulée. En outre, ces essences d'existence se proposaient comme des énigmes à déchiffrer l'une par l'autre ; elles exigeaient que nous existions encore et bien davantage, pour les épeler plus tard dans la texture de la vie ; alors, pour ma part, j'éprouvais le sentiment d'une immortalité dans la durée où se mêlaient ceux d'un allègement et d'une ascension. Survivre devenait à la fois une promesse, une certitude et un serment.

Les soirs qui suivaient cette escapade, je retournais à mon calepin que j'avais momentanément abandonné à sa solitude et que je recouvrais de mots.

Enfin, il y avait une autre source d'énergie en laquelle je n'avais pas cru pouvoir puiser et qui, dans la succession des jours, s'offrait pourtant à moi : c'était toute la variété des Kommandos, c'est-à-dire d'une quinzaine d'équipes de travail dont chacune avait sa fonction et sa structure propres et qui, de la carrière à la mine, du terrassement à la maçonnerie, des concasseurs aux meules de schistes en feu, faisaient tourner l'usine. Ces équipes, bariolées de nationalités diverses, je les ai toutes bien connues pour avoir été contraint de travailler périodiquement en chacune d'elles. Sans en avoir eu alors clairement conscience, je suis persuadé aujourd'hui que c'est là ce qui m'a permis — ce que n'aurait pu faire le travail dans les bureaux où, sous la coupe de civils allemands, les rares détenus qui s'y trouvaient n'avaient guère bon moral — de me maintenir, paradoxalement, à un niveau mental et moral nécessaire pour faire face à notre condition de forçats. Paradoxalement et dangereusement, car la permanence d'une telle condition dans la durée, en affaiblissant les corps toujours menacés d'un total épuisement, pouvait venir à bout de cette force morale qui faisait, tant bien que mal, tenir le corps debout : un cercle dans lequel, comme beaucoup, je me sentais enfermé, et que j'aurais pu briser si, comme l'avaient fait depuis longtemps presque tous ceux qui étaient catalogués étudiants ou ingénieurs, j'avais consenti à solliciter ou à quémander une place quelconque dans les bureaux ou au laboratoire. Ma raideur à ne pas chercher à obtenir une telle planque, toujours perçue comme une planche de salut, aurait pu m'être fatale si un hasard heureux ne s'était pas produit. Un jour de fin mars 45, alors que, épuisé par une crise de dysenterie hémorragique, j'étais accroupi au bord d'une des feuillées du camp afin de vider mes tripes, je fus interpellé par un homme que j'avais connu au Struthof où nous avions noué des liens de sympathie et d'estime, sans avoir pu nous revoir depuis qu'il s'était fait affecter dans les bureaux, arguant de sa fonction d'ingénieur dans l'armée française ; sa pitié et sa stupeur me firent prendre conscience de la gravité de mon état ; il me jura qu'il me tirerait de là. Le lendemain : entretien avec le Kapo du laboratoire qui m'avait fait demander ; ce jeune Alsacien avait fait Saint-Cyr pour s'engager ensuite dans la Résistance ; impressionnant, ce solide gaillard se voulait bon bougre et paternel : il posa sa forte main sur mon épaule et me traita de connard : pourquoi n'étais-je pas venu le voir beaucoup plus tôt pour me faire connaître de lui, lui, "qui avait toujours cherché à sauver les étudiants français, les Résistants et les intellectuels" ?

Pourquoi, en effet ? C'est la question que je me pose encore aujourd'hui, tant la réponse ne me paraît pas simple. Etait-ce l'expression et l'effet d'une "timidité" dont certains de mes camarades me taxaient ? Je ne le crois guère, à moins de supposer, hypothèse plus vraisemblable, qu'une certaine fierté, plutôt anachronique et ridicule dans les camps, m'empêchait d'avoir l'air de quémander, de mendier ou d'implorer quelqu'un de bien placé dans la hiérarchie interne du camp afin d'obtenir de lui une planque salvatrice : la timidité est parfois le vain orgueil de la modestie… Je pense que la raison profonde de mon refus d'une telle démarche, pourtant vitale, est ailleurs et, d'une autre manière, tout aussi "vitale". Curieux de nature, attentif à ce qui pouvait se voir et s'entendre autour de moi, ce goût d'apprendre pour savoir, entretenu depuis mon enfance de fils d'instituteurs, ne m'avait pas abandonné. Nous étions tous aux limites d'une situation-extrême dans laquelle le système cherchait à déposséder chacun de son humanité en le plongeant dans la "Nuit et le Brouillard". Par défi d'abord, je me sentais obligé par moi-même, d'observer d'un regard aigu, et moi-même, et les autres qui m'entouraient, leurs souffrances et les miennes ainsi que nos façons d'y réagir bien ou mal, et surtout d'y résister. En outre, en tenant à jour mon carnet, je sentais que je devais être — parce qu'il en avait d'abord le goût et la possibilité — celui qui, par la richesse panoramique de ses observations, pourrait, plus tard, témoigner de la barbarie d'un régime qui contraignait méthodiquement les êtres humains à affronter toutes les figures de la mort avant de les faire crever. Mais pour engranger ce que je pouvais observer, il me fallait, d'une certaine manière, regarder les êtres et les choses comme des éléments d'un paysage en train de se dérouler devant un spectateur mobile et distant, afin de ne pas être submergé moi-même par le retour toujours possible d'une émotion susceptible de brouiller mon regard d'observateur devant lequel tout glissait vers la mort. Nombre de ceux qui ont survécu ont tiré leur force de survie de cette exigence impérative de témoigner pour que l'on sache, et que "plus jamais ça ne se reproduise". Privilégié par mon jeune âge, par mon audace de timide, par le choix déjà décidé d'exercer plus tard le métier de professeur de philosophie, je décidai alors de pénétrer dans tous les coins et dans tous les kommandos du camp de Schömberg afin de transmettre ce que j'y aurais vu, découvert et appris. Une sorte de "mobilisation générale" s'était toute seule décrétée en moi, comme ma décision de résister à l'occupant avait semblé se prendre toute seule, sans délibération aucune : "Que de choses faut-il ignorer pour agir !" avait dit Valéry et le souvenir de cet aphorisme me justifiait. Cette dose d'inconscience ou cette volonté de ne pas savoir, m'a souvent servi ; la réflexion vient parfois et heureusement, après.

Paru vingt-cinq ans après, mon récit sur mon expérience concentrationnaire a étonné de nombreux lecteurs — comme Simone de Beauvoir et Jean Cayrol par exemple — par "l'originalité de sa démarche et de ses perspectives", mais aussi par la précision qui en cerne les détails "pour les mettre en lumière". A mes yeux, rien de surprenant à cela ; l'acuité de mon regard attentif, qui m'avait permis en même temps de me tenir debout et d'engranger ce qu'il me fallait retenir, a fait de ma mémoire concentrationnaire un réservoir de souvenirs indélébiles. Visages, ports de tête, expressions, propos, tons de voix, démarches, silhouettes, incidents divers… ont inscrit en elle leurs doubles avec la netteté incisive des eaux-fortes. Ces images visuelles, sonores et aussi olfactives se sont obsessionnellement imposées à moi jusqu'à l'écriture de mon livre *Le Passage à Niveau* qui m'a délivré des nombreux "passages" obstinés de ces images et de leur invasion intempestive. Si, aujourd'hui, elles "repassent" en moi, c'est de façon discrète et parfaitement maîtrisée parce que c'est moi qui choisis de les solliciter. Sauf lorsque s'imposent à moi la vue d'un être rongé par la maladie, celle d'un grabataire en fin de vie, et celle, surtout, de ces êtres décharnés par la faim et toutes les misères du monde dont la télévision aujourd'hui multiplie les images : alors, comme des fantômes dressés à la verticale, les images d'autrefois surgissent brutalement ; elles sont celles de ces malheureux que, au camp, nous appelions les "Musulmans", terme qui désignait ceux qui, une fois pour toutes, paraissaient si bien résignés à la fatalité de la mort qu'ils avaient noué avec elle, nous semblait-il, les liens d'une ignoble complicité. Silhouettes filiformes, démarche d'une raideur mécanique, les pieds glissant sur le sol, bras collés au corps, le masque de la mort sur le visage, ces hommes semblaient privés de la faculté de voir et d'entendre, mais leurs yeux s'animaient parfois de mouvements spasmodiques à droite puis à gauche, ultimes réflexes de l'homme traqué. Ayant cessé de se plaindre, de pleurer et de paraître souffrir, de rares sursauts les agitaient lorsqu'ils étaient bousculés ou même interpellés par un voisin qu'ils regardaient alors avec étonnement et hargne : il ne fallait pas les réveiller d'un état torpide.

Aujourd'hui encore, je me demande quel sens donner à ce comportement extrême. Se garder intact et vide dans un monde gelé et immuable, était-ce devenu l'unique souci de ces hommes qui, pour échapper à la Nuit, n'avaient trouvé d'autre salut que de s'y abandonner complètement ? Ou encore, à voir un éclair malin briller parfois dans leur regard, était-ce l'effet d'une ruse inconsciente de tout leur être, qui par le spectacle d'un mime cadavérique qu'ils offraient à la Mort, était censé désarmer celle-ci et la conduire à ne s'en prendre qu'à des vivants, ce qu'ils ne paraissaient plus être ? Ou encore, par l'effet d'une magie voisine de la précédente, voulaient-ils s'enfermer dans une forteresse vide, assiégée et qui se serait construite sur ou avec ses propres ruines, afin de ne plus rien voir ni entendre, ne plus rien sentir, afin de paraître n'être plus là ni ailleurs et, ainsi de ne plus être agressé à l'extérieur et à l'intérieur d'eux-mêmes par le caractère insoutenable de la réalité ? Attendaient-ils le moment de se réveiller dans un autre monde où ils n'auraient plus besoin de se mettre dans un état auto-hypnotique ou de somnambulisme qui les avait dispensés d'être, apparemment, affectés par qui ou quoi que ce soit ? Cette abdication allait si loin que brutalement secoués par un Kapo ou un S.S., ils ne se réveillaient pas, ils se soumettaient totalement aux ordres comme aux coups qu'ils ne sentaient peut-être plus, comme si leur sécurité et leur paix intérieures résidaient dans leur identification à leurs maîtres en lesquels leur être disparaissait : délivrés symboliquement de la vie par la vertu d'une désertion et d'une parfaite dépossession de soi. Cette "euthanasie" de la volonté ne signifiait pas, malgré l'apparence, un suicide, mais plutôt une mise entre parenthèses de la volonté de vivre, pour ne pas souffrir de la vie. En attendant un très problématique réveil ?

Tantôt ces malheureux mouraient subitement en s'effondrant sur place, tantôt de périodiques transports les expédiaient vers une destination où ils étaient tôt ou tard exterminés. Il en était resté au camp jusqu'à la fin, car depuis le début de l'hiver leur nombre n'avait cessé de croître. Terrible spectacle qui, malgré l'endurcissement de notre sensibilité et à une époque où nous ne mangions presque plus rien, représentait la possibilité immédiate de notre chute à tous : comme s'ils avaient un imparable pouvoir de contagion, nous les fuyions comme la peste. Comment aurions-nous pu consentir à perdre le peu d'énergie qui nous restait en les côtoyant ? Heureusement, ils nous repoussaient, comme si ce peu d'énergie qui était la nôtre, leur faisait peur.

C'est bien cette chute dans la condition de "Musulman" que je craignais par-dessus tout et qui a bien failli m'affecter, lorsque, peu de temps avant l'exode de notre colonne de la mort, j'entrai dans ce qu'on appelait le "Labo". Un baraquement où je travaillais, toujours de nuit, à l'analyse chiffrée des gaz de combustion des schistes, que je prélevais à l'extérieur, sous un ciel qui, même constellé, était noyé dans la plus totale indifférence ; malgré les explications d'un jeune étudiant en chimie responsable de ce service, je ne comprenais rien à ce qu'il me disait et à ce que je faisais et, l'esprit vide, je me fiais à une sorte de schéma, un pense-bête qui faisait de mes gestes et de mes calculs une série aveugle de purs automatismes. Jour après jour, je me vidais de mon énergie et cette hémorragie était aussi celle des êtres et des choses ; autour de moi, il n'y avait plus rien : plus personne, plus de paroles, plus d'agitation, plus de camarades, plus de Russes, plus de four, plus de ciels, mais la Nuit. Plus rien en moi : ni le désir, ni l'énergie que, depuis des mois, j'avais déployée avec un relatif succès contre moi-même, ma paresse, mon laisser-aller, mon inertie. Dans une sorte d'hébétude, je me sentais privé de moi-même, ne désirant plus rien, même la mort. Je sombrais. Je crois bien que, alors, j'étais devenu un "Musulman".

Mais j'ignorais qu'un énorme potentiel d'énergie — mais d'où venait-il ? et comment avait-il pu se reconstituer et avec quelles ressources ? — était encore tapi en moi, comme un dispositif miraculeusement prêt à se déployer.

En effet. Le 18 avril 45, le Vent de l'Histoire souffle enfin de notre côté ; le bruit de la canonnade alliée, nous le reçûmes comme une aurore et l'ordre fut donné d'évacuer le camp vers l'Autriche avant la nuit. Je ne mis même pas une heure à émerger et à me réveiller de mon sommeil mortel où j'étais tombé comme dans un gouffre : quelque chose de décisif, de vital et de dangereux allait se produire : toute mon énergie me revint et même étonnement multipliée !

Il fallait en relever le défi et se montrer à la hauteur des circonstances qui pouvaient apporter le meilleur ou le pire. Que d'énergie à déployer et dont, toujours, le corps devait se recharger, mais comment ? D'abord se tenir aux aguets face aux menaces de liquidation dont les rumeurs circulaient avec insistance tout le long de notre cohorte de gueux, et qui, de temps à autre, furent mises à exécution. Cette marche de la mort, je l'ai racontée dans le dernier chapitre de mon livre *Le Passage à Niveau.* Il fallait, en dépit d'une extrême faiblesse, mobiliser ses propres pouvoirs, ceux du corps, de la volonté, de la pensée et en même temps tenter de réduire ceux de la sensibilité, car il fallait aussi surmonter : la faim toujours terrible, le froid, la pluie et la neige dans la traversée des montagnes, et bien sûr les coups destinés à accélérer l'allure, l'affolement et l'exaspération des S.S. qui parfois tiraient à l'aveugle ; résister à la tentation constante de l'évasion ou à l'envie de se laisser tomber à terre ou de trouver sa tombe dans le creux d'un fossé ; veiller à ne pas se séparer du petit groupe d'amis ayant juré, quoi qu'il arrive, de rester ensemble ; se résigner à la rareté des haltes et à l'usure totale de nos galoches de bois ; se résoudre à boire l'eau croupissante d'un fossé ou parfois son urine ; s'élancer dans une bagarre sans ménagements lorsqu'une nuit une camionnette de parallélépipèdes de pain noir (de la Croix-Rouge ?) fut prise d'assaut malgré les coups de crosse des S.S. et leurs chiens ; pouvoir ou ne pas pouvoir se consoler de la disparition de ses meilleurs compagnons ; accepter, dans l'angoisse, de voir se fondre de jour en jour notre cohorte, finalement réduite à quelques poignées d'hommes à la frontière autrichienne ; elle fut alors abandonnée par la petite troupe de S.S. dont beaucoup avaient fui à vélo, après une marche de 300 km que nous avions parcourus en dix jours. D'où nous vint, encore une fois, cette énergie, à nous qui n'étions qu'un peuple de gueux et de damnés, des vieillards à bout de forces, des squelettes ambulants et des spectres enténébrés offerts en spectacle aux gens des villages que nous traversions et qui, sans un mot, nous regardaient passer, indifférents, apeurés et vaguement hostiles, comme une vision vite effacée dans la nuit ?

Pour remettre debout une volonté souvent prête à défaillir, j'avais beau rameuter ma mémoire personnelle ou universitaire et faire appel à mon imagination : rien n'y fit. Curieusement, une dernière fois, me parvinrent les échos d'une musique lointaine que je n'avais pas ré-entendue en moi depuis bien des semaines ; elle était caressante, triste et douce comme une cérémonie des adieux. J'y reconnus une fois de plus des variations sur des thèmes de Mozart empruntés à *Don Giovanni*, à des danses allemandes, à quelques sonates aussi ; une musique qui s'imposait en moi comme un épure ; elle me révélait dans la grâce de son élégance mortelle sa terrible ambivalence. J'avais l'impression, une nouvelle fois, d'être enveloppé d'une cape en forme de domino où la vie et la mort se jouaient en noir et blanc ; mais cette fois, c'était un sourire mortel, celui de la Mort contemplant la Vie ou, je ne savais plus, le sourire de la Vie à la Mort. Comme le vent qui déchirait nos guenilles, je balayai vite ce souvenir musical ressenti comme un maléfice et, par réaction, je retournai à mes fantasmes d'évasions. Mais il fallait saisir, pour s'évader, le moment le plus opportun : se tenir ainsi aux aguets me parut alors le meilleur moyen de se tenir en vie et debout. Après l'échec d'une première tentative d'évasion qui faillit tourner mal, nous avons, mon ami Grétry et moi, réussi la suivante, de nuit et grâce à une tempête de neige, que j'attendais depuis longtemps, qui nous rendit invisibles aux S.S. et inodores à leurs chiens.

Il fallait, il a fallu, il faudrait, il faut… : de ma vie, je n'ai jamais entendu un tel impératif retentir si profondément en moi et si durablement. Suffirait-il de se donner des ordres à soi-même et sans complaisance pour redonner de l'énergie à sa volonté ? Mon compagnon d'évasion (il demeura mon ami jusqu'à sa mort récente) totalement épuisé et comme hébété, s'en était remis à moi pour prendre toute initiative. C'est ainsi qu'il nous avait fallu, enfin, au cœur d'une nuit près de la frontière autrichienne, sur une route enneigée qui conduisait vers le front tout grondant des chars américains, il nous avait donc fallu affronter des cohortes de fuyards civils et militaires allemands paniqués qui fuyaient les combats ; tout d'un coup, un officier allemand me braque rageusement son revolver sous le nez durant un moment qui me paraît une éternité ; il faut vite le désarmer et la chance d'une inspiration me sourit encore : je lui raconte une histoire idiote d'un "rendez-vous" avec la police de Mittenwald (la ville la plus proche), en la truffant de quelques détails assez peu crédibles, mais qui en façonnent la cohérence : ce qui, miraculeusement, parut le convaincre de nous laisser repartir, bien qu'il n'eût cessé de nous traiter de vermine et de sacs de merde.

Au terme des nombreuses péripéties qui se produisirent entre le début de notre exode et notre libération, deux épisodes de portée immensément symbolique me marquèrent pour toujours : deux incidents que je ressentis comme deux événements perçus comme deux avènements. Le premier, je le vécus comme une nouvelle naissance, violemment sensuelle ; après la fin de la bataille qui avait contraint notre petit groupe à trouver un refuge en montagne, nous étions redescendus dans la vallée près d'un feu de bivouac où des Noirs Américains faisaient rôtir deux brebis : leur chair rosée se gonflait de cloques d'or d'où s'échappaient des filets de sève ; l'odeur était d'une insoutenable richesse ; lorsqu'un sergent prit son coutelas pour partager l'une des bêtes, ce fut la ruée à laquelle je n'eus pas la force de participer. Je fus servi le dernier ; le sergent m'apporta ce qui restait : c'était un morceau de mamelle ; de ma vie, je n'ai jamais rien goûté d'une saveur aussi délicieuse et aussi violente ; à peine cuite, la chair pourtant brûlante craquait sous mes dents et le suc essentiel de la vie qui giclait dans ma bouche avait le goût du lait et celui du sang.

La seconde, d'une nature plus visuelle, n'en fut pas moins violente. Avec mon ami Grétry (nous ne nous étions pas quittés), nous descendions à travers un no man's land vers la ville de Garmisch-Partenkirchen ; le froid glaçait nos visages et nous demeurions muets. Soudain une éclaircie, et le soleil illumina une partie de la ville à nos pieds. Une multitude de petites maisons, sorties de l'ombre et piquetées de mille couleurs dans un quadrillage de verdure argentée, avaient l'air de sautiller comme des moineaux courant en tous sens. Au bas de ce qui pouvait paraître comme une sorte d'amphithéâtre, vergers et maisons se disposaient en gradins pour mieux contempler ou capter la Vie qui paraissait s'offrir à leurs habitants ainsi qu'à nous, après tant d'années de reflux. Etincelante, limoneuse, turbulente et tout de même un peu inquiétante, une eau vive, dévalée de la montagne, s'arrêtait parfois pour s'enivrer de tourbillons et, sous l'empire de la même ivresse, repartait de plus belle, abondante, inépuisable et si puissante dans son cours que le surplomb des digues avait grand-peine à la contenir.

Inaltéré, le souvenir de ces deux épisodes successifs intimement liés par leur sens, a accompagné souvent le cours de mon existence et, plus particulièrement, les multiples assauts et épreuves de la maladie ; deux souvenirs forts, fidèles et dévouées sentinelles de la Vie, comme le fut aussi et l'est toujours la compagne aimante et aimée de ma vie.

III

PRELIMINAIRE A LA CONFRONTATION AVEC L'HORREUR DES CAMPS. J'AFFRONTE LE CHEF D'UNE PRISON NAZIE ET PARVIENS A FAIRE LIBERER MON PERE

"Agir contre le temps, donc sur le temps,
au bénéfice d'un temps à venir".
Nietzsche (*Troisième Intempestive*)

Longtemps, depuis ma libération, je me suis interrogé sur les causes et les raisons qui m'ont fait tenir debout au camp de Schömberg qui, ainsi que les différents petits camps de la Forêt Noire qui l'environnaient, était réputé plus dur que beaucoup d'autres : le taux de mortalité y était particulièrement élevé.

D'où pouvait-elle venir cette force qui, malgré quelques rares moments d'engourdissement, persista pendant bien des années qui suivirent ma déportation et contribua à faire de moi bien plus qu'un sursitaire perpétuel de la mort : un ressuscité cyclique ? Cette même force m'a permis, en effet, de résister, en les surmontant, à d'autres épreuves : une série de maladies attaquant régulièrement mon corps, mais qui n'ont, au plus profond de moi, jamais affecté le moral et, plus généralement, ce qu'on appelle la psyché. Une force, une énergie, que mon imagination se plaisait à situer en ce lieu énigmatique du cerveau où se rejoignent et s'articulent dans une relation complexe d'interdépendance et de réciprocité d'influence, le biologique et le spirituel ; un lieu que je ressentais comme un axe vertical destiné à défier toute avarie du corps et tout errement de l'esprit, ou encore, de façon plus générale, comme la colonne vertébrale de mon existence. Tout en étant en moi, cette énergie vitale me paraissait cependant ne pas être de moi, ou ne pas m'appartenir tout à fait.

Car, dire qu'une telle force n'aurait été que celle de ma seule volonté serait simpliste et inexact ; en outre, ce serait témoigner d'une arrogante prétention que de m'attribuer un mérite que je n'ai pu, en réalité, que partager avec mes proches, à la faveur de telle ou telle circonstance qui paraissait toujours me faire signe. Dans toute vie, il y a des rencontres, des contingences et des situations qui, de façon inattendue et soudaine, provoquent en nous un sursaut ; à condition toutefois que nous acceptions de nous laisser surprendre par elles : dans le choc de l'effroi, de l'indignation ou de l'admiration — comme nous le faisons devant une œuvre d'art, une criante injustice ou une révélation inouïe. Ce sont elles qui réveillent notre existence jusque-là assoupie et stimulent le sens de nos responsabilités auxquelles nous souhaitions peut-être nous dérober ; et c'est dans le sentiment de l'urgence qu'elles nous font sentir, au moment qui l'exige, la nécessité d'agir ou de réagir. Aiguillon de notre volonté, elles l'obligent ; elles la sollicitent d'infléchir le cours de notre existence dans des directions jusque-là inaperçues, insoupçonnées, inattendues, et où, pourtant, nous reconnaissons une expression de nos exigences essentielles.

Si de tels moments nous font sortir du temps horizontal et de sa grisaille, ils nous permettent d'y rentrer plus forts que nous ne l'avions été avant qu'ils ne se soient produits. Le temps horizontal, temps du quotidien, se voit alors doté d'une nouvelle impulsion et d'un nouveau cours, éclairé aussi d'une lumière qu'il n'avait pas. Dès lors, nous avons le sentiment de bénéficier d'un don d'énergie nouvelle dont nous sommes l'heureux usager et le dépositaire attentionné : à condition de ne pas la gaspiller à-tout-va et de la tenir en réserve. Une réserve en laquelle puiser, dès que nous sommes face à une situation critique qui met en jeu nos principes, nos valeurs et jusqu'à notre existence même. Comme si, d'une situation critique à la suivante, cette énergie accumulée se déployait, chaque fois, non seulement pour tenter de triompher de l'adversité, mais — loin de se dégrader et de se dissiper — pour accroître son potentiel : comme si le fait de la dépenser était finalement un gain.

Une telle énergie cumulative ne pouvait donc tomber du ciel ; elle n'était pas non plus l'expression d'une souveraine volonté qui aurait été ma seule volonté, ou le produit d'un tout puissant libre-arbitre qui, bien qu'on lui ait prêté parfois la faculté de trancher superbement de façon abstraite, n'est qu'une facile et illusoire entité. Dans des circonstances déterminées mais qui ne sont jamais déterminantes, la réalité concrète du vouloir tire essentiellement sa force, sa consistance et pourrait-on dire son épaisseur, de ces moments antécédents privilégiés qui, dans l'histoire discontinue du sujet, n'en préparent pas moins, dans leur précession, les futures manifestations, les futurs projets, les futurs choix, les futures décisions de la volonté.

Peu avant mon arrivée au camp de Schömberg, j'avais fait, comme je l'ai dit, au camp du Struthof, une rencontre décisive qui m'avait laissé une profonde et durable impression. C'était celle, je l'ai dit, d'un maître-instituteur, ayant l'âge de mon père, et qui s'était fait connaître dans la France enseignante par son talent et ses multiples activités. Il m'avait raconté en souriant comment, dans les pires conditions, il avait pu sur des bouts de papier ensuite jetés au vent, préparer la matière d'un livre de grammaire dont il avait "dans sa tête", me disait-il en couvrant de sa main son crâne rasé, organisé la structure et l'emboîtement des chapitres et des sous-chapitres successifs. Ce livre de grammaire, auquel il paraissait s'être identifié parce qu'il l'avait mis tout en lui, lui avait donné l'idée d'en concevoir un autre, sur l'Histoire, celui-là — comme si, pour un véritable écrivain, un livre terminé exigeait le suivant. La rencontre avec cet homme chaleureux dont j'étais devenu une sorte de confident, avait fait surgir en moi une "idée-force" qui ne me quitta plus ; c'était l'idée qu'écrire est avant tout résister et défier toute adversité, ce que je savais depuis longtemps mais de façon abstraite ; c'était surtout l'idée que la grammaire, dont ce grand pédagogue avait fait un livre en un lieu de destruction tragiquement enrubanné de la fumée du crématoire qui semblait coller à tout ce qu'elle touchait et à qui la respirait, c'était l'idée que la grammaire, ennemie du désordre, de la catastrophe et de toute nuit, devenait à mes yeux et pour la première fois, l'image-symbole d'une existence maintenue fermement debout par la rigueur de sa syntaxe, et éclairée par son lexique et sa sémantique. Une "grammaire existentielle" que réclamait ma jeunesse et qui, grâce aux règles d'ordre et d'organisation interne qu'elle se donne, peut exercer son pouvoir d'exprimer et de communiquer — comme tout vrai langage — un sens destiné à la compréhension et à l'enrichissement de l'esprit humain. Bref, je rêvais d'une grammaire de l'existence qui me permît de redresser la tête et de regarder devant moi : être pour soi-même une telle grammaire devant la vie, voilà ce que j'appris de Georges Lapierre dont je retrouve, plus de soixante ans après sa mort, le ton serein de la voix et la générosité du sourire. Cette idée s'était mise alors à me travailler comme une germination.

C'était en effet une "idée-force", c'est-à-dire une de ces idées qui, parce que pleinement conscientes d'elles-mêmes et comprises en profondeur, parce qu'aussi elles font appel à la liberté en sollicitant la volonté, tendent invinciblement à se réaliser. Avoir, comme G. Lapierre, écrit un livre mental comme il était parvenu à bien écrire sa vie, cela n'était pas rien !

Avant ma détention au Struthof, je m'étais déjà mis à écrire, mais par ennui. C'était dans un camp d'internement, à Ecrouves près de Toul, qui rassemblait toutes sortes de détenus déclarés suspects par l'occupant, des Juifs, quelques Tziganes, des adeptes du marché noir, etc... Dans ce camp de modestes dimensions où n'étaient imposés ni la torture, ni le travail forcé, et où la faim était plus ou moins apaisée par des colis de la Croix-Rouge, il n'y avait surtout qu'un ennui général, et l'espoir impatient d'une proche libération par les Alliés, que, en fait, nous ne devions pas connaître. J'avais pris toutes sortes de notes sur un cahier d'écolier que m'avait procuré un détenu qui travaillait aux cuisines. Si je n'ai plus aucun souvenir précis de ce que j'ai pu y inscrire, c'est que je n'avais à aucun moment ressenti la nécessité vitale de l'écriture et de son urgence : sans réelle motivation et sans entrain, je n'avais pas grand-chose à dire. Pourtant, lorsque, à notre arrivée au Struthof où nous fûmes brutalement dépouillés de tout ce que nous portions sur nous et avec nous, et qu'un Kapo avait ostensiblement déchiré mon cahier, je ravalais mal ma rage impuissante. Certes, j'avais la certitude que le contenu de ce cahier n'avait qu'un intérêt médiocre, mais il avait tout de même une valeur symbolique, celle d'une certaine façon de résister : par l'évasion de la pensée. De cette activité d'écrivailleur, je n'aurais jamais pu extraire une force nouvelle à mettre en réserve pour un avenir que, contrairement à la grande majorité des détenus très optimistes, je jugeais sombre pour tous.

L'énergie considérable dont j'ai, à Ecrouves, pu faire provision eut sa source dans une lutte verbale très feutrée mais obstinée que je m'étais décidé à mener contre le responsable en chef du camp, afin d'obtenir que mon père, arrêté et emprisonné avec moi, fût libéré. Ancien combattant de la guerre de 14, gravement blessé à Verdun où il avait perdu l'usage presque total d'un bras et d'un poumon, mon père avait reçu le statut de grand mutilé de guerre et avait dû, dans les années 30, se faire soigner d'une grave tuberculose dans un sanatorium de Davos. Tous ces handicaps majeurs avaient, certes, limité fortement ses activités physiques, mais sans jamais entamer son dynamisme et son allant. Je savais que, soumis à un travail forcé dans une Allemagne où devait nous entraîner notre destin selon une rumeur de plus en plus insistante, mon père ne pourrait pas résister longtemps à cette épreuve. Sans hésiter, sans en avoir délibéré, sans même en avoir informé mon père, je pris ma décision ; elle semblait s'être prise toute seule. En réalité elle avait été sollicitée par trois circonstances particulièrement favorables à une démarche que je jugeais téméraire. Il y avait d'abord l'atmosphère générale qui régnait parmi nos gardiens minés par un esprit de relâchement de toute discipline et d'abandon ; ensuite, la personnalité flottante de l'adjudant-chef du camp qui pouvait encore impressionner par son uniforme d'officier des Services de Sécurité du Reich (Sicherheitdienst), très proche de l'uniforme des S.S., car, comme ces derniers, il arborait sur sa casquette et le revers de sa veste l'écusson à tête de mort au croisement de deux tibias. Enfin, nous venions d'être lavés de l'accusation de "terrorisme".

Chacun de nous avait d'abord été interrogé séparément sur l'attentat sanglant perpétré à Clermont-en-Argonne le 29 juillet et qui avait provoqué le lendemain, pour enquêtes et par représailles, l'arrestation de presque tous les hommes du village : une centaine. Bien que je ne fusse pour rien dans ce stupide coup de main totalement improvisé par quatre ou cinq maquisards indisciplinés que je ne connaissais pas, je craignais d'être, avec deux de mes camarades, dénoncé comme "résistant", ce que, en fait, bien des gens du bourg savaient. Crainte inutile : notre interrogatoire fut de simple routine car, après une enquête menée au village, nos gardes-chiourmes avaient été persuadés que nous n'étions pas des "terroristes" et certains d'entre eux disaient même que nous étions innocents. En outre, ils semblaient mentalement ailleurs, avec un moral au plus bas ; ils n'ignoraient pas l'avance des armées alliées qu'un poste de radio, installé discrètement aux cuisines, faisait connaître chaque jour à tout le camp et que confirmaient les hommes récemment arrêtés qui venaient, grossir nos rangs — une avance que j'avais été chargé par quelques camarades, de noter et de suivre sur une carte rudimentaire que j'avais tracée sur un morceau de carton. C'est vers un ciel pourtant radieux que les S.S. levaient un regard inquiet et angoissé lorsque des escadrilles d'avions alliés vrombissaient et brillaient comme des essaims d'insectes aux reflets d'argent qui filaient vers une Allemagne désormais soumise aux bombardements ; c'est avec la même inquiétude qu'ils prêtaient l'oreille au roulement continu des véhicules de leur armée, qui battaient en retraite sur la grande route toute proche. Enfin, extraites d'une Kriegsmarine et d'une Luftwaffe qui avaient rendu l'âme, de jeunes recrues S.S., qui n'avaient pas encore revêtu l'uniforme de leur nouvelle armée, avaient confié à certains d'entre nous que bientôt la situation s'inverserait, et qu'ils seraient à notre place et nous à la leur ; pourtant je me disais qu'un animal, blessé à mort après avoir été harcelé, peut devenir dangereux et que la barbarie S.S., qui avait si souvent sévi en Lorraine, pourrait faire de nous ce qu'elle voudrait. C'est pourquoi certains d'entre nous, les plus jeunes, ayant jugé facile une évasion qui les tentait, y avaient renoncé après que les plus anciens leur eurent représenté les risques de représailles encourus par la population du bourg après une évasion collective.

Tout le personnel du camp était ainsi affecté par une sorte de syndrome d'abandon, y compris son chef avec qui j'avais décidé de négocier la libération de mon père. Il s'appelait Halweska et on le disait d'origine roumaine. Quoique versé comme policier dans une formation d'élite de la S.S., il n'avait rien d'un aryen et tout d'un ours brun. Avant d'entreprendre auprès de lui la moindre démarche, il me fallait très attentivement l'observer afin d'élaborer, par la découverte de ses points faibles ou sensibles, de ses susceptibilités éventuelles, de sa capacité de réagir et de la nature de ses rapports avec sa hiérarchie, une tactique qui ne réduisît pas à néant ma stratégie. L'observer, il me fallait prendre le temps de le faire chaque fois qu'il passait dans la cour, car le temps pressait, le bruit courant que, à tout moment, nous pouvions être évacués ailleurs et sans nos geôliers habituels.

Cet homme d'une quarantaine d'années, qu'entre nous nous appelions "le gros S.D.", avait en effet un corps épais, volumineux, mais capable, le cas échéant, d'une grande souplesse ; en marchant, il donnait l'impression de se déplacer sur un sol miné dont il avait l'air de se méfier ;

prudente, lourde et chaloupée, sa démarche hésitante faisait, quand on le voyait de dos, ballotter la masse gélatineuse d'une énorme paire de fesses qu'un pantalon très moulant semblait retenir de justesse de s'écraser par terre : attraction qu'il conjurait en s'efforçant d'accélérer le pas. Son visage confirmait ce que son corps, dont il semblait le prisonnier, exprimait : une grande lassitude physique et morale ; ce visage bouffi, avec ses lèvres épaisses et son double menton, ne semblait pas faciliter le passage d'une parole économe d'elle-même dont le ton était grave et l'accent grasseyant ; dans son regard gris, souvent voilé de brume et de mélancolie, qui paraissait le rendre absent, passait parfois la vivacité d'une lumière vite éteinte, comme si un intérêt enfin manifesté pour le monde en général ne pouvait être ressenti par lui que de façon inattendue et momentanée. Lorsque enfin il se retirait de la cour où circulaient en permanence des détenus, et qu'il s'apprêtait à rentrer dans son bureau, il s'arrêtait un instant, juché sur le perron, et se retournait pour contempler le monde qu'il avait la charge de gouverner et à qui, semblait-il, il adressait sans regret un dernier adieu.

Tel m'apparaissait le gros S.D. J'avais compris que l'atout majeur à utiliser à chacune de mes démarches auprès de lui, serait son extrême lassitude. Comme il ne se plaisait guère dans les bureaux, il errait souvent dans la cour des détenus dont aucun n'osait l'aborder. J'avais décidé de le faire moi-même plutôt que de m'adresser à des intermédiaires comme son adjoint — adjudant S.D. lui aussi "à tête de mort", grand gueulard et brutal — ou son interprète, un civil qui se disait Alsacien et se révélait soumis, craintif et inconsistant. Lorsque, courtois, respectueux sans obséquiosité et le regard dirigé droit vers le sien sans le fixer, je l'abordai pour la première fois, chacun fut d'abord presque agréablement surpris par l'autre ; lui, parce que je venais de le gratifier d'un "Monsieur" fort déférent qui parut lui rendre un honneur civil que son "honneur militaire" (que lui conférait la devise S.S. gravée sur son ceinturon) lui avait fait perdre depuis longtemps ; moi, parce que cet homme, qui avait probablement excellé dans les services de police, me révéla, avec le sourire de celui à qui on ne la fait pas, qu'il connaissait mon identité, ma qualité d'étudiant et de fils de l'instituteur, Herr Ribon qu'il prononçait *Ripône*. A mon tour je lui révélai la situation militaire de mon père, ancien combattant de Verdun et mutilé de guerre. Tout en tripotant sa croix de Fer qu'il avait autour du cou, il m'écouta attentivement et, dans un mauvais français mâtiné de mots allemands, il me dit avoir une même et totale admiration pour les soldats de Verdun qu'ils fussent Allemands ou Français ; ce qui était de bon augure. Il me demanda à voir personnellement mon père muni de ses cartes de combattant et d'invalide de guerre. Quand je révélai à mon père, que je n'avais pas jusqu'alors consulté, avoir entrepris une telle démarche, sa protestation suivit immédiatement sa surprise : il ne pouvait, me dit-il, abandonner nos compagnons dont certains avaient été ses élèves et, ajouta-t-il se voulant optimiste, nous allions dans quelques jours être tous libérés, ce que je ne pouvais me résoudre à croire ; pour le convaincre, il me fallut lui répéter qu'au regard de son état de santé, il se devait de profiter d'une circonstance aussi inédite, offerte par un chef de camp et policier dans la S.S. qui, d'ailleurs, avait exigé qu'il vînt le voir avec ses cartes ; et qu'enfin il se le devait à lui-même, à ma mère, à mon frère et à moi. Son entrevue avec le gros S.D. qui ne lui promit pas une libération certaine mais simplement un ferme appui, se passa si bien que ce dernier félicita mon père non pas seulement parce qu'il avait été un héros guerrier, mais, en baissant le ton, parce qu'il avait une parfaite apparence d'aryen que lui, tout allemand S.S. du IIIe Reich qu'il était, n'avait pas. Etait-ce là l'aveu d'une déficience intime mal assumée ou, plus déguisé, celui d'une défaite de l'idéologie et des armées de son pays ?

L'affaire comportait un obstacle de poids. Mon père et moi-même, au moment du regroupement des hommes arrêtés à Clermont, nous avions été, comme le maire, le curé, le notaire et les gendarmes, désignés comme otages et contraints de nous aligner à part des autres. Flairant le danger, j'avais guetté un moment d'inattention des S.S. occupés à pousser tous les autres hommes dans des camions vers un destin vraisemblablement moins cruel que celui réservé aux seuls otages restés sur place (et plus tard, comme nous tous, déportés). Mon père et moi étant en bout de file, il me fut facile de le prendre par la main, de quitter la rangée des otages pour suivre le destin commun de ceux qui, à coups de crosse et à force de hurlements, furent projetés dans les camions.

Tout cela, le gros S.D. et sa hiérarchie bureaucratique ne l'ignoraient pas et il m'avait redit que nous étions, malgré notre échappée, restés des otages ; mais, promettait-il avec une moue d'incertitude, il ferait tout son possible auprès de ses chefs.

Il me fallait donc, de temps à autre, le relancer ; au risque qu'il se sentît harcelé, je persistai à l'encourager, comme il l'avait promis, à multiplier ses démarches auprès de sa direction S.S. à Nancy. Nos rencontres étaient brèves, une discrète complicité s'était établie entre nous, mais je savais que je ne devais pas en abuser. Peu bavard, il multipliait les points de suspension dans des phrases qu'il n'achevait pas, comme s'il ne voulait pas se compromettre aux yeux de ses collaborateurs ; il paraissait souvent sur le point de dire quelque chose de personnel et d'important, mais au dernier moment il se retenait. D'une rencontre à l'autre, j'appris qu'il était Bavarois, que la bonne chère lui manquait, et, sachant que je faisais des études supérieures et préparais des concours, il m'avoua regretter de n'avoir pu faire des études d'histoire de l'art, que le service armé en avait décidé autrement, que la guerre était une sale chose, qu'il en avait bavé en Russie : tout cela pour conclure que sa destinée lui avait échappé. Fort heureusement, il n'entrait pas dans le détail, sinon je pouvais craindre que, regrettant d'en avoir trop dit, il se ressaisisse et me repousse brutalement. Puis, brusquement, il pivotait sur les talons et me tournait le dos. A chaque rencontre – il y en eut une dizaine en 20 jours – c'était le même rite : je renouvelais mon plaidoyer, lui ses promesses de tout faire, puis, comme s'il ne s'adressait plus qu'à lui-même, il laissait glisser sa parole vers de vagues considérations autobiographiques, à peine esquissées et presque inaudibles, comme si toute confidence ou tout aveu fait à soi-même lui était devenu impossible — comme l'était aussi, dans le Reich de Hitler, tout sens de l'humain.

Pourtant, lorsque ce gros S.D. croisait mon père dans la cour de la prison, il le gratifiait d'un léger sourire presque déférent et il lui avait même confié, en sa qualité de "notable", la responsabilité de veiller à la distribution des colis de la Croix-Rouge qui parvenaient jusqu'à nous : des colis si abondants que nos gardes en crevaient d'envie. Bien entendu, j'avais donné chaque fois une part du mien au gros S.D., de façon discrète, en lui disant que c'était pour ses hommes et pour lui-même.

De fait, cet homme-là que je ne devais plus revoir après l'évacuation du camp d'Ecrouves, se révéla très efficace Dès notre arrivée à la prison Charles III de Nancy, les signes favorables à la libération de mon père se multiplièrent. Nous avions été tous deux séparés de notre groupe et menés dans une étroite cellule dont l'unique paillasse était truffée de centaines de punaises dont le grouillement et l'odeur infecte nous empêchèrent, au cours de cette nuit mémorable du 19 août 44, de dormir. A 5 heures du matin, un branle-bas général retentit dans la prison ainsi que des appels interminables qui auguraient d'une très proche évacuation des prisonniers. Un garde S.S. vint me chercher sans ménagement dans notre cellule où mon père resta seul : quelqu'un dans la hiérarchie S.S. devait s'occuper de lui. Plus tard j'appris que le gros S.D., papiers d'identité en mains et plaidoyer à l'appui, avait réussi à convaincre un capitaine S.S. de relâcher mon père au petit matin. Cette libération, dont je n'eus pas alors connaissance, faillit tourner court : libéré sans papiers et n'imaginant pas pouvoir être repris, mon père voulut rejoindre, pour me dire un dernier adieu et me remettre son colis de nourriture, la colonne des prisonniers dont je faisais partie et que des S.S. en fureur propulsaient vers la gare de Nancy. Des femmes et des filles de prisonniers venues attendre à quelque distance de la prison la sortie d'un père ou d'un mari perdus dans la masse des détenus, conjurèrent mon père de faire demi-tour, d'autant plus que les S.S. enragés par cette évacuation qui était pour eux la preuve d'une débâcle, avaient joint à leurs hurlements le crépitement de leurs mitraillettes qui balayaient l'espace tout autour d'eux.

Lorsque, à la gare de Nancy, nous fûmes entassés, sous une chaleur d'enfer, dans les wagons à bestiaux d'un train qui ne partit qu'en fin d'après-midi pour une destination inconnue, je n'avais eu encore aucune certitude que mon père avait été libéré. Mais le lendemain, à notre arrivée au Struthof, plusieurs de mes compagnons qui, la veille, s'étaient collés aux fentes des wagons de bois pour sucer un peu d'air frais, me racontèrent. Je me souviens : peu de temps après avoir, tous, été dépouillés de tout, alors que le grésillement de la double clôture de barbelés électrifiés se collait à notre peau comme un premier vêtement carcéral, ils me racontèrent ce que, la veille, dans l'étonnement et l'incrédulité, ils avaient entendu et vu : le gros S.D. avait refait surface. Essoufflé mais déterminé, probablement redevenu, en lui-même, de façon digne et courageuse, le civil "monsieur Halweska" qu'il avait été en des temps lointains, il s'était, sous le couvert de son uniforme de policier S.S. qui pouvait les impressionner, glissé et faufilé avec souplesse entre les S.S. qui, l'arme au pied, formaient un cordon de surveillance autour du train. Il avait fait le va-et-vient le long du convoi et s'était arrêté un instant devant chaque wagon pour crier : "Dites au fils de l'instituteur Ribon – qu'il prononçait toujours *Ripône* — que j'ai fait libérer son père". A l'annonce totalement inattendue de cette nouvelle presque invraisemblable dans son mode de communication, je me sentis tellement soulagé, et libéré d'un tel poids que la perception de l'étendue immense du camp du Struthof et de ses baraquements étagés perdit soudain, elle aussi, de son poids, celui de sa réalité : une perte de réalité qui signifiait une force d'allègement augurant du pouvoir de certaines capacités humaines à transfigurer jusqu'à un certain point l'inhumain, ou tout au moins à l'affronter. Mais de quelle manière ? Et pour combien de temps ? Car je n'avais pas encore, par exemple, respiré cette odeur du crématoire qui collait à tout comme une pieuvre, ni, bien sûr, imaginé ce qui pour nous, sursitaires sans le savoir, viendrait après.

Pour l'heure, je me félicitais de la chance que j'avais eu, à Ecrouves, d'avoir pu, pour mon père, forcer le destin. Inscrit dans ma mémoire avec l'idée, plus forte que jamais, d'une dignité et d'un esprit de résistance à ne jamais abandonner, le souvenir de cette chance se transmua en courage dans les mois qui suivirent.

Cet esprit de résistance, je l'avais acquis, sans doute comme nombre de futurs Résistants, quelques années auparavant, dans les circonstances tragiques de l'exode, du désespoir et de la défaite.

IV

LA FIN D'UNE ADOLESCENCE TRANQUILLE ET FRUCTUEUSE : DES SOUFFRANCES DE L'HUMILIATION AUX MOISSONS DE LA COLERE

— L'EXODE, L'OCCUPATION, LA RÉSISTANCE, L'ARRESTATION —

"Nous manquons de résistance au présent".
G. Deleuze (*Qu'est-ce que la philosophie ?*)

"Il faut toujours savoir tirer l'épée".
Jean Cavaillès (évoquant Descartes traversant l'Elbe)
Mathématicien, résistant,
fusillé par les Allemands en 1944

Misères et Pouvoirs de l'Exode.

Les misères de l'exode de 1940 sont connues depuis longtemps. Aucune ne nous fut épargnée, à mes parents, mon frère et moi, qui partîmes tous quatre dans une grosse Renault, bondée de valises et de paquets et près de toucher terre au moindre cahot tant elle était chargée. Mon frère, plus jeune que moi, rentra de cet exode terrassé par une forte jaunisse, sans que pourtant il ait manifesté au cours de ces épreuves la moindre frayeur. Pour ma part, elles ont profondément marqué la sensibilité, l'imagination et la mémoire de l'adolescent de 17 ans que j'étais alors ; aujourd'hui encore, une simple association d'images ou d'idées fait surgir, du plus profond de mon être, des souvenirs d'une telle vivacité et, si l'on peut dire, d'une telle fraîcheur et accompagnés d'un tel poids de sensations physiques, que je pourrais me persuader que leur acquisition ne date que d'hier. Dans leur prégnance, dans la force de leur ineffaçable présence, je crois voir l'origine de mes convictions essentielles, de mon aptitude à ressentir en certaines circonstances des émotions fortes, à prendre des décisions rapides, à secouer tout aussi vite une volonté parfois défaillante dans sa capacité à les exécuter ; j'y vois aussi l'origine de quelques susceptibilités et d'une aptitude à m'indigner facilement, par exemple devant le spectacle intolérable d'une atteinte à la liberté de tout être humain et à sa dignité. Au retour de l'exode, j'eus l'impression d'avoir été obligé de regarder le monde d'une façon radicalement nouvelle, d'avoir franchi une distance infinie laissant loin derrière moi un monde révolu ; bref, d'avoir été soumis aux rites cruels d'un passage initiatique de l'enfance à l'âge adulte. Détail cocasse et inattendu : cette expérience a eu un tel effet sur la croissance de ma taille que, à la rentrée scolaire suivante, quelques uns de mes camarades ne m'ont pas tout de suite reconnu !

Sur les routes de l'exode qui nous menèrent de la Meuse jusqu'au cœur de la France, ce furent les mêmes spectacles, les mêmes scènes, les mêmes drames qui terrorisaient des populations de fuyards venus du nord et du nord-est du pays : mitraillages en piqué ou en rase-mottes par des avions de chasse précédés et suivis par le hurlement de leurs sirènes ; embouteillages sans fin dans un tohu-bohu de véhicules les plus divers ; chariots avec leur amoncellement de matériels hétéroclites entassés dans la précipitation et au sommet desquels, parfois, des vieillards étaient allongés ; des charrettes à bras tirées par des adolescents ou des femmes ; des brouettes dans lesquelles semblait avoir été jeté, au dernier moment et dans l'affolement, à peu près n'importe quoi ; des édifices de bagages montés sur l'avant et l'arrière d'un engin qui s'avérait tardivement être une bicyclette ou une moto chevauchée par des gens de tout âge ; des voitures en panne impitoyablement renversées dans les fossés ; un flot ininterrompu, empêchant, comme la force d'une marée, de rares unités de l'armée française de monter en ligne ; des troupeaux d'animaux en liberté qui, se mêlant parfois à la cohorte des hommes, se sentaient eux aussi en perdition ; des traversées de villes en flammes et de bourgs abandonnés où flottaient des odeurs de cadavres ; et des cadavres parmi des blessés allongés sur la route dans l'attente de soins qui ne venaient pas ; la hantise de la panne d'essence ou de moteur contraignant les occupants des véhicules à tout abandonner ; dans des villages désertés, le spectacle de pilleurs affairés, excités, parfois ivres et brutaux et toujours assurés d'une totale impunité ; parmi les plus folles rumeurs qui ne cessaient de circuler : le souvenir encore vivace des atrocités commises par les Allemands au cours de la première guerre mondiale et que, depuis lors, le texte et l'image avaient longtemps popularisées ; des campements de nuit improvisés dans un champ, un bosquet, à l'orée d'un bois ou, plus immédiatement, dans le creux d'un fossé. Mais aussi : le bonheur de trouver asile dans une grange à foin et le bonheur aussi d'apprécier les gestes spontanés d'une solidarité qui faisait presque oublier les mouvements d'une humeur grincheuse et agressive que, assez souvent, le moindre incident de route pouvait, de façon soudaine, réveiller.

Le pire me semblait être ailleurs, là où certaines scènes signifiaient que toute une partie de la population du pays était, dans sa déroute, descendue au plus bas. Des cohortes de gens, harassés, sans but, sans espoir, sans gîte, semaient la panique dans les villages traversés que, très vite après leur passage, leurs habitants abandonnaient, se sentant eux aussi abandonnés par les autorités administratives chargées de les protéger ; chacun, douloureusement, découvrait qu'il n'y avait plus ni autorité, ni gouvernement, ni Etat : qu'il n'y avait plus RIEN.

Il fallait, par exemple, supporter le spectacle d'une armée en déroute : un spectacle qui s'imposait avec un tel relief et d'une telle cruauté que même la rumeur insistante d'une résistance de quelques bataillons aux coups de boutoir de l'armée ennemie, du côté de la Loire et de la Somme, ne parvenait pas à détacher notre regard de tout ce que nous étions condamnés à voir ; en proie à l'attente inquiète d'une contre-offensive qui ne venait pas, bien des gens étaient assaillis par les pressentiments les plus noirs. Devant et derrière nous qui n'étions plus que des réfugiés sans refuge, ce n'était que soldats et officiers sans armée, sans cadres, sans ordres, sans repères : visages hagards, yeux grands ouverts sur l'incompréhensible ; fantassins dépenaillés ayant perdu leur fourniment et que l'on voyait, d'un geste rageur qui se voulait sans doute symbolique, jeter leur casque dans le fossé ; véhicules militaires de toutes sortes, surchargés, parfois ahanant et près de rendre l'âme ; jeunes recrues que la fatigue, le désespoir et surtout la peur, avaient en peu de temps métamorphosés en vieillards ; proférés par les uns et les autres, des propos hargneux et désespérés, hachés par la colère, se perdaient dans le vacarme des moteurs ; silhouettes nerveuses, et impatientes d'aller toujours plus loin, mais ne sachant où aller, sinon droit devant elles, comme des somnambules ou des automates menacés à tout moment d'un arrêt de leur mécanisme. Je me souviens de gradés effondrés sur quelque talus, ayant perdu leurs unités, sans paraître comprendre comment et pourquoi ils étaient arrivés là, quelques bouteilles vides à leurs pieds — témoignages accablants d'un remède dérisoire à la conscience douloureuse d'un désastre dont ils avaient été à la fois les agents, les acteurs, les victimes et les témoins ; ils regardaient, hébétés, passer sans la voir la cohorte de l'exode. J'ai vu ainsi un jeune colonel, solitaire, débraillé et effondré, qui, la tête dans les mains, pleurait sur ce qu'il savait déjà être le plus grand désastre militaire de notre Histoire ; il pleurait, la tête enfouie dans son uniforme qui n'était plus qu'un méchant déguisement, comme un acteur-chanteur d'opérette qui aurait totalement raté son grand air. Un soir, à l'entrée d'un château en pleine campagne bourguignonne, occupé par les restes d'une compagnie, nous nous heurtâmes au refus sans appel d'un capitaine, puant le vin, de nous accorder pour la nuit un asile dont ma mère, très éprouvée, avait impérativement besoin.

Enfin, ce qu'il y eut de pire, pour moi, fut le spectacle d'une reddition. Nous étions, faute d'essence, parvenus au terme de notre exode, un petit village du Berry, dans une école où l'institutrice nous avait chaleureusement offert l'hospitalité ; c'était dans l'après-midi du 18 juin, sans doute au moment où à Londres le général de Gaulle se préparait à prononcer son fameux message à la radio et que nous n'entendîmes, enfin revigorés, que deux jours plus tard. Ce fut donc cet après-midi-là l'instant d'une absolue rupture qui nous avait surpris dans la cour de l'école à la vue de deux motocyclistes allemands ; on entendit un cri : "Les voilà !" : au loin, quelques coups de feu partirent d'une seule arme ; rien n'y répondit ; on nous avait dit de nous réfugier dans un cellier, mais il n'y avait pas de place pour tout le monde ; j'étais près de l'entrée, pour voir ; des soldats français qui, sous la conduite d'un lieutenant, battaient en retraite en file indienne de chaque côté de la rue principale du village, se dispersèrent en tous sens, haletant d'angoisse et d'inutilité ; le maire, présent sur les lieux, leur avait demandé de ne pas montrer leurs armes afin d'éviter le pire ; dans la rue, devant nous, passa une moto, étrangement silencieuse ; assis sur la moto, parfaitement droit, un buste de statue à la tête et au regard casqués, faisait corps avec elle ; un bras levé tenait une mitraillette qui, comme un doigt, indiquait le ciel. Un deuxième motard suivit, entra dans la cour grande ouverte de l'école et décrivit un large cercle, sans se presser, avant de s'arrêter ; il descendit, annonça "finie, la guerre" et fit déposer les armes en tas, à ses pieds. Deux soldats prisonniers protestèrent et implorèrent : ils étaient originaires du village — chose confirmée par la suite — : l'un des motocyclistes les fit taire.

Mais surtout je vis mon père, sa pâleur, son tremblement, son visage ravagé ; il avait combattu à Verdun en 1916, avec l'ardeur civique et patriote des instituteurs de sa génération et y avait perdu l'usage d'un bras et un poumon ; il recula en chancelant et ce que je n'avais jamais vu et n'aurais pu imaginer, se produisit : il pleura, ses sanglots furent la plus grande émotion de mon enfance ; j'avais dix-sept ans et je sentis que quelque chose venait de se lever en moi ; l'appel du 18 juin, entendu deux jours après cet événement, confirma en moi la flamme d'une passion dans la nuit de l'occupation.

A l'humiliation et à la colère s'ajoutèrent, lorsque nous reprîmes le chemin du retour, le sentiment d'une profonde amertume et, pénétrée de toutes les incertitudes, la conscience d'être oubliés de tous et livrés à nous-mêmes. La chasse à l'essence introuvable et la quête d'une nourriture la plus élémentaire avaient fait de nous des mendiants qui se voulaient d'une extrême politesse. Le spectacle de voitures déjà désossées au bord des routes, la traversée de villages encore abandonnés ou de villes dont les ruines semblaient couvertes de cendres et sur lesquelles flottait une odeur de mort, tout cela nous donnait l'impression, non d'un retour, mais d'un autre exode, avec cette différence essentielle que les contrôles tatillons des soldats allemands, en ville comme en pleine campagne, et les laissez-passer délivrés tantôt avec méfiance, tantôt avec une mansuétude condescendante, se multipliaient à mesure que nous remontions vers le nord-est de la France. Etait-ce à Troyes ou dans une autre ville que, à notre passage, nous entendîmes, stupéfaits et incrédules, une chanson, émise par un gigantesque haut-parleur juché sur un camion de la Wehrmacht : la chanson bien française et fort à la mode avant la guerre : "Tout va très bien madame la Marquise, tout va très bien !..." ; hilares, goguenards, les mâchoires enfouies dans d'épaisses tartines beurrées, des soldats allemands, assis à l'ombre au pied de leur camion, nous regardaient passer en ayant l'air d'accuser — pour nous en féliciter et nous en remercier — notre légèreté nationale qui leur avait donné, en si peu de temps, la victoire et une opulence inconnue d'eux depuis plus d'une génération.

Résister à l'Occupant : un impératif.

De retour à la maison, c'est immédiatement la découverte brutale des visages de l'Occupant qui multiplie obligations, contraintes et interdictions. Des maisons sont occupées d'autorité. Sont interdits : tout rassemblement, même sur les trottoirs et dans les magasins, les sonneries de cloches, les cortèges funèbres et de mariage, le déplacement d'un village à l'autre sans laissez-passer ; sont placés sous séquestre les biens des Juifs et des francs-maçons non revenus d'exode ; sont confisquées des voitures et des radios appartenant à des particuliers ; a déjà commencé la chasse aux Juifs, aux communistes et aux francs-maçons dont la plupart, heureusement, ne sont pas rentrés ; des civils allemands s'installent dans des propriétés terriennes expropriées ; obligation est faite aux fonctionnaires, sous le contrôle du préfet du département, de signer une déclaration sur l'honneur de non-appartenance à quelque société secrète que ce soit ; confisqués par la force à l'unique et petite librairie du bourg, des livres non conformes et suspectés d'hostilité à l'idéologie nazie, pour être détruits ; des murs se couvrent d'affiches qui menacent de toutes sortes de condamnations dont la panoplie va d'une simple amende à la sentence de mort ; un climat de répression se matérialise par la présence de mitrailleuses lourdes : sur le toit de la Mairie, dans le jardin du presbytère en raison de sa position dominante, et même sur le terrain de sport. Une omniprésence que ponctue nuit et jour la ronde des patrouilles de surveillance. Les Lorrains que nous sommes — "ces fiers Gaulois à tête ronde" comme les qualifie une célèbre chanson de marche — ont, auprès de l'occupant, la fâcheuse réputation d'être méfiants, jaloux de leur liberté, ardents patriotes et obstinés : c'est ce qu'un officier allemand avait rappelé à mon père qui avait eu le front de leur réclamer au nom d' "un intérêt pédagogique culturel supérieur et évident", la restitution de notre poste de radio que nous n'avions pas eu le temps de soustraire à la confiscation. Cet officier — il s'était présenté lui-même comme Lehrer (instituteur) lui aussi — avait ordonné la suppression des vacances scolaires et donc la rentrée des écoles ; mon père se servit de cet ordre comme d'un argument et, après que l'officier eût noté avec satisfaction que mon père avait "manifestement les caractéristiques physiques de type aryen", le poste de radio nous fut restitué.

Une telle concession nous parut l'indice de quelques failles dans la politique d'occupation : il nous fallait donc les repérer pour les exploiter et même les élargir pour affaiblir et contourner le système, car la question était, non pas de savoir comment supporter ce dernier pour vivre avec lui en l'acceptant, mais combien de temps le subir et, surtout, comment y faire face en le défiant. Assommés par le souvenir de l'exode, la soudaineté de la défaite et les contraintes de l'occupation, les gens du village de Clermont, comme de très nombreux Français à cette époque, semblaient se résigner à leur sort, dans un attentisme plutôt pessimiste. C'est dans l'attente impatiente d'une circonstance favorable que, mon camarade d'enfance M.R. (il devint plus tard maire de Clermont-en-Argonne et sénateur de la Meuse) et moi-même, nous étions certains — comme si nous en avions fait le serment implicite — que nous ne tarderions pas à répondre, même modestement, à la question que notre situation d'asservis posait à notre exigence de liberté. Il fallait absolument, nous disions-nous naïvement, "faire quelque chose". Mais quoi ?

L'humiliation et le sentiment primaire de la révolte étaient, par une sorte de ressort dialectique, la nourriture de notre énergie. Notre indignation, nous la dirigions contre ces Français qui, après tant de misères, trouvaient un lâche réconfort dans la résignation, et contre ces autres Français qui, après avoir décidé d'épouser "les événements", avaient décidé d'en tirer profit, grâce à l'Occupant avec lequel le marché noir, basé sur le troc, était juteux. Le plus éprouvant pour nous, c'étaient ces Français — le plus souvent les mêmes que ces trafiquants — qui partageaient la même passion que les occupants : celle de la chasse, attisée par la proximité immédiate des forêts giboyeuses de l'Argonne ; les premiers fournissaient aux seconds : remetteurs, pisteurs, rabatteurs, chiens en meute, et leur connaissance de la forêt. Mon camarade et moi étions écoeurés.

Suggérées par certaines défenses tactiques des Allemands, des idées se mettaient à germer en nous. Les Allemands que nous n'appelions pas encore les nazis, mais les Boches, les Chleuhs, les Fridolins ou encore les Doryphores (parce qu'ils nous avaient contraints, munis de seaux, à la chasse à ces insectes qui, pendant des semaines avaient pullulé dans les champs de pommes de terre qu'ils avaient aussi empuantis), ces Allemands avaient donc mis sur pied des patrouilles formées de deux habitants du village enrôlés de force et armés d'un bâton… pour garder les ponts et la voie ferrée. Il n'en fallait pas plus, à mon camarade et moi, pour faire naître en nous des idées insistantes de sabotage et récuser nos obligations de surveillance et de protection : la voie ferrée et la forêt qu'elle longeait nous faisaient rêver. Dans cette forêt, interdite d'accès par l'occupant, nous savions que des armes et des munitions avaient été entreposées, dans des abris et des souterrains, successivement par l'armée française au cours de sa déroute, et par l'armée allemande dès l'arrivée de ses premiers chars. En s'imposant à notre vue durant des heures, cette double géographie ferroviaire et forestière transforma nos ruminations en tentations de plus en plus fortes.

Les Allemands, heureusement, donnaient parfois des signes de défaillance ou même de faiblesse, liés sans doute au renouvellement fréquent des équipes de la Kommandantur dont les responsables, qui n'avaient guère le temps de s'informer sur la situation locale, se bornaient, en sachant que la relève ne tarderait pas, à s'assurer de l'observance extérieure des contraintes officielles. Ainsi, le fonctionnement de l'école primaire, pourtant l'objet de multiples consignes et interdictions, était un domaine échappant à tout contrôle sérieux : le délégué allemand chargé d'assister aux conférences pédagogiques réunissant les instituteurs du canton sous la houlette d'un inspecteur français, ne vint jamais ; mon père ainsi que ma mère firent chanter en lieu et place du détestable et de l'offensant "Maréchal nous voilà !...", et à tous leurs élèves, "*la Marseillaise*" qu'il ne fallait pas désapprendre pendant une occupation qui pouvait durer, et aussi, parce que cela était moins dangereux, "*Le Chant du Départ*" de Méhul. En ces débuts de l'occupation l'heure n'était pas encore venue de faire dessiner et colorier par les élèves des cocardes tricolores pour les distribuer à l'extérieur de l'école.

Un incident, porteur d'une dynamique inattendue, nous mit du baume au cœur. Des Autrichiens de la garnison, qui logeaient chez plusieurs habitants, avaient osé, en toute confiance et naïveté, leur demander pourquoi la France avait accepté l'Anschluss qui avait livré leur pays à l'Allemagne nazie, sans avoir rien fait pour le secourir ; peu après, nous apprîmes que tous les Autrichiens avaient disparu du village et la rumeur courut que quinze d'entre eux avaient déserté avec leur sous-officier, et que tous les autres avaient été expédiés dans un bataillon disciplinaire. M.R. et moi crûmes à la rumeur : elle nous plaisait ; s'il était possible qu'existât, au sein de l'armée allemande, un esprit de résistance, il devait être bien plus facile de le faire exister chez ceux qui, extérieurs à cette armée, étaient tout de même sous sa botte.

Très vite, la faim et un hasard heureux, joints à une parfaite inconscience, nous permirent de faire exister en acte cet esprit. C'était la saison des champignons des bois, piètre mais abondante nourriture qui, en calant l'estomac, trompait la faim ; la forêt d'Argonne, qui en regorgeait et regorgeait aussi d'armes et de munitions, n'avait plus de secrets pour nous qui l'avions parcourue cent fois. Nos échappées forestières, après une cueillette abondante, nous firent découvrir des caisses d'armes et de munitions abandonnées à la hâte ; les plus légères, nous les mîmes à l'abri dans des blockhaus datant de la guerre de 1914 ; puis dans de grands cageots fixés sur les porte-bagages de nos bicyclettes, nous entassâmes des bandes de cartouches de mitrailleuses et deux revolvers que nous recouvrîmes, sur un large lit de fougères, de nos paniers de champignons. Comme notre seul itinéraire de retour était la route stratégique Paris-Metz, il nous fallait, pratiquement sous le nez des Allemands dont les convois ne cessaient de filer dans les deux sens, improviser ce maquillage ; mais, insouciants, nous n'imaginions même pas que le frôlement des véhicules risquait de nous faire basculer dans le fossé en dénonçant notre prise de guerre que, à chaque retour de nos expéditions, nous allions dissimuler sous d'énormes piles de bûches ou dans la cave d'une maison de jardinier inhabitée ; fiers et satisfaits, nous ne pensions nullement que ce matériel de guerre, en réalité obsolète, ne servirait jamais. Un jour, dans la forêt, une silhouette dépenaillée surgit d'un buisson armé d'un coupe-coupe avec lequel il faisait des moulinets ; c'était un tirailleur sénégalais qui avait refusé, au nom de son honneur de guerrier, de se rendre à l'ennemi parce qu'il croyait encore, ce jour-là, à une contre-offensive de l'armée française. Il vit en nous des amis et nous montra fièrement quelques blockhaus où, seul, il avait pu emmagasiner tout ce que sa compagnie avait abandonné au cours de sa retraite ; blessé à la jambe, il n'avait presque plus de vivres ; les jours suivants, nous lui apportâmes du pain, du sucre, des fruits et quelques pansements de fortune. Puis nous ne le revîmes plus. Peu après nous apprenions que les nazis, qui avaient à la fois peur et horreur des Noirs, avaient entrepris en forêt une chasse à l'homme pour les débusquer et les exterminer.

Tout esprit de résistance se nourrit de circonstances qui semblent lui faire des clins d'œil de complicité et d'encouragement. Je me souviens de quelques épisodes des débuts de l'Occupation qui n'avait pas encore montré de quelles exactions elle se révélerait capable. Je revois l'air estomaqué des officiers de la Kommandantur de Bar-le-Duc que j'étais venu trouver, en tant que délégué de mes camarades de classe, pour qu'ils renoncent à leur intention d'interdire une pièce de théâtre, d'ailleurs assez insipide, que nous voulions monter au lycée ; je m'étais efforcé de montrer qu'elle était "inoffensive" : autorisation accordée. Poli et plein de considération, j'y avais mis les formes et, de leur côté, ces officiers avaient alors reçu la consigne de se montrer, sur le sol français de "bons occupants".

C'est contre ces mêmes officiers et leurs soldats que, avec un certain nombre d'élèves du lycée Raymond Poincaré — un nom devenu pour nous une sorte de porte-drapeau — nous avions engagé la bataille des trottoirs en les obligeant, sans en avoir l'air pensions-nous, à descendre dans les caniveaux pour nous laisser *libre* le passage. Ces provocations de potaches, soulignées de rires sournois, ne faisaient que répondre à l'arrogance bottée par une autre arrogance, en culottes courtes. Celle-ci valut au lycée sa fermeture ; un matin, il fut investi et envahi par une troupe motorisée et vociférante qui vida les classes ; les plus grands élèves se retrouvèrent entassés dans des camions pour aller — conformément à l'exigence de pureté allemande —

"nettoyer" : des rues et des jardins, les stades et les terrains de sport souillés par la cavalerie en particulier et en général par la "saleté française", en libérant les bouches d'égout parfois engorgées ; il nous fallut aussi curer le canal de la Marne au Rhin dont quelques écluses n'avaient pas été épargnées par les bombardements ; brouettes, pioches, pelles et râteaux formaient l'avant-garde de nos petits groupes qui le matin, au départ, défilaient dans les rues principales de la ville en chantant des chansons gaillardes et des marches, parfois militaires, auréolées de la présence suggérée à nos côtés de la *Madelon*, et toutes — sous le regard "absent" des occupants et celui, plutôt désapprobateur, des habitants — destinées à proclamer symboliquement le refus de notre réelle servitude.

Tout différent fut ce qui nous parut, en la circonstance, le plus difficile à admettre. Le souvenir qui, en moi, accable aujourd'hui encore l'apprenti philosophe que je prétendais à être alors, est celui de l'attitude de mon professeur de philosophie. Ce dernier, au moment où les bruits de bottes retentirent dans la cour du lycée, s'appliquait — c'était quelques jours après la rentrée d'octobre 40 — à nous initier à cette merveilleuse discipline, en nous parlant de la pensée de Socrate, de sa vie et surtout de sa mort.

Il se tait subitement, il tremble, il semble ne plus savoir où se fourrer pour se cacher ; une pâleur mortelle envahit son visage révulsé par la peur à laquelle il réagit par un sursaut de colère : sa voix s'enfle, il se met à crier que nous sommes des gosses inconscients ou des voyous ; en martelant ses mots, il nous somme d'accepter cette situation de défaite nationale contre laquelle, totalement vaincus, nous ne pouvons rien — était-ce là une allusion dévoyée à la pensée des Stoïciens ? — et qu'il ne dépend pas de nous de refuser ; bref, irresponsables, nous n'étions pas dignes de faire de la philosophie. Je ne peux me souvenir de ce terrible épisode sans ressentir la brûlure des feux de l'indignation, de la rage et du mépris qui ne sont jamais parvenus à s'éteindre en moi, sinon dans une infinie tristesse où tinte encore un glas. C'est dire que cet incident fut pour moi-même un événement. Sur le moment, bien de mes camarades et moi fûmes soulevés par un sentiment de révolte qui justifia, rétrospectivement, à nos yeux, les comportements de potaches qui avaient été les nôtres. Lorsque enfin, après les corvées de nettoyage auxquelles nous avions été soumis, nous reprîmes — c'était la rentrée de la Toussaint — le chemin du lycée, notre maître en philosophie, dont nous avions eu honte, avait déjà signifié son refus de reprendre ses cours devant notre classe, un refus que le proviseur et son administration avaient accepté. S'il avait décidé de poursuivre sa tâche de nous initier à la philosophie, très peu d'entre nous auraient accepté de se retrouver en face de lui.

Malgré le temps qui passe, des émotions aussi violentes confortent toujours les convictions qui les ont fondées, elles conservent toute leur intensité et leur profondeur originaires. Ma décision était prise et, sans doute, depuis des mois : je ferais assurément "quelque chose", comme certains le disaient alors, mais qui, cette fois, serait pesé, mûri, préparé, à l'intérieur d'une structure responsable, et là où je me trouverais, même pour un temps déterminé : il fallait être efficace et, surtout, agir sur l'opinion.

En effet. Combattre pour la liberté est toujours ressenti comme une nécessité.

Pour juger et prendre position face à l'adversité absolue qui exige de relever le défi jusqu'à se mesurer à la mort, un délai est-il nécessaire pour feindre ou espérer trouver des documents, des informations, des preuves et des révélations de dernière minute susceptibles de légitimer enfin la décision de combattre ? Le délai, réclamé par l'homme prudent, risque de se prolonger peut-être indéfiniment, sous le prétexte plus ou moins fallacieux qu'on ne parvient pas toujours à trouver des certitudes claires, des informations solides, des preuves irréfutables. L'homme prudentissime, plutôt que de trancher et d'agir, s'adapte à ce qui est, il accepte le réel quitte à composer avec lui.

La pente était, alors, glissante de l'acceptation du régime de Vichy à celle de l'occupation et toutes deux ont été souvent le prélude à la collaboration active ou passive. Aux lendemains de la Libération, j'ai souvent entendu dire, par ceux qui s'étaient laissé glisser sur cette pente, qu' "on ne pouvait pas savoir" ; ce qui n'est que mensonge à soi et volonté d'aveuglement, puisque, dans une situation où la vie de tous, la liberté, la justice et le respect de la dignité de chacun sont en péril, il n'est nul besoin d'être grand clerc ou un scrupuleux enquêteur, pour savoir la portée essentielle de la réalité d'un système oppressif. En un tel cas, on peut toujours — quitte à laisser plus tard à l'historien le soin de l'étude précise des éléments et des rouages du fonctionnement de ce système — saisir la signification et la portée de ce qui est arrivé, et donc estimer ce qu'il faut faire. On peut dire aussi qu'il y a eu un moment où l'on aurait pu vraiment savoir, comme dans les années qui ont précédé le déclenchement de la seconde guerre mondiale, ce qui allait arriver et donc ce qu'il fallait faire, les yeux ouverts, avec la volonté de combattre contre la servitude et pour la liberté. La décision de combattre exprime ou manifeste déjà la liberté, tout au moins une liberté intérieure, puisqu'on se délivre, par là même, des facilités de la paresse, des lâchetés du confort, des abdications de la peur. Il y eut sous l'occupation des gens qui s'estimaient très raisonnables d'attendre : pour mieux déclarer comme folle toute idée de résistance.

Certes, il pouvait paraître insensé de s'engager dans un combat contre la barbarie en un moment où la situation objective d'une totale domination portait au découragement : de fait, de nombreux Français se sont en effet abîmés dans le désespoir, le fatalisme, l'abandon ou la torpeur : au mieux, répétaient-ils encore et toujours, "il est raisonnable d'attendre". Mais la raison n'écoute pas toujours ce qui n'est que raisonnable. Dans la raison il y a ce "grain de folie" qui exhorte, quelles que soient les circonstances, à satisfaire aux exigences les plus fortes et les plus hautes : celles, par exemple, de la liberté, de la vérité et de la dignité de tout être humain — exigences qui, indissociables de la Raison, la définissent. La véritable folie est dans le renoncement à de telles exigences et l'acceptation volontaire de la servitude au nom de la conservation de la vie (mais en ce cas, de quelle vie ? !) ; elle est aussi dans la subordination ou le sacrifice des aspirations de l'intériorité aux contraintes de l'extériorité.

C'est pourquoi l'exercice d'une telle liberté, engagée dans l'action, s'accompagne de la conscience d'une nécessité intérieure à laquelle la volonté cherche d'elle-même à s'égaler. Si, avant même cet exercice, nous n'avions pas eu conscience d'avoir fait un choix crucial, instantané ou même déchirant, c'est parce que notre choix avait été, de longue date, préparé et mûri dans la durée à travers les épisodes et les expériences qui, de façon cohérente, ont tracé les grandes lignes de notre histoire pour conférer à notre existence son sens et sa valeur. C'est ainsi que notre liberté agissante ne fait qu'exprimer notre être essentiel : nous ne faisons qu'*obéir à nous-mêmes*. Certes, combattre dans la Résistance, c'était exécuter des ordres et obéir à des consignes, mais cette *nécessité extérieure*, celle des moyens, s'inscrivait dans la poursuite d'une fin qui faisait de chaque résistant un "exécutant" de soi-même, c'est-à-dire de cette nécessité intérieure qui, coïncidant avec la véritable liberté, affirme toujours, et joyeusement, la Vie contre la mort et toutes ses figures de domination et d'écrasement.

Ma résistance se partagea entre Paris, dès octobre 42 durant le temps scolaire et, pendant les vacances, l'Argonne.

A Paris, j'étais entré comme élève boursier au "grand collège" Chaptal, dans la classe préparatoire au concours d'entrée de l'Ecole normale supérieure de Saint-Cloud. Il me fallut rechercher des contacts, avec les élèves externes de préférence. Le hasard aidant, ce fut facile : un regard, un ton de voix, un mot, quelque sous-entendu, un certain type de propos et même une certaine allure, tout cela, mis ensemble, ne trompe guère et une complicité chaleureuse se noua dans une nécessaire discrétion. J'ai appartenu à une organisation clandestine très cloisonnée dont j'ai appris, seulement après la guerre, qu'elle était d'obédience communiste. Je fus désigné comme l'un des deux agents de liaison entre Chaptal et la Sorbonne et ma fonction se bornait essentiellement au transport et à la distribution de tracts dans un sens comme dans l'autre ; à la Sorbonne, je profitais, le soir, de la demi-obscurité des nombreux couloirs mal éclairés, pour en joncher le sol ou les afficher sur les placards-vitrines, à côté des affiches proclamant les résultats des examens ou communiquant des consignes et autres informations. La discrétion ne pouvait être totale, mais c'était là son intérêt. Certains étudiants, me voyant faire, me gratifiaient, sans un mot, d'un sourire, d'un clin d'œil complice, d'un sourire entendu ; d'autres me jetaient un coup d'œil interrogateur ;

d'autres encore feignaient de n'avoir rien vu ; rares, enfin, étaient ceux qui, en me croisant, haussaient les épaules ; une seule fois j'ai été abordé par un étudiant qui me demanda comment faire partie de mon groupe, mais selon la consigne j'ai joué "le sourd et muet". Après un contact préconcerté, je rentrais avec ma serviette bourrée d'autres tracts à Chaptal où ma condition d'interne rendait facile leur distribution éparse et leur affichage. Un jour, accompagné d'un camarade, je connus tout de même la peur : deux individus en civil et fort correctement habillés, se mettent à nous poursuivre dans les interminables couloirs du métro Châtelet, attirés peut-être par le volume de nos serviettes se balançant au bout de nos bras ; derrière nous : la prison, devant nous : la liberté ; nous n'avons pas le choix : nous galopons, une rame de métro arrive, nous nous y engouffrons en bousculant des voyageurs, les portes se referment bruyamment en claquant à la barbe de nos poursuivants pétrifiés par leur surprise et leur déconvenue. J'ai toujours pensé que, à Chaptal, l'administration, bienveillante, n'ignorait rien de nos activités, pas même du vol de deux machines à écrire que, une nuit, avec la complicité d'un surveillant porteur de clés, nous avions enlevées pour l'organisation. Un jour, je reçus un lot de photographies représentant Roosevelt, Churchill et Staline, assis côte à côte lors de la célèbre conférence de Téhéran, en 43, qui décida du débarquement en Normandie et en Provence : je devais, par leur vente, en retirer de l'argent. Après avoir estimé que mon terrain de propagande se bornerait au "grand collège", c'est-à-dire à toutes les classes préparatoires aux grandes écoles, je passai d'une classe dans une autre et de banc en banc, dans l'indifférence affectée du surveillant. Je troublais à peine un silence studieux que traversait un intérêt surpris, interrogateur, rarement réprobateur, généralement complice ; beaucoup donnaient, mais peu : l'argent de poche leur était aussi rare que le beurre qu'une tante ou une grand-mère campagnardes pouvaient leur envoyer. Nombre de mes amis me reprochaient de me mettre ainsi à découvert, mais j'avais l'inconscience optimiste, et j'étais peu connu des autres classes préparatoires que la mienne où chacun, par contre, me connaissait fort bien. Tous étaient bien plus préoccupés par la réussite à leur concours que par les difficultés financières de la Résistance. Je ne fus jamais dénoncé, la chance me poursuivait. Loin de compromettre ma préparation au concours d'entrée à l'E.N.S., toutes ces activités me communiquaient, en la redoublant, une force de travail aussi vive que celle des convictions que je continuai à défendre à Paris jusqu'en juin 44, après le débarquement en Normandie ; le concours fut reporté et le Collège Chaptal fermé.

Lorsque, dès 1941, je rentrais en Argonne pour la durée des vacances, je retrouvais chaque fois une poignée de camarades, presque tous étudiants qui comme moi désiraient agir dans la région. Nous espérions recevoir une formation élémentaire par des cadres compétents qui n'existaient pas encore, des armes, des instructions pour agir et un chef responsable d'un groupe clandestin voué à s'élargir. Une aspiration et une attente d'autant plus fortes que nous savions que toute la région du nord-est de la France déclarée zone rouge ou interdite, et donc toute la Lorraine jusqu'au massif argonnais compris, seraient, après sa victoire, annexées au IIIe Reich ; une victoire que nous nous refusions catégoriquement à envisager au nom de la force et de la légitimité de nos convictions inséparablement patriotiques et idéologiques pour la défense d'une France indépendante et souveraine dont le véritable destin, était, depuis la Révolution de 1789, d'incarner les valeurs républicaines et démocratiques dont l'Allemagne de Hitler s'était voulue la fossoyeuse.

Nous nous réunissions à l'école, dans ma famille ; mon père, en tant que directeur d'école, avait la possibilité d'obtenir de l'Inspection académique un matériel scolaire élémentaire : entre autres, un petit matériel d'imprimerie, de l'encre, des tampons, de la pâte à polycopier que nous destinâmes à la fabrication de faux-papiers d'identité qui se révélèrent utiles aux jeunes gens du canton de Clermont, à une époque où dans toute la région se multipliaient les ordres de réquisitions en tous genres. Enfin nous vint un chef, commandant d'active, marié à une Clermontoise et qui, depuis la dissolution de l'armée d'armistice avait, faute de mieux, accepté un poste de contrôleur des huiles alimentaires ; promu chef des maquis d'Argonne, c'était un homme droit, affable, un ardent patriote soucieux de la sécurité et de la vie de ses hommes et donc très prudent, peut-être trop prudent à en croire certains. Les premiers actes de sabotage eurent lieu fin décembre et début janvier 43, sur la voie ferrée Paris-Metz ; même répétés, ils ne furent qu'une demi-réussite car l'occupant, bien qu'il ne lui fût pas facile de trouver à remplacer les éclisses que nous avions fait disparaître, réussissait chaque fois à réparer au bout de quelques heures une voie éminemment stratégique ; de même, je ne crois pas que, plus tard, la rupture des câbles téléphoniques reliant Paris à l'Allemagne ait été, comme par exemple celle effectuée dans la nuit du 14 juillet 44, d'une durable efficacité, malgré leur coupure en plusieurs endroits. Une de nos réussites fut la reprise aux Allemands, qui y tenaient beaucoup pour leurs industries de guerre, d'innombrables objets en cuivre qu'ils avaient fait ramasser dans la région et que, une nuit, après les avoir entassés dans d'énormes sacs de jute, nous étions allés jeter au fond des puits d'aération reliés à des sapes et à des galeries souterraines, creusées au cours des combats en Argonne de la première guerre mondiale. Quand nous voulions agir davantage, notre commandant nous traitait de "jeunes lions mal dressés" et il nous exhortait à patienter et à attendre les très prochains parachutages d'armes qui nous manquaient cruellement. En attendant, toutes ces piqûres d'insectes infligées à l'ennemi avaient pour effet de lui laisser croire que la forêt était peuplée de "terroristes" — ce qui était loin d'être le cas — et, par là-même, de lui miner le moral, sérieusement atteint depuis sa défaite de Stalingrad.

Nous en étions réduits à accomplir, de façon plus ou moins voyante, des actes symboliques. Comme je l'avais proposé, je fus désigné pour hisser, dans la nuit du 13 au 14 juillet 44, sur le monument aux morts du bourg, un drapeau français à croix de Lorraine que ma mère avait confectionné avec un soin amoureux. Je me souviens avec une grande précision de cet épisode qui m'a durablement marqué, parce que j'ai découvert comment la peur, qu'en la circonstance j'ai éprouvée, a été miraculeusement balayée par une très simple dérive de la perception et de l'imagination. Par une nuit sans lune, j'avais, le drapeau dans les bras, laissé derrière moi trois camarades qui avaient tenu à assurer mes arrières ; il me fallut attendre, au bout d'une ruelle qui débouchait sur la route nationale qui longeait la place et qu'il me fallait traverser, l'arrêt de toute circulation ; arrivé sur cette grande place où se trouvaient côte à côte l'Hôtel de Ville et le monument aux Morts où je devais hisser le drapeau, il me fallut, pour ne pas être repéré, emprunter l'escalier à balustres qui mène à l'Hôtel de Ville. Au moment même où je parvenais au pied de l'escalier, une voiture s'arrêta, trois hommes en sortirent et s'immobilisèrent debout, au bas de la rampe à deux mètres de moi, après avoir déposé leurs fusils et sans avoir arrêté le moteur de leur véhicule ; c'était une patrouille de soldats allemands qui, sans doute pour se détendre, s'étaient arrêtés, le temps de griller une cigarette dont je voyais, à travers l'espace séparant deux balustres de la rampe d'escalier, briller puis s'éteindre les extrémités incandescentes ; je les entendais évoquer le souvenir ou la promesse d'un bon et copieux repas. La peur au ventre, j'ai eu juste le temps de m'arrêter net pour me plaquer sur les arêtes des marches, le drapeau et sa hampe sous moi, avec la hantise d'une crampe, d'un toussotement ou d'un éternuement provoqué par la poussière de pierre qui me chatouillait le nez ; en une fraction de seconde, je me vois déjà arrêté, interrogé, emprisonné, condamné et face au peloton de mon exécution ; ma peur décuple lorsque j'entends la galopade soudaine de mes camarades qui, restés dans la ruelle et pris de panique, sont en train de fuir dans le staccato d'un piétinement sonnant l'alarme. Les Allemands, qui parlaient entre eux près de leur moteur ronflant, n'entendent rien et les battements de mon cœur appuyé sur la pierre des marches s'apaisent un peu. Le ton paisible des voix allemandes a quelque chose de rassurant, je trouve une sorte de douceur dans le ronronnement du moteur et, sous la splendeur du ciel étoilé, je respire la fumée des cigarettes qui, comme une drogue, monte vers moi dans une ombre dont je m'enveloppe. Je cesse subitement de m'imaginer face au peloton d'exécution, criant "vive la France" et "vive la Liberté". Tout cela m'est accordé comme par l'effet d'une grâce et d'un puissant viatique. Je m'en imprègne, je m'y enroule, comme dans une sorte de cocon tissé de sensations si apaisantes que ma peur disparaît d'un seul coup. Après cet épisode qui dura probablement une dizaine de minutes, une telle découverte me stupéfia, et je me jurai alors de la mettre à profit dans des situations critiques ou analogues, afin de juguler une peur, d'éviter la panique, ou encore de trouver la possibilité d'une parade dans le calme nécessaire à la réflexion ou à l'instinct et à l'intuition. Comme si l'identification de soi à l'épaisseur substantielle d'une chose, d'un objet, d'une atmosphère ou, mieux encore, à de délicieuses sensations peut-être comparables à celles de l'opium, avait, dans des situations périlleuses, le privilège de rendre soudain l'esprit serein, et la vie et la mort indifférentes.

Plus tard, je jugeai dangereuse et pour le moins ambiguë une telle attitude ou une telle réaction devant la peur. Sans doute, la résignation fataliste a, dans des circonstances extrêmes, le mérite de délivrer l'homme en danger du poids de sa frayeur tragique, et de lui permettre d'assumer sa mort comme si elle ne concernait qu'un être étranger à soi. Il est vrai, cependant, que le fait de se dire — comme l'ont fait, par une lassitude extrême des détenus concentrationnaires — que "les jeux sont faits", et que ce qui arrivera, déjà inscrit quelque part, doit nécessairement arriver, relève d'une paresseuse argumentation qui n'est pas celle de l'homme robuste, conscient de sa force et tendu vers l'action, vers un avenir à saisir au bout de ses bras. Pourtant, parmi ceux qui ont résisté de toutes leurs forces à l'oppression nazie, il en est qui, après leur arrestation et menacés de tortures, avec la crainte atroce de parler, ont, avec la froideur et la calme passion d'une conviction sans faille, décidé — dans l'oubli de toute peur, dans l'oubli sacrificiel de soi, mais aussi dans la satisfaction d'avoir donné un sens positif à sa vie — de se donner aussi la mort, plutôt que de la recevoir d'un peloton d'exécution.

Face au peloton d'exécution, il est arrivé, paradoxalement, que le résistant héroïque ait offert le spectacle de son rire ; un rire dont on a peu parlé, mais qui n'a jamais cessé d'étonner et qui demeure très problématique, ne serait-ce qu'en raison de la diversité de ses modes ou de ses qualités qui peuvent le faire apparaître crispé ou détendu, silencieux ou bruyant, provocateur ou distancié, douloureux ou apaisé, discret ou éclatant et souvent semble-t-il, libérateur et triomphant, comme en témoignent photographies et films qui ont saisi, en cet instant, le visage du malheureux qui, ayant refusé le bandeau devant ses yeux, a tenu à laisser son visage à découvert pour mieux regarder ses bourreaux droit dans les yeux. Adressé à ces derniers comme un pied de nez, on peut penser qu'un tel rire est l'ultime provocation, l'ultime défi qui leur est lancé. De façon plus pénétrante, on peut voir dans ce rire la résolution finale, au terme d'une vie, de toutes les tensions jusque-là supportées dans le climat d'une dangereuse clandestinité ; il se peut aussi que, après avoir subi l'enfermement de la prison, l'obscurité et la solitude du cachot, les souffrances de la torture avec la peur de parler, et, enfin, l'attente angoissée du moment de son exécution, le condamné, par un rire qui le secoue d'une spasmodique nervosité, s'affranchisse de toutes ses angoisses, de toutes les marques et les stigmates des épreuves qu'il vient d'endurer ; bref, il se libère, déjà et sans regret, d'une existence bien remplie mais qu'il avait à charge, avant qu'elle lui soit ôtée absolument. Mais, dans ce rire, on peut enfin saisir un sens tout différent qui n'est pas contradictoire du précédent. En effet, il peut témoigner, chez cet homme qui se sent encore un combattant de la liberté face au peloton d'exécution, de la réussite de sa vie, c'est-à-dire de la parfaite coïncidence de ses actes avec ses idéaux, de sa vie concrète avec ses exigences les plus hautes, de soi avec soi-même, de soi-même avec une Histoire en marche au service de tous les hommes ; en d'autres termes, il témoigne qu'une vie n'est rien si elle s'est mise, comme celle des tyrans et des bourreaux, au service des puissances de domination et de mort. La gifle symbolique infligée par le rire du condamné à ses bourreaux est d'autant plus violente et significative qu'elle fait ressentir à ces derniers — comme en ont attesté, par leurs témoignages et leurs aveux, certains d'entre eux, après la guerre — leur double impuissance : une impuissance à éliminer tous ceux qui, après l'exécution de leurs compagnons de lutte, n'en seront que plus déterminés à poursuivre le même combat ; et une impuissance, celle-ci totale, à effacer d'une Histoire qui se voudrait humaine alors qu'elle est inhumaine, les valeurs qui y ont été inscrites concrètement par ceux qui ont lutté pour que la Liberté, la Justice, la Paix, la Fraternité ne soient pas seulement des mots ou des notions, mais bien des exigences et des réalités. Dès lors, le rire du supplicié signifie que l'homme, qui sacrifie ainsi sa vie pour un avenir neuf, échappe symboliquement à la mort comme néant, puisque, par l'usage profondément humain que, avec d'autres et pour tous, il a fait de sa vie, il appartient déjà à l'universel.

Je reviens au récit de cette nuit du 13 au 14 juillet 44, marquée, comme je l'ai dit, d'une sorte de révélation. Après le départ de la patrouille allemande dont j'avais eu si peur, je parvins sans difficulté à planter mon drapeau sur le monument aux Morts. Dès le matin du 14 juillet, ce fut l'effervescence d'une population, ravie de la promesse tricolore d'une proche libération dont les mêmes signes s'étaient multipliés autour du bourg pendant la nuit : d'autres drapeaux flottaient au sommet des plus hauts sapins des collines environnantes ; ils avaient été hissés par quelques hommes de la brigade de gendarmerie acquis à notre groupe de résistance. Embarrassé, le maire ne voulut pas prendre la décision de les faire tous enlever ; il attendit, pour le faire, l'ordre du préfet de la Meuse. Quant aux Allemands de la Kommandantur, ils parurent ignorer l'affaire des drapeaux qui ne relevaient, à leurs yeux, que de l'ordre symbolique. La réalité, pour eux, était celle d'un danger venant de ce qui se cachait dans la forêt dont ils avaient largement surestimé l'importance des maquis.

Le drame de l'arrestation.

Quinze jours après, le 29, ce fut le drame qui, indirectement lié au complot ourdi le 20 juillet contre Hitler, tourna à la tragédie : l'arrestation et la déportation d'une centaine de Clermontois dont la plupart ne revinrent pas.

Il existait, dans un bois proche du bourg, un "maquis fantôme" regroupant des éléments d'origines diverses et dont beaucoup étaient étrangers à la région ; son effectif était passé, du 8 juin au 20 juillet, de seize à plus d'une centaine d'hommes comprenant en majorité des prisonniers russes évadés et des nord-Africains qui menaient en forêt une vie difficile et souffraient d'un manque d'armes. Profitant de l'absence de leur chef récemment désigné pour superviser les terrains de parachutage dans le département de la Meuse, quelques-uns d'entre eux, désireux de rejoindre une autre région, quittèrent leur maquis pour partir à la recherche de voitures qu'ils avaient décidé de réquisitionner dans les villages voisins de Clermont ; c'est ainsi que, entassés dans une vieille Peugeot, six hommes armés de mitraillettes et de vieux fusils débouchent sur la place du bourg, au carrefour de deux routes stratégiques. Au cœur d'un chaud et calme après-midi d'été, c'est la fusillade : imprévisible, et tout d'abord incompréhensible puisqu'elle se poursuivit après le départ du groupe de maquisards qui n'étaient restés sur place qu'un quart d'heure à peine. Ils n'étaient pas venus avec l'intention de tendre quelque embuscade, mais, simplement, pour faire gonfler les pneus de leur voiture et la munir d'une batterie neuve ; sans doute, après des semaines d'inaction, n'avaient-ils pu résister à la tentation de se servir de leurs armes en plein carrefour, après avoir vu déboucher quelques véhicules allemands venant de Paris. Ils prirent la poudre d'escampette dès qu'ils s'aperçurent que d'autres véhicules allemands arrivaient en sens inverse, et, dans l'affolement le plus total, répondaient aux tirs des véhicules qui avaient surgi venant de Verdun ; chacun des deux convois crut — tant était vive chez l'occupant la psychose du "terrorisme" — avoir affaire à un coup de main meurtrier d'un maquis ; il y eut des blessés et, sans doute, plusieurs morts. La fusillade croisée avait duré, de façon intermittente, plus de trois quarts d'heure, avant que les uns et les autres ne se soient rendu compte de leur mortelle méprise.

Parmi les morts, il y avait un colonel-adjoint du général Oberg, chef de la Police et de la Gestapo en France — qui, après avoir été chargé d'une mission d'enquête à Verdun, rentrait à Paris. Son passage par Clermont-en-Argonne s'inscrivait dans le planning des vastes représailles exercées par les nazis sur les présumés responsables de la conspiration ourdie contre Hitler le 20 juillet 44. En effet le 21 juillet, le général K.H. von Stulpnagel, gouverneur militaire de Paris et commandant des troupes d'occupation en France et sérieusement compromis, avait reçu l'ordre de se rendre de Paris à Berlin, où il devait être jugé et pendu. Il s'était arrêté près de Verdun pour revoir une dernière fois les champs de bataille où il s'était battu en 1916 comme capitaine, puis, trompant la surveillance de ses gardes du corps, il avait tenté, en vain, de se suicider. C'est précisément le 29 juillet que, chargé d'en savoir plus long sur ce dernier épisode, ce colonel revenait de sa mission pour rentrer à Paris, sans se douter qu'il allait être, par méprise, tué par les siens : aucune publicité ne fut donnée à cet événement circonstanciel par les nazis qui craignaient pour le moral des leurs.

Déjà exaspérés par les coups de main de la Résistance qui s'étaient multipliés dans les environs contre les troupes et les installations allemandes depuis le débarquement en Normandie, les nazis décidèrent de faire un exemple après cette échauffourée. Deux heures plus tard, des officiers de la Gestapo de Nancy vinrent faire un début d'enquête et menacèrent de revenir. Je savais, et d'autres aussi, ce que cela signifiait : des représailles de toutes sortes : prises d'otages, incendie du village ou massacres de la population, comme cela s'était déjà produit au sud du département. Une crainte salutaire qui poussa quelques hommes, d'ailleurs peu nombreux, à passer la nuit dans un jardin, au fond d'un puits à sec, dans un village voisin ou encore en forêt. Pour ma part, j'hésitai sur ce que je devais faire : rejoindre le maquis, ce qui avait été mon premier réflexe, ou demeurer au village pour réduire le risque, au cas où serait devenue très suspecte l'absence de nombreux hommes valides, de représailles exercées sur tout le reste de la population restée sur place. Ayant déjà envisagé une semblable situation, le commandant du secteur d'Argonne, avait décidé, plusieurs mois auparavant, de nous laisser libres de notre décision, ajoutant toutefois, non sans quelque naïveté, que, une fois arrêtés, "notre jeunesse et notre fougue" nous permettraient toujours de tenter au bon moment une évasion. Sans préjuger d'une décision qui serait, le lendemain, déterminée par les circonstances, et dans l'attente que se produisent ou non les mesures de représailles annoncées, j'envisageai sérieusement de rejoindre le maquis : ma mère qui avait déjà préparé sur une chaise mes vêtements de maquis et mon sac à dos, approuva, comme mon père, ce choix.

Je me levai très tôt le matin du lendemain qui était un dimanche ; pour tromper l'anxiété de l'attente, je m'étais installé au bureau de ma chambre, en m'imposant dans la paix la plus totale, la lecture à la fois passionnée et passionnante d'un ouvrage d'Albert Mathiez sur la Révolution française dont le thème figurait au programme du Concours d'entrée de l'Ecole normale supérieure, reporté en octobre en raison des événements. Je m'étais passionné pour cette Histoire en marche vers la réalisation de principes et d'idéaux généreux par leur universalisme, mais qui, hélas, avait connu les arrestations, la terreur, les massacres qui me paraissaient être la prémonition des malheurs du temps et de ce qui allait nous arriver. Lorsque soudain des coups de feu crépitèrent tout autour du village, je ne fus guère surpris. Des unités de la Gestapo, de S.S., de la Feldgendarmerie et même de la Wehrmacht, avaient cerné toute l'agglomération pour en bloquer les issues. J'entendis des bruits de bottes autour de la maison ; des gradés S.S. accompagnés d'hommes en armes pénétraient en force dans les maisons pour en faire sortir les hommes et les contraindre à se regrouper sur la place du bourg : une rafle générale. Pressés, des S.S. s'emparèrent de mon père, sans monter au premier étage où je me trouvais. Ma mère survint pour m'apprendre cette arrestation et me conjurer de faire vite pour revêtir mes vêtements de maquis et me cacher provisoirement dans les combles de l'école. Dans ma précipitation, j'enfilai un pantalon beaucoup trop large pour moi n'ayant ni bretelles ni ceinture et qui ne cessait de glisser sur mes hanches ; ce qui eut pour effet de faire tomber sur le parquet de ma chambre et sans que je m'en aperçusse, mon portefeuille : détail apparemment dérisoire dont dépendit mon destin. Dans les combles obscurs de l'école auxquels on accédait par une trappe au sommet d'une échelle branlante, je me crus à l'abri, jusqu'au moment où j'entendis, au pied de l'échelle, un officier discuter avec ma mère dans un français correct mâtiné d'un fort accent ; l'officier, suspicieux, voulait tout voir et tout savoir ; j'admirais le calme de ma mère dont j'entendais les protestations, les dénégations et les explications exprimées sur un ton ferme, résolu et toujours très courtois : je lui faisais confiance pour dissuader le capitaine de grimper à l'échelle à demi pourrie et dangereusement appuyée sur le rebord de la trappe. Pour surmonter ma peur et, en quelque sorte, m'anesthésier, j'immobilisais mon regard sur une énorme araignée dont la toile s'illuminait d'un rayon de soleil filtrant à travers les toits ; et j'attendais, exploitant la découverte de cette dissolution de la peur lors de mon aventure du drapeau, dans la nuit du 14 juillet, lorsque, plaqué sur les marches de l'Hôtel de Ville, mais quelque peu anesthésié, je pouvais être découvert comme "partisan". J'entendis s'éloigner ma mère et le bruit des bottes de l'officier, celui-là même qui avait arrêté mon père ; il ne se tint pas pour battu puisqu'il exigea aussitôt de fouiller toute la maison ; à la stupéfaction horrifiée de ma mère, il découvrit au premier étage, sur le sol de ma chambre, mon satané portefeuille qui contenait, en particulier, trois fausses cartes d'identité me concernant. Il l'empocha, sans l'ouvrir.

Après son départ, ma mère, effrayée, revint pour me rapporter ce que le capitaine S.S., au visage traversé par une impressionnante balafre et revolver au poing, avait exigé : je devais venir sur la place récupérer mon portefeuille qu'il me remettrait lui-même, il me fallait absolument rejoindre mon père à qui, sinon, avait-il menacé, "il pourrait arriver du mal". Je compris que, pour éviter que mon père ne soit doublement considéré comme otage, je devais me constituer prisonnier : c'était une chance que je ne sois pas parti sac au dos en forêt pour ne plus revenir de sitôt. Après avoir embrassé ma mère qui m'avait sauvé très probablement d'un coup de revolver expéditif, je sortis de la maison pour être cueilli par deux soldats S.S. qui me propulsèrent vers la place, les reins martelés de coups de crosse ; j'étais sans doute à leurs yeux le plus dangereux des hommes arrêtés, pour avoir été débusqué le dernier. Le balafré, qui avait l'air de diriger les opérations, crut me reconnaître comme le fils de l'instituteur, "'il m'attendait" dit-il, sarcastique. Après m'avoir rendu mon portefeuille accompagné d'un rictus sardonique, il m'expédia dans le rang des otages. Les premiers hommes arrêtés avaient été placés le dos au mur pour être fusillés ou massacrés, mais devant leur nombre grandissant qui avait surpris les S.S. eux-mêmes, ceux-ci, dépassés par la situation, s'étaient inquiétés de ce que la circulation des convois sur la route nationale qui longeait la place s'était trouvée bloquée. 112 hommes — comprenant, outre les habitants du bourg, ceux de quelques villages voisins venus, ce matin-là et parce que c'était un dimanche, les uns pour rejoindre leur famille, les autres pour y faire leurs courses ou aller chez le coiffeur, quelques autres encore, par une incompréhensible curiosité éveillée par la fusillade qui les avait réveillés, enfin quelques transporteurs de la région parisienne arrivés la veille pour prendre, le lendemain, livraison d'un chargement de charbon de bois : sans se douter les uns ni les autres qu'un piège allait se refermer sur eux. Ces 112 hommes, donc, étaient maintenant regroupés face à une mitrailleuse dressée sur la plateforme d'un camion et braquée sur eux : nous nous attendions à être liquidés. La question que les S.S. se posaient était palpable ; devraient-ils ou non décider d'un bain de sang avec un amoncellement de cadavres et compromettre ainsi le libre passage de leur armée qui battait en retraite sur l'axe routier vital pour elle ? Ils hésitaient encore, au moment où j'atteignis la place, à prendre leur décision.

Un officier supérieur de la Wehrmacht sortit d'une voiture qui venait de s'arrêter ; il eut le cran — à un moment où, après le complot du 20 juillet, les S.S. se méfiaient plus que jamais des cadres de la Wehrmacht qu'ils haïssaient — de s'enquérir auprès du balafré de ce qui se passait ; je ne sais ce qu'ils se dirent, mais la véhémence du ton était réciproque. Nous attendîmes, dans un temps qui me parut suspendu, une heure ou deux : le temps pour les S.S. et les hommes de la Gestapo d'obtenir, de leur état-major de Nancy, de nouveaux ordres. Pendant ce temps, le secrétaire de Mairie, un Alsacien ardent patriote dont nous entendions les hurlements de douleur, était sauvagement torturé pour qu'il avoue ce qu'il savait et même ce qu'il ne savait pas : il n'avoua rien ; il fut entraîné derrière l'Hôtel de Ville et nous entendîmes la rafale d'armes automatiques qui nous fit croire à l'exécution de ce malheureux : celle-ci n'avait été en fait qu'un simulacre destiné à nous affoler. Pendant ce temps, le balafré, voué, semblait-il, au rôle d'exécuteur des basses œuvres, sans doute en raison de l'horreur inspirée par sa balafre, nous sommait de dénoncer les "terroristes" en proférant les pires menaces, spécialement contre toute la jeunesse du pays. Un des notables fit mine de sortir du rang où les otages avaient été alignés, pour, manifestement, répondre à l'appel du S.S. à la dénonciation ; il se donnait l'air de savoir : mais savait-il vraiment quelque chose de précis ? Il n'eut pas le temps de poursuivre son intervention et ses supplications ; non loin de moi, j'entendis, tout à côté de lui, le curé-doyen du bourg, ancien poilu de Verdun et blessé de la face, l'interpeller par son nom et lui enjoindre de se taire.

Le temps passait. Des camions vides arrivèrent : notre peur d'être massacrés s'évanouit. C'est alors que, pour nous éviter, à mon père et à moi-même, d'être victimes d'une éventuelle dénonciation, et pour échapper au destin particulier réservé éventuellement aux otages, je décidai brusquement, profitant d'une confusion générale qui dura peu, de tirer mon père par la manche ; je l'entraînai avec moi pour nous sortir du groupe des otages ; nous parvînmes sans difficulté à nous fondre tous deux dans la foule des autres hommes que des coups de crosse précipitaient dans les camions vers une destination qui s'avéra être aussi celle des otages et dont personne ne soupçonnait, alors, qu'elle serait fatale pour nous tous.

Je me souviens que, dans l'un des camions bâchés et surchauffés qui nous emmenaient à Verdun dans une caserne transformée en prison, j'eus le temps de penser à ce qu'avait écrit l'historien Albert Mathiez, spécialiste alors fort estimé, sur la révolution robespierriste qu'il avait tenté de réhabiliter. Quelques heures auparavant, dans une apparente tranquillité studieuse qui masquait mal l'angoisse du présent, j'avais lu, je l'ai dit, des textes de Mathiez et, malgré la référence explicite de l'historien aux idées et aux idéaux généreusement universalistes de la Révolution française, j'avais frémi d'horreur en me représentant ce que ce régime-là avait fait subir à ses ennemis, à des suspects et à des innocents : un régime de terreur qui les expédiait par centaines à l'échafaud : par charretées.

Lorsqu'elle est tragique, la "petite histoire", comme celle que nous étions en train de subir, s'inscrit presque toujours dans la grande "Histoire" qui, elle, est toujours tragique.

Dans le camion bourré d'hommes où nous nous tenions avec peine debout, j'envisageais naïvement que, dans le meilleur des cas, notre destin serait la prison, ce lieu de mortel ennui que, seuls, l'accès au livre et la lecture viendraient peut-être transfigurer pour servir tout au moins de viatique.

V

L'ENFANT ET LES TOUT-PUISSANTS SORTILEGES DE LA FORET

"Comme un fruit suspendu dans l'ombre du feuillage,
Mon destin s'est formé dans l'épaisseur des bois.
J'ai grandi, recouvert d'une chaleur sauvage ;
Mes plus jeunes regards ont aimé les forêts,
Et mes plus jeunes pas ont suivi le silence
Qui m'entraînait bien loin dans l'ombre et les secrets".
Maurice de Guérin (*Glaucus*)

"Qui n'a pas erré dans les bois et seul pendant des heures ne connaît pas bien les surprises de l'imagination".
Alain (*Histoire de mes Pensées*)

Viatique : un mot magique certes, mais aussi une réalité qui, sous diverses formes, fut si souvent pour moi effective que je m'étonne encore aujourd'hui d'avoir pu m'en saisir dans des circonstances qui, quoique critiques, m'ont été favorables.

Un viatique qui a porté mon enfance et accompagné mon adolescence ; il me semble avoir été, autant que le monde des Livres, celui de la Forêt dont le puissant appel a retenti très tôt en moi. Le livre et la forêt ont en commun le pouvoir de nous faire sortir de nous-mêmes dans des mondes étrangers pour nous permettre d'en revenir transformés et parfois transfigurés. Mais la forêt, dans l'immédiateté irrécusable de sa présence et plus que ne le fait en général le livre, nous assaille de son immensité qu'elle étale sous nos yeux, et de sa formidable énergie qu'elle se plaît à dépenser avec violence et sensualité. Une énergie que s'empresse de recueillir l'enfant rêveur ou l'adolescent quelque peu romantique, tant la forêt le presse de vivre, sans tarder, intensément.

J'ai eu la chance d'habiter en Meuse, alors l'un des départements les plus boisés de France ; les trois villages où j'ai vécu heureux (à Brauvilliers, puis à Clermont-en-Argonne et, en alternance, pendant les vacances, chez ma grand-mère à Biencourt) étaient, quasiment à leurs portes, cernés par la forêt : une présence insistante, un attrait et une menace, un appel et un défi. C'est pourquoi mes loisirs campagnards d'où la forêt était absente étaient loin de me combler. Le jardinage aux rudiments duquel mon père, avec mon consentement curieux et docile, m'avait initié, n'était qu'un divertissement passager ; il devenait agréable lorsque je remplissais mes mains de grappes arrachées aux énormes groseilliers qui bordaient les allées du potager, ou lorsque je grimpais en haut des arbres du verger pour cueillir les fruits qu'on n'avait pu atteindre d'en bas. Habile à ce genre d'escalade, j'avais aménagé, sur le sommet de l'un des tilleuls et l'un des marronniers de la cour de l'école, un perchoir confortable où je m'accordais le plaisir de me retirer du monde pour mieux le contempler avec un plaisir de souverain. Du haut de cette plateforme d'observation, qui était aussi une sorte de salon de lecture, je pouvais, à mon gré, lever les yeux d'un roman de Jules Verne pour promener ma contemplation rêveuse sur l'infini d'un océan vert : celui de la forêt que je percevais comme un monde à part, fermé sur lui-même, avec ses lois, ses institutions, son langage, ses humeurs, ses secrets.

C'était toujours ce désir de forêt que je retrouvais en moi comme l'horizon indépassable de mes loisirs champêtres, comme si j'étais tenté, tel le Petit Poucet, de me perdre pour mieux me retrouver. Certains jours, j'avais alors sept ou huit ans, un bon camarade, fils de paysan, m'entraînait en fin d'après-midi avec lui dans un pré, pour regrouper, avant de les ramener à l'étable, les vaches égarées d'un troupeau ; guidé par mon camarade, je prenais plaisir à ramener avec un bâton et quelques cris les bêtes qui, attirées par des broussailles dont la saveur leur paraissait sans doute "exotique", s'étaient égarées par l'effet d'une folle ivresse de liberté au-delà de la lisière du bois qui entourait le pré. Mais elles n'allaient jamais bien loin, comme si dans l'épaisseur et le souffle de la forêt elles avaient flairé une multitude de dangers ; certaines s'immobilisaient, pétrifiées, et l'on avait du mal à les faire bouger, d'autres se mettaient à meugler pour qu'on vienne les désentraver et les délivrer de ce qu'elles avaient perçu tardivement comme un piège. Je ressentais, moi aussi, cet attrait et cette crainte ; mais je ne pouvais me résoudre à céder à cet effroi et à reculer devant cette sorte de piège sublime tendu à tout être vivant par la forêt tout entière.

Très tôt, j'ai connu les nombreuses promenades en forêt dont mon père et ma mère avaient le goût très vif ; je les accompagnais toujours avec plaisir. Nous partions tous trois munis de sacs et de paniers pour les remplir, selon la saison, de fruits de toutes sortes et de champignons dont la forêt meusienne est si prodigue. Le plaisir de la cueillette se mêlait au plaisir sensuel des multiples senteurs de la forêt et de la respiration de ses mystères ; j'ai toujours pensé que le plaisir de cueillir et de ramasser n'était, pour nous, que le prétexte d'un contact muet et secret avec le monde sauvage de la forêt dont le remuement obscur devait nous paraître, comme la

Vie, mystérieux et impénétrable. En ce qui me concerne, je n'avais pas toujours le loisir de savourer de tels plaisirs et de me pénétrer de cette sauvagerie qui exige une certaine solitude. En effet ; je me trouvais habituellement entre mon père et ma mère à des distances variables n'excédant pas une centaine de mètres, pour éviter de nous perdre ; boussole et sifflet attachés autour du cou, mon père commandait la manœuvre, mais ma mère, distraite ou indocile, semblait retrouver un esprit d'aventure ancestral ; elle se perdait souvent dans les taillis ou sous la futaie dans la hâte de découvrir de nouveaux territoires couverts de champignons, une hâte de conquête qui était peut-être pour elle le moyen spontané le plus sûr pour conjurer cet effroi sacré que suscitent l'immensité et les murmures de la forêt. Malgré nos appels réitérés, ma mère n'entendait rien ; il me fallait alors galoper dans une direction présumée la bonne et la héler de toutes mes forces pour que, enfin, elle me répondît de très loin ; mais les échos démultipliés de sa voix partaient dans toutes les directions, ce qui n'arrangeait pas les choses. Enfin, je la retrouvais, mon père nous rejoignait, il faisait mine de sermonner ma mère mais s'inclinait, admiratif, devant l'abondance d'une récolte qui surpassait de beaucoup celle que mon père et moi avions amassée ; nous la félicitions, tout en sachant qu'un tel incident, malgré les inquiétudes de mon père, se répéterait. La chose se répéta souvent : surtout au moment de la cueillette des fraises, des mûres, des framboises, des airelles et plus encore du muguet dont nous ramassions les brins par brassées, offerts en pleine forêt, comme en parterres (je m'en persuadais), par un des jardiniers du paradis. Grâce à des services postaux qui, à l'époque, fonctionnaient bien, nous faisions des heureux parmi nos parents et nos amis, jusqu'en Suisse…

Mon désir de forêt continuait à me poursuivre. Stimulé par ces promenades dans des forêts domaniales qui étaient généralement bien entretenues en raison de la variété et de la beauté de leurs essences, j'attendais d'avoir l'âge de partir tout seul — vers neuf ou dix ans — en forêt. Plus que la cueillette, ce que je recherchais était cette sorte de recueillement qui, dans la solitude, fait provision de sensations, d'émotions, de rêves et de réflexions naissantes. Ignorées d'abord de mes parents, mes escapades furent vite autorisées par eux, puisque c'est avec eux que la forêt avait commencé de m'être familière. Je partais, muni d'une boussole et des recommandations paternelles : on me savait prudent.

Pour accéder à la forêt où j'avais choisi de pénétrer, il me fallait, à la sortie du village de Brauvilliers, traverser d'abord une étendue très riante de champs et de prairies. Leurs formes approximativement géométriques, la diversité de leurs couleurs où dominaient le vert et jaune, le bel alignement des récoltes, tout cela avait quelque chose d'apaisant, surtout lorsque se profilait au loin, nimbée de clarté solaire, une charrette de foin avec sa chevelure blonde, ou de blé débordant de gerbes indociles. Ayant perdu sa sauvagerie première, la nature, domestiquée par l'homme, perdait du même coup à mes yeux son intérêt contemplatif et son mystère ; comme il me semblait qu'elle n'avait plus rien à révéler, je poursuivais mon chemin. Je m'arrêtais pourtant lorsque, traversé par un cortège de nuées, le ciel semblait faire signe à la terre et la caresser au passage de leurs formes blanches et grises dans une alternance d'ombres et de lumière qui semblaient tout un langage codé. Eteintes un moment et comme mortes, les couleurs renaissaient l'instant suivant, comme pour présenter l'image de l'alliance étroite du deuil et de la résurrection. A la périphérie toute proche de ce paysage champêtre qu'elle bornait, la forêt projetait elle aussi son ombre sur les champs et les prés ; était-ce pour leur rappeler que c'était elle qui, en des temps qui n'étaient pas si lointains, en couvrait toute l'étendue avec sa sauvagerie primitive qui n'avait consenti que du bout de ses branches à un provisoire recul ?

Une sauvagerie dont les gens du village se méfiaient. Ainsi, pour faire peur à leurs enfants ainsi qu'à eux-mêmes, des histoires ancestrales de loups, d'hommes de guerre, de bandits, de morts suspectes, de meurtres, d'enlèvements et de disparitions, de rencontres avec des bêtes immondes et innommables, circulaient encore. J'ai connu des gens, pourtant braves, qui, pour rien au monde, ne se seraient laissé entraîner en des endroits prétendument porteurs de maléfices auxquels personne ne pouvait échapper. Pouvoir vivre dans les bois, n'est qu'une fiction, et celui qu'on appelle "l'homme des bois", poursuivi souvent par la justice, est suspect et a mauvaise réputation. Bien des villageois répugnaient d'ailleurs à utiliser le mot même de "forêt", ils préféraient dire : "je vais au bois, j'irai dans les bois". Car si la forêt se connote comme étant ténébreuse, massive et hostile, le bois l'est beaucoup moins ; il accueille plus qu'il ne repousse ; il est de dimensions plus réduites ; il minore en l'euphémisant ce que la forêt peut avoir de redoutable et d'effrayant. A Brauvilliers, on prêtait à ce que l'on n'osait pas nommer "forêt", des noms et des visages qui faisaient leur meilleure part à l'humain ; il y avait ainsi le *bois-Monsieur* et le *bois-Madame* qui évoquaient des rendez-vous amoureux d'ailleurs bien réels, il y avait aussi le *bois-Muguette* et le *bois-Joli*, etc.

Enfant, le mot *forêt* évoquait en moi, un corps de songes, de contes de fées, la nuit des temps, une sauvagerie ayant toujours existé, sans nous, avant nous, par opposition aux prairies et aux champs qui ne peuvent exister que par nous, avec nous. J'avançais vers la lisière, ce seuil où l'on arrive d'un monde pour pénétrer dans un autre ; mais c'était d'abord pour moi un lieu d'arrêt, conçu pour mieux séparer ces deux mondes ; c'était une frontière souvent hérissée de ronciers et de haies d'épineux qui défendaient l'accès de la forêt, ou, plus rarement, frangée de peupliers qui se donnaient l'air frileux de sentinelles ou de gardiens d'un temple inconnu ; et lorsque le vent les agitait, c'étaient des ambassadeurs venus en cortège pour dissuader tout étranger de sa velléité d'intrusion, en multipliant leur gesticulation ; il y avait aussi des halliers qui bouchaient les entrées de la forêt comme des fortins où veillaient des gibiers. Il arrivait qu'un lièvre en sortît pour se dresser droit sur son derrière et, les oreilles dressées, immobile comme une statue dans une posture de guet, il contemplait la prairie qui se reflétait dans ses yeux immensément ronds ; un long moment passait, comme s'il se demandait s'il allait battre la campagne ou retourner en forêt ; puis pris d'une ivresse panique, il disparaissait soudain comme une vision s'efface d'un seul coup et l'on n'entendait plus que le froufrou épineux d'un buisson où ce coursier, sans doute pour préparer, pensais-je, de nouvelles aventures, s'était réfugié. Je me demandais si je rêvais ou si c'était la nature qui, pour indiquer quelque chemin à ses visiteurs, se rêvait elle-même.

Je m'imaginais d'abord pénétrer dans un territoire vierge, celui de la forêt. Mais en fait, et j'en faisais presque aussitôt l'expérience mentale, aucune nature, même forestière, n'est vierge pour notre regard chargé de mémoire d'images. Porteur d'une culture, même la plus élémentaire, notre regard préfaçonne à travers elle ce qu'il regarde ; à propos de la forêt, et depuis l'enfance, nous est imposée une multitude d'images, souvent avant même que nous n'en ayons perçu le cadre et l'objet réels : des images de sous-bois, de taillis, de bosquets, de coupes, de clairières, de sentiers et d'êtres étranges qui peuvent réellement ou fictivement y habiter. En y pénétrant, je me souvenais parfois, avec une terreur délicieuse plus feinte que réelle, de mes premiers contacts avec les divers visages de la Forêt culturelle : une forêt imaginaire décrite et illustrée avec talent, dans les premiers livres qui m'ont été donnés à lire, à travers d'innombrables récits, contes, légendes ou fables qui soulèvent l'enfant d'un plaisir, d'un enthousiasme et d'un enchantement qui ne sont pas feints, et le pénètrent d'un effroi que suscite par exemple *Le Petit Chaperon rouge* dans sa traversée d'une forêt hantée partout par la présence rôdeuse du Loup. Pour l'enfant, l'ailleurs et le jadis importent plus que l'ici et le maintenant : "Il était une fois...", telle est la clé qui le fait, immédiatement, pénétrer dans un monde magique où il se reconnaît : celui des esprits des bois.

Si l'esprit de l'enfant ne se pose pas de question sur les contes — qui ont pu faire son bonheur de lire, depuis Ch. Perrault jusqu'aux conteurs du XIXe siècle qui se mirent à son école — c'est parce que l'enfant s'en nourrit tout naturellement. C'est dans un sentiment d'évidence universelle que ses désirs, ses peurs, ses angoisses et ses fantasmes reçoivent des contes leur chair. Pour l'enfant tout est vivant dans les contes, même la mort. Fontaine de jouvence, mélange de vraisemblable et de merveilleux, trésor de l'imaginaire, les contes sont le meilleur des préludes aux aventures de la perception rêveuse de la forêt. C'est dans ce monde autre où l'enfant, que j'ai été, aimait se retrouver traversé par toutes les formes et toutes les forces de la vie que, seule, la forêt peut générer pour les offrir à tout visiteur solitaire.

La "première" forêt, celle que chacun porte en soi, est fictive. Elle existe par les récits de la première enfance, elle est un lieu imaginaire et mythique ; elle a pour effet, certes, de nous faire entrer dans une culture, mais aussi de domestiquer et d'artialiser la forêt réelle que nous avons pu découvrir comme le plus vaste décor de notre enfance. En outre, lorsque j'entrais dans la forêt réelle, elle était déjà plus ou moins domestiquée par le travail des forestiers qui relevait aussi, comme l'écriture des contes et des légendes, d'un art. Il s'agissait en effet de forêts domaniales où s'imposait la présence de l'autorité de l'Etat soucieux de faire nettoyer, élaguer, débroussailler, tailler, marquer, couper, percer des allées, ouvrir des perspectives vers l'infini : un travail où l'esthétisation se référant parfois à des schèmes d'architectes et de peintres, a presque autant d'importance que la sauvegarde et l'exploitation des essences, auxquelles elle est aussi liée. Ainsi, doublement aménagée, la forêt cessait d'être absolument naturelle.

Mais était-elle pour autant rassurante ? Tout a fait artialisée ? J'étais tout content de constater que la sauvagerie n'était pas annulée par un effort de domestication même esthétisante. En franchissant enfin, non sans appréhension, la lisière, je passais un seuil d'entrée dans un monde dont je sentais la vie prodigieuse, irrépressible et presque incontrôlable. A tout moment, il me semblait pouvoir y puiser toutes les forces, toutes les énergies dont je pourrais ultérieurement avoir besoin. Deux choses me frappaient d'emblée : l'immensité de la masse forestière et, en son sein, celle des arbres qui paraissaient vouloir s'en détacher pour affirmer avec détermination ou arrogance, leur vitalité et leur individualité.

N'ayant jamais pu résister à ma fascination pour les arbres, et donc à mon retour en forêt à l'âge adulte, je me demande encore pourquoi, dans l'histoire des civilisations, l'arbre a toujours eu, partout, une si haute charge symbolique que la multiplicité de ses usages n'explique pas. Est-ce par sa fonction totalisante qui rassemble les quatre éléments : l'eau, qui circule dans la sève, la terre, qui l'incorpore par ses racines, l'air, qui nourrit son feuillage et le berce, le feu, qui jaillit dès qu'il est frotté ? Est-ce aussi parce que l'être humain s'y reconnaît dans son désir d'élévation et de verticalité comme aussi dans son désir inverse de dispersion horizontale et d'expansion, comme les vastes frondaisons en sont l'image ? Est-ce parce qu'il peut projeter ses propres passions dans les formes que l'arbre dessine de lui-même, dans les forces qui l'animent et les mouvements dont il se plaît à s'agiter ? Peut-être l'arbre vit-il analogiquement comme pense la philosophie. Si la philosophie, comme celles de Descartes et de tant d'autres, reconnaît sa parenté symbolique avec l'arbre, c'est en raison de son goût des fondements, des racines (et d'un certain radicalisme), d'un édifice à construire, de multiples connexions à établir, d'une totalité à instituer pour tenter de faire l'unité de la diversité des "branches de la connaissance". Mais l'arbre ne doit pas cacher la Forêt qui, elle, relève d'un autre registre d'existence : elle est surtout le peuple des songes et de l'immensité.

Si l'immensité suscitait en moi des angoisses inscrites dans des perceptions fantasmatiques, la singularité de telle ou telle essence d'arbre m'attirait et me plaisait, comme peut le faire l'individualité expressive d'un visage. Je longeais une allée qui partait, avec ses creux et ses bosses, vers l'infini ; mais souvent je pénétrais sous la futaie dont les arbres, superbes, m'offraient leurs portraits : je me souvenais des récits où les arbres deviennent des hommes et des hommes qui deviennent des arbres, ce qui me rendait évidente leur parenté secrète.

Je me sentais alors accepté par eux ; ils semblaient m'inviter à l'école, non pas "buissonnière", mais forestière qui m'apprendrait, sans doute au prix de l'inquiétude et de l'angoisse, à détecter, sous leur sauvagerie, le merveilleux. Par sa forme et son envergure, par sa taille et son élan, par le rayonnement et l'agitation de ses branches, tout arbre a des caractéristiques expressives humaines.

D'abord le chêne, perçu à jamais comme celui de la célèbre fable, majestueux, souverain, vieillard pénétré de réflexion et paraissant, dans l'agitation noueuse de ses branches, recéler une déficience secrète ; modeste mais tout aussi généreux, le hêtre, damoiseau en dentelles, se soucie de son équilibre lorsqu'il tend ses bras pour offrir ses abondants bouquets de feuilles, de fleurs et de fruits ; sous son écorce blanche et grise et ses larmes de verdure, le bouleau se dispose à d'indiscrets épanchements ; dans sa fragilité pathétique, le frêne, malgré l'opulente chevelure de sa frondaison, s'applique à cultiver légèreté et élégance ; l'acacia, envahissant, souhaite dissimuler son caractère épineux sous l'odeur de ses fleurs, d'une lourdeur entêtante ; un tremble, à ses côtés, se confond en gémissements et en pleurnicheries qu'un charme voisin apaise de sa douceur et de la cascade rieuse de ses attraits. Parfois, au bord d'une allée, un tilleul dressait sa frondaison ventrue pour distribuer sa fragrance à tout va pour engourdir de rêveries tous ceux qui captent son entêtant parfum. Plus rarement, l'eau dormante d'un étang minuscule, comme un œil immense, se troublait des frémissements d'un saule effarouché par un coup de vent. Autour de cette pièce d'eau ovale, un large anneau de terre piétinée et par endroits transformée en bourbier, offrait des dessins compliqués et enchevêtrés ; c'étaient les empreintes de pattes de toutes formes qui, par leur fraîcheur et leur luisance, signalaient le récent passage de bêtes assoiffées dont je ne voyais, de loin et que très rarement, les fugitives silhouettes : la forêt les protégeait de la vue de tout intrus. Du pied des arbres, s'élançait le lierre qui empourprait l'escalade de ses rubelles et choisissait la rude écorce du chêne pour l'enlacer généreusement. Tout autour : le concert de parlerie de la bruyère chuchotant des confidences inaudibles, des ronciers hargneux et colériques, des fougères dentellières rêvant de devenir ballerines, des chèvrefeuilles qui, en faisant trembler et danser leurs guirlandes, revendiquent le monopole de la finesse et de l'élégance.

Mon imagination anthropomorphe vagabondait ; en me persuadant que sous l'écorce et les branchages palpitait la vie des âmes, ma solitude se repeuplait ; il me suffisait de voir et d'entendre, et de feindre de croire que les arbres sont capables aussi de voir, d'entendre et de parler. Parfois, la cognée d'un bûcheron n'en finissait pas, en frappant, de faire retentir ses échos multipliés ; me souvenant de vieilles croyances et de certains contes, je me demandais où le bûcheron trouvait le courage moral d'abattre un chêne, un hêtre ou un frêne, tout en sachant, s'il était un peu poète, que sa besogne meurtrière allait "faire couler le sang d'un nymphe, d'un sylphe ou d'un dieu". De temps à autre, des oiseaux, que je m'agaçais de ne pouvoir identifier, lançaient des cris ironiques en voletant d'un arbre à un autre comme pour y déposer un message et, à l'occasion d'un léger coup de vent, toute l'assemblée des arbres se mettait à jaser sur fond de harpe éolienne ; dans ce concert agité que déchirait parfois le jacassement effronté d'un couple de pies, certains arbres, à bien prêter l'oreille, avaient chacun sa propre mélodie ; lorsque le souffle du vent se faisait plus puissant au point de secouer la forêt, celle-ci, tous arbres confondus, se mettait à soupirer, à gémir, à pleurer, à grincer et les branches soudain entremêlées devenaient des chaînes stoppant toute velléité d'envol. Rappelant que l'arbre se rompt plus facilement qu'il ne se plie, de sourds craquements se faisaient entendre ponctués par un hurlement d'animal désespéré ; c'est alors que la nature grondeuse improvisait sur ses grandes orgues son chant sauvage et tumultueux. L'orage n'était pas loin, il me fallait rentrer, la forêt ayant cessé d'être une parcelle de paradis perdu.

Pourtant, peu de jours après, je revenais ; de son sommet à ses pieds, toute la futaie était baignée par les larges fuseaux d'or formés par les rayons du soleil qui la traversaient et qui, en s'écrasant au sol, y étalaient des nappes d'or. La forêt éclatait de vie. Il y avait de nombreux arbres fracassés par la foudre et des troncs abattus par des tempêtes antérieures et que les gardes-forestiers n'avaient pas eu le loisir de débarder — des arbres qu'un dieu jaloux, me disais-je, avait méchamment punis de leur ambitieux envol vers les cieux. Fidèles compagnons protecteurs de la forêt, la terre et le ciel, après le passage des orages, s'étaient réconciliés ; le ciel couronnait la terre et la forêt d'une procession de nuages blancs dans un geste de bénédiction. De la terre gorgée d'eau, s'élevaient des senteurs fortes, multiples, contrastées : celles de buissons en fleurs mêlés à celle, plus âcre, des champignons, celle aussi du travail de cette pourriture noble des feuilles en décomposition qui offrirait aux arbres une nouvelle sève, un nouvel élan. La terre : lit de mort pour être lit de vie. Ici, asphyxiées par manque d'espace et de lumière, de jeunes plants se sacrifient pour la croissance de leurs aînés qui, arrivés à la hauteur de leur grand âge, sont abattus pour que croissent de plus jeunes qu'eux ; là, sautant par-dessus un barrage de grosses branches mortes, un ruisseau, dont la source est cachée par une couche de feuilles mortes, s'étale en un réseau de rigoles absorbées par le pied des arbres. La forêt s'offrait comme le spectacle d'un intermédiaire splendide entre la terre et le ciel, l'ombre et la lumière, le bas et le haut, la vie et la mort ; cette alliance entre ces réalités antipodiques était si sensuelle et si forte, que j'avais la certitude que, dans un tel cadre, nul ne pourrait ignorer la plénitude de l'ici et du maintenant : le temps arrêté, c'était la guérison de tous les horizons possibles : ceux de l'ailleurs, de l'avant et de l'après, de l'avenir et de la mort. Un mirage agissait. Il me suffisait de respirer à pleins poumons les senteurs de la terre pour recueillir une sensation d'éternité au sein même du temps de la vie, mais tout à fait en dehors du cours horizontal du temps banal happé par son irrésistible fuite vers la mort ; il me suffisait aussi de contempler la cime lumineuse des branches les plus hautes pour être délivré de toute sensation de pesanteur, et ne plus sentir la fragilité physique de mon corps pris en charge par l'élan d'un frêne ou d'un bouleau — mon corps qui venait d'être contraint, dans un taillis ou une futaie laissée pour un temps à l'abandon, de se courber, de se déhancher, de baisser la tête, en trébuchant. Comment oublier, dans les pires moments de l'existence, cet état de grâce ? Tout arbre me parut désormais comme une fontaine dont l'eau vive, comme un fluide nourricier monté de la terre, s'élevait à travers des milliers de canaux invisibles jusqu'aux extrémités des rameaux, d'où elle s'évaporait pour rejoindre le cortège des nuages que l'arbre tout entier semblait désirer rattraper.

Mais je préférais, plutôt que de m'arrêter ici ou là, errer : pour me "mesurer" à l'immensité de la forêt, et d'abord, à l'une des dimensions essentielles de sa vastitude et qu'il fallait apprendre à écouter : le silence. Lorsque soudain la forêt se tait, son silence fait d'elle un peuple de songes et de fantasmagories. Par sa lourde présence, les choses et les êtres semblent ne plus rester eux-mêmes, et ses multiples significations sont parfois contradictoires. Il arrive que la relation du silence à celui qui l'écoute s'inverse ; tantôt le silence prend une telle épaisseur et une telle ampleur qu'il devient un personnage qui rôde en faisant le guet, et l'on se sent inquiet, suspecté, menacé ; tantôt, à l'inverse, on se surprend à son tour à l'épier, prêt à l'interroger sur sa présence rôdeuse, sur ce qu'il prépare en gestation, dans l'attente d'on ne sait quel événement dont il accouchera. La chape de plomb qu'il fait peser sur des arbres semble, du même coup, les accabler du poids de leurs souvenirs sans l'espoir d'un coup de vent qui viendra les en délivrer ; mais à l'inverse, d'autres arbres, d'un air goulu, se nourrissent de sa substance muette, au point de se sentir habités par des milliers d'âmes qui soudain vous regardent. Me souvenant des contes et des légendes qui avaient fait lever en moi une terreur sacrée, je ne m'étonnais guère que les dieux, les fées et autres esprits de la terre aient pu, dans l'imaginaire des hommes, faire de la forêt une demeure qui les rendît invisibles, mais aux aguets et capables, sur fond d'un énorme silence, de faire entendre leurs voix. La vertu du silence me révélait une vie prodigieuse — en me faisant immédiatement sentir celle contenue dans les arbres, prête à exploser et à disperser ses graines autour d'eux. Ainsi, rêveur de l'extrême, chacun des arbres, pourvu qu'il fût vigoureux, me semblait désireux et capable de libérer ces âmes qui, victimes d'un maléfice, étaient restées captives sous la carapace de l'écorce. L'étrangeté du silence se diffusait partout, ainsi qu'un envoûtement se manifestant par des ombres fantomatiques que faisait glisser dans la forêt le passage des nuages au-dessus des cimes. L'irréel dans lequel je m'enfonçais avait alors plus de consistance que la réalité du quotidien que j'avais laissée derrière moi. Enveloppant, autoritaire, tour à tour protecteur et menaçant, le silence avait quelque chose de terrible et d'assourdissant, un silence que venait suspendre un instant, sans briser sa compacité, le cri suraigu des mésanges.

Il n'y avait plus de temps : déposé et coagulé dans les taillis et les futaies, il s'était arrêté dans l'épaisseur opaque du silence. Dans la durée homogène d'un temps suspendu, les arbres s'étaient immobilisés pour geler leurs formes, leurs agitations et leurs bruissements dans une mort apparente. Il n'y avait plus que l'ombre et la lumière alliées et entrelacées, comme la vie et la mort le sont indissolublement. Il y avait aussi, de temps à autre, des odeurs qui arrivaient par bouffées ou en vagues successives, les unes subtiles, les autres tenaces, âcres et indéfinissables qui semblaient, parce qu'elles avaient l'air de le repousser ou de le nier, entrer en concurrence avec le silence, plus précaire ou plus instable qu'il ne le paraissait. Lorsque les feuillages se réveillaient en pétillant comme un feu qu'on croyait mort et qui vient de se rallumer, les arbres, qui ne voyagent que par leurs bruits, avaient décidé de chasser, en le poursuivant, le silence hors de leur territoire. Parfois, des cris d'oiseaux, et souvent les tac-tac têtus des coups de bec du pic tentaient de faire résonner un tronc d'arbre comme un "bois" d'orchestre et y réussissaient parfois ; quelques coups de hache lointains fendaient le silence en plusieurs morceaux qui se perdaient dans une peuplade d'échos. Lorsqu'un fort coup de vent se produisait, on entendait de grosses branches d'arbres, déjà dépourvus de leurs feuilles, s'entrechoquer comme des squelettes qui auraient été remués par des archéologues ou des montreurs de foire. Mais dans la durée, ces chocs, ces tressaillements, ces tremblements, ces chuchotements et ces cris qui s'étaient d'abord adossés au silence pour se donner plus de relief et d'intensité, se résorbaient finalement en lui, comme si tout langage avait pour destination ultime le silence lui-même. Transcendance du silence : antécédence et terme ultime de toute la Création.

Lorsque le silence, dont j'attendais le retour, revenait, je me sentais moins craintif et je me faisais plus attentif, comme si je devais me préparer à la survenue d'un événement majeur en gestation dans le ventre du silence. Je faisais "*comme si*" j'attendais un événement imprévu, mais révélateur de quelque chose de capital en relation avec une présence répandue partout mais cachée, dont le dévoilement serait celui d'une vérité essentielle concernant le sens de la vie et de la mort, le mystère enveloppant toute la Création, bref, tout ce qui pourrait mettre fin à la lancinance des infinis questionnements qui taraudent l'esprit d'un adolescent. Mon impression était vive — mais je n'étais pas dupe de cette illusion qui me paraissait pourtant salutaire — que le silence préparait une sorte de métamorphose de la forêt et de l'existence de tout être humain qui viendrait la visiter, à condition de bien écouter son silence. Les délices de la terreur avaient, dès lors, fait place aux délices — ou au délire — d'une attente métaphysique qui, au cœur de cette feinte passion qu'est l'espérance idéaliste la plus folle, cherchait à être comblée. Plus tard, je recueillis, pour me persuader de sa vérité, ce mot de Valéry qui s'accordait à ce que je ressentais enfant : "chaque atome de silence est la chance d'un fruit mûr" : une chance, mais non pas une certitude.

Le silence : ébauche et promesse de métamorphose, comme le sont l'amour et la création artistique ; dans la forêt, il est une sorte d'âme du monde, l'annonce d'une musique inouïe qui ne serait venue ni du ciel ni de la terre mais qui en aurait été l'origine.

Chateaubriand, dans *le Génie du Christianisme*, dit que tout retrace dans les églises gothiques "le labyrinthe des bois", et que "l'architecte gothique a voulu en bâtir les murmures au moyen de l'orgue suspendu", et qu'enfin "il a attaché au temple gothique jusqu'au bruit des vents et des tonnerres qui roulent dans la profondeur des bois". Cette rumeur sauvage du monde originel qui parcourt la forêt tout entière en la faisant vibrer comme un orchestre, je l'entends souvent dans la grande musique, romantique le plus souvent. La musique ne peut pas toujours prétendre, comme tenta de le faire Orphée, mettre le monde en harmonie avec lui-même. Sous la belle ordonnance de l'organisation de ses mélodies, de ses rythmes et de ses timbres, elle nous fait entendre en sourdine, comme dans les grondements des contrebasses, quelque chose qui lui est étranger et qui ressemble à l'agitation d'un désordre à vaincre, au remuement d'un chaos qui serait sa source, bref à ce bruit de fond que — parce qu'il résonne comme un appel indéchiffrable de la forêt — la musique recueille comme la vaste houle d'une rumeur à laquelle nous nous sentons obligés, comme en forêt, de prêter l'oreille. Une rumeur sur laquelle elle s'ancre pour se lever comme une aurore, ou nous transporter — comme dans la musique de Berlioz, de Wagner, de Debussy, de Mahler, de Bruckner ou encore de Ligeti et de Bério par exemple — dans l'immensité. C'est ce "tourbillon primordial" que Turner et son admirateur Debussy voulaient faire "entendre" pour éliminer "l'expression des mesquins états d'âme", afin de mieux se laisser emporter "dans le vaste et l'infini". De même que, agitée par le vent de la rumeur du monde, la forêt semble vouloir sortir du lieu où elle s'est trouvée attachée, de même il est de grandes œuvres musicales qui, elles aussi soulevées par cette rumeur, débordent largement du genre — concerto, quatuor, sonate, symphonie, messe ou requiem — où le compositeur avait paru vouloir les enfermer.

Dans la forêt comme dans la musique, la musique s'impose à nous par *les forces* qu'elle met en mouvement, bien plus que par *les formes* qu'elle s'efforce de dessiner. C'est souvent avec impatience que nous attendons *le passage* de ces forces débordantes à des formes qu'elles seraient susceptibles de générer et de promouvoir et qui seraient chargées d'en adoucir la violence ou la fureur. Les instruments d'orchestre, comme les bois et les cuivres dans lesquels soufflent les musiciens, résistent à la musique au point de la mettre parfois en péril, comme si la voix de la Nature la plus sauvage continuait à souffler dans ces instruments faits de métal, de bois et de peaux. Dans la forêt comme dans l'art, la rumeur sollicite notre curiosité métaphysique : elle est un voile qui laisse transparaître ce qu'il dissimule ; mime de l'Etre dans son jeu d'absence et de présence, elle ouvre, dans ce double mouvement de don et de retrait, d'épiphanie et d'exode, au passage d'une Présence prodigue.

Bruit de fond nécessaire à toute existence, la rumeur est cette chair du monde qui recèle une formidable énergie prometteuse de toutes les métamorphoses, de toutes les callomorphoses et capable de communiquer une force de résistance à toutes les peurs et à toutes les morts : d'une souche coupée, je voyais naître les surgeons fougueux de nouveaux arbres.

Pour mettre fin à mon immobilité et à mon recueillement, je faisais un pas, alors tout se mettait à tressaillir à nouveau, à crisser, à soupirer : un coup de vent balayait le silence et le bruissement des frondaisons s'étendait de proche en proche le long des allées à l'infini ; l'immensité de la forêt devenait une immense symphonie dirigée par le vent.

En se croisant, en se recoupant, en se rejoignant, allées, chemins et sentiers tracés vigoureusement par les forestiers — comme les sentes et les layons qui butaient net sur un hallier — invitaient à se perdre : pour se retrouver autre ? Chacune de ces voies semblait n'aller nulle part, suggérant tour à tour une échappée infinie ou aboutir à un bout du monde, tels les chemins de la vérité au départ multiples et incertains. Ma boussole, je ne la consultais que lorsque le ciel se couvrait ; je préférais, appuyé tout de même sur mon expérience acquise, prendre le premier chemin offert à ma vue pour le plaisir de paraître m'égarer quelque temps : le plaisir de m'enfoncer dans un monde acentré, multidimensionnel, apparemment sans limite, vers un au-delà horizontal indéfiniment prolongé, bien que la forêt, par moments, pût paraître resserrée sur sa densité, refermée sur elle-même. Cette transcendance, cette fois horizontale, suggérait que les dieux étaient descendus de leur empyrée pour parcourir une immensité que, par leur présence, ils sacraliseraient. Comme des nefs de verdure, les voûtes formées par l'entrecoupement des hautes branches qui bordaient les allées invitaient à aller toujours plus loin vers quelque lieu sacré imaginaire.

Je me demandais si j'étais le jouet des rêves de la Nature ou des miens. La Forêt semblait, de cette façon, réclamer qu'on lui rendît hommage ou un culte, malgré ou en raison de l'admiration craintive qu'elle inspirait. Chacune de mes promenades était comme un pèlerinage où je pouvais accorder ma sensibilité, mes rêveries, mes pensées et revivifier l'énergie d'une foi dont je ne pouvais définir l'objet et qui équivalait à une sorte d'expérience religieuse sans Dieu, sans religion, sans Eglise.

Comme un défi à la poursuite de la marche, les allées, à l'image de toute vie, étaient semées d'embûches : racines d'arbres dont les convulsions, émergeant du sol, cadenassaient les pieds, ornières et fondrières faisant perdre l'équilibre, bourbiers menaçant d'enlisements, arbres morts ou foudroyés tombés en travers comme une barrière d'interdiction. Dans des taillis encore embroussaillés, les buissons autour de moi se tenaient aux aguets, et la forêt semblait se refermer derrière moi comme si j'avais été poursuivi par de mauvais souvenirs qui n'étaient en fait que les gémissements d'une nature qui, si elle avait ses bonheurs, faisait savoir qu'elle avait aussi ses misères. Mais toutes ces embûches et ces frayeurs, parce qu'elles avaient l'air d'une mise à l'épreuve, ne rendaient que plus évidente la sacralité des lieux. Le long de mes errances, il n'y avait rien à comprendre, mais tout à sentir et à capter, tout à attendre, car tout semblait possible : quelque métamorphose, quelque catastrophe, et même quelque épiphanie, mais pour quelle révélation ?

D'un jardin, on sort très vite ; dans la forêt, dès qu'on y entre, on ne cesse d'y entrer. Qu'y a-t-il au-delà de ce qu'on voit, de ce qu'on entend, de ce qu'on respire ? Dans la forêt, le moindre mouvement surprend comme une apparition qui vient enfin de crever des apparences : il convient de rester sur le "qui-vive", puisque la crainte s'inscrit au cœur du désir. Tel est le sacré qui s'impose dans la distance qui sépare ce qu'on voit de ce qu'on attend, entre le visible et l'invisible, entre l'effroi et la fascination. Le nœud qui saille d'un tronc d'arbre devient un œil sombre qui, chargé d'illisibles intentions, vous regarde en vous questionnant ; un assemblage de nœuds se mue en visage aux expressions d'une mobilité très changeante au point d'en rendre la face et le profil monstrueux, une branche noueuse en un bras qui multiplie protestations et dénégations, la silhouette agitée d'un chêne en géant courroucé, un frémissement sous le sol en animal vipérin. C'est jusque dans leur intimité que les surfaces et les volumes sont hantés. C'est le moment de la naissance des dieux, des mythes et des monstres emprisonnés dans les arbres, que, par le talent des conteurs, des sculpteurs et des peintres, l'art a le pouvoir de délivrer avec toute la vie puissante et cachée qu'une perception rapide et superficielle ne peut jamais déceler. Telle est la naissance du *bois sacré* où l'âge des songes devient l'âge et l'art des contes, un âge théologique qui fait des dieux et des fées non seulement l'étoffe des songes, mais aussi ce qui tapisse de schèmes notre perception du monde. Rendu à la forêt de son enfance, l'adulte consentira peut-être à redevenir enfant : il rêvera de se blottir dans le tronc creux d'un arbre, de se faire tout petit, de s'y endormir pour renaître à une nouvelle vie.

Ce que, en fin de compte, la forêt nous révèle, c'est, par-delà notre privation de ce que nous aspirons à être (et que nous sommes en puissance sans trop le savoir), notre désir d'immensité intime, peuplée de vies multiples destinées à nous délivrer de nos limites, à nous empêcher de nous refermer sur l'étroitesse de notre particularité. Le contact avec la forêt immense réveille en chacun de nous ce désir d'immensité qui est désir d'intensifier et d'élargir sa vie en donnant plus d'ampleur à l'imagination, plus de territoires à la pensée, plus d'ouverture à la sensibilité, plus d'énergie à la volonté. La générosité n'est rien d'autre que cela.

Sans doute est-ce par l'effet d'une dialectique de notre petitesse et de la grandeur de la forêt que nous majorons celle-ci, surtout lorsque son immensité s'ouvre sur un ciel bleu dont la lumière, à travers les interstices des frondaisons, fait tomber à ses pieds mille étoiles solaires. Mais si nous immensifions le spectacle de la forêt, n'est-ce pas parce que cette immensité nous la portons déjà en nous ? Ce que la forêt nous révèle c'est notre grandeur et notre profondeur intimes qu'elle nous aide à déplier pour augmenter notre être — une extension telle, qu'elle peut aller jusqu'à l'oubli extatique de soi. Contempler la forêt, c'est se repeupler dans une solitude féconde, c'est se regarder au plus intime de soi pour y reconnaître ses désirs, ses ardeurs, ses exigences.

Cette sorte d'osmose entre le dedans et le dehors, entre l'espace de l'intimité et l'espace de la forêt expliquait le renversement du sens de ma relation avec la forêt qui me stupéfiait et m'inquiétait. J'avais tour à tour l'impression de me remplir de la forêt que j'étais devenu, ou que celle-ci se remplissait de ma présence devenue soudain aérienne : deux existences augmentées l'une par l'autre et qui, chaque fois que désormais je pénètre dans une vraie forêt, se mettent à consonner. En quittant la Lorraine dans les années 50, je n'ai jamais retrouvé de forêts aussi vastes, aussi belles, aussi solitaires, et en lesquelles le sentiment de ré-origination ait jamais, ailleurs, été aussi vif.

Cette solitude peuplée avait ses limites topographiques. Sans transition, il m'arrivait de passer de l'obscurité des sous-bois à une vaste trouée de lumière ; c'était une clairière qui, d'un seul coup, se libérait d'une sauvagerie qu'elle rejetait autour d'elle pour exiger une présence humaine. En franchissant une telle frontière, je me sentais, aussi, libéré du poids de l'immensité, mais aussi rempli de la joie d'avoir fait une provision d'énergie qui, pensais-je, s'installerait à demeure et en laquelle je pourrais toujours puiser. Physiquement, j'étais surtout ébloui par une pluie de lumière qui tombait du ciel comme une bénédiction ou comme une grâce et ajoutait ainsi une note de sacralité au cœur de la forêt qui entourait la clairière. Un monde venait de s'ouvrir ; cette ouverture permettrait-elle qu'un dieu caché se montrât enfin ? Il me semblait plutôt que, avec le passage d'un vent frais qui poussait des nuages radieux, le retour éternel de la vie se frayait un passage dans le temps pour le relever et le régénérer, comme le fait une aurore après le passage de la pluie. Des souches d'arbres coupés s'élevaient de vigoureux rejets défiant déjà la cognée assassine des bûcherons. Ces images, je les revois aujourd'hui comme les signes d'une épiphanie. J'assistais au jeu auquel se complaît la Nature, à ce jeu du voilement-dévoilement : ne montrer qu'à demi ce qu'on cache, dissimuler à demi ce qu'on montre. Mais ce dévoilement était, en ce lieu, empêché par l'insistance d'une présence humaine qui s'agitait sous mes yeux. L'odeur d'un feu de broussailles que j'entendais crépiter me pénétrait jusqu'aux entrailles pour y réveiller une faim carnassière ancestrale. Une odeur contrariée par celle, très âcre, d'une meule de rondins en combustion lente sous une chape de terre, et autour de laquelle s'affairaient quelques charbonniers ; de ces derniers, je ne voyais que les visages noircis de fumée ; je n'osais guère les approcher ; au village, on se méfiait d'eux : sans doute parce qu'ils étaient des immigrés qui ne connaissaient que quelques mots de français et redescendaient rarement au village. Des piles de bûches équarries faisaient cercle autour d'une cabane de bois chapeautée de fougères, l'ensemble signifiant "halte" à la sauvagerie. Comme des gisants, des grumes attendaient des fardiers pour disparaître. La netteté du contour des choses, comme elle peut apparaître au regard aigu du chasseur, était si vive que des aiguilles de lumière me transperçaient les yeux et j'avais d'abord l'impression de poser mes pas sur le parvis d'un temple de lumière. Puis j'entendais, multipliées par leurs échos, s'interpeller des voix, cogner des haches, et des scies gémir et grincer. Des bûcherons enfonçaient des coins d'acier le long des troncs pour les fendre, d'autres, à l'aide d'un immense passe-partout, découpaient, dans le va-et-vient harassant de leurs bras, des troncs entiers soigneusement ébranchés.

Je m'approchais d'eux qui, d'abord, faisaient mine de ne pas me voir. Leur réputation au village, qui les respectait, était quelque peu ambiguë ; robustes travailleurs, efficaces, pacifiques, ils n'en restaient pas moins, pour certains, "hommes des bois" : par leur laconisme qui mesurait leurs propos comme ils mesuraient attentivement leurs billes de bois et les grumes ; par les plages d'un silence où se suspendaient leurs paroles et leur réserve. Il y avait aussi, à leur égard, une sorte de suspicion : ces hommes n'étaient-ils pas imprégnés d'une secrète sauvagerie ou, tout au moins, des mystères d'une nature que, par l'aridité de leur langage, ils ne pourraient jamais délivrer ou transmettre ? Attirés par eux, je les regardais travailler ; un jour, l'un d'eux s'arrêta net de le faire ; après avoir sorti d'un buisson une bouteille de vin pour y boire à grands traits, il s'essuya la bouche, s'épongea le front, puis il parut me découvrir avec curiosité et avec une certaine condescendance, il me lança : "Eh ! toi, gamin, qu'est-ce que tu fais là ?" A cette question, je bafouillai je ne sais quelle réponse. Quelques années plus tard, j'aurais pu répondre à une telle question par une autre question à résonance philosophique : "Et vous, qu'est-ce que vous faites là, dans cette clairière, au sein de cette forêt, sur cette terre, sur cette planète où on vous a fait naître sans qu'on vous l'ait demandé, et dans cette dure existence où la vie et la mort ne cessent de se côtoyer ?" Peut-être aurais-je recueilli une réponse, simple, de sage.

Ce fut d'ailleurs le cas, avec un autre bûcheron qu'on appelait le père Louis, que je connaissais depuis toujours, qui m'aimait bien et me donna le bonheur de faire bouger mon enfance pour la mûrir, et donc le regret de n'avoir jamais, pu, adulte, le retrouver pour lui dire ma reconnaissance. D'une cinquantaine d'années, cet homme plutôt maigre et nerveux, mais robuste et énergique, qui avait une nombreuse famille à nourrir, était aussi le fossoyeur du village de Biencourt où je passais les grandes vacances, chez ma grand-mère ; à l'occasion, il était en outre sonneur des cloches de l'église quand il fallait donner "un sérieux coup de mains", disait-il avec un sourire entendu, à sa femme, sonneuse attitrée qui m'avait très tôt initié à l'art de tirer sur les cordes pour faire tinter les cloches. En outre, la fille du père Louis, Marguerite, avait été (à 17 ou 18 ans), employée pendant mes premières années chez mes parents, et aussi mon ange gardien, attentive et affectueuse. Fier de sa fille, son père en avait le sourire et la douceur. Un sourire qui laissait passer dans ses yeux clairs un mélange alterné d'attention, de compréhension, de compassion que traversait soudain un éclair de malice ; je sentais que boniments et mensonges ne pouvaient pas ternir ce regard aussi lumineux qu'une clairière. Dès que j'entrais dans une clairière et qu'il s'y trouvait, j'allais vers lui. Sa voix avait une assurance tranquille, bien que le ton fût parfois évasif et dubitatif.

C'est vers lui, à une époque où j'étais hanté, non encore par ma mort, mais par la mort en général, et surtout par ma peur des morts et de leurs cadavres, ainsi que par l'horreur inspirée par le sort que la société leur réservait, c'est donc vers le père Louis que j'avais décidé de me tourner dans l'espoir de me libérer de ce qui était presque devenu obsessionnel : l'amitié que me portait ce bûcheron fossoyeur, et la confiance que j'avais en lui, tout autant que sa discrétion, m'y engageaient. Par pudeur et sans doute par une sorte de fierté juvénile, je ne tenais pas à m'en ouvrir à mes parents : en outre, ayant reçu d'eux une éducation laïque teintée d'athéisme, l'idée d'avoir recours à la religion du catéchisme ne me traversait même pas l'esprit ; celle-ci n'aurait peut-être fait qu'aggraver mes peurs ou mon scepticisme religieux.

Longtemps j'ai gardé, de mon enfance, la peur panique des morts : ceux-ci, avant qu'ils ne fussent mis en terre, me terrorisaient. Pour bien des hommes, la perception d'un cadavre humain est celle d'une paix suspecte ; elle suggère l'idée du triomphe intégral de la trahison, de la malédiction et de l'injustice absolue ; vite, il faut que disparaisse cette dépouille pour que soit impossible la consécration d'une telle victoire et pour éviter que soit empoisonnée la vie des vivants.

A la campagne pourtant, les morts avant d'être enterrés, font encore partie du cercle des vivants ; les seconds parlent volontiers des premiers et les décrivent tels qu'ils leur apparaissent, présents dans leur absence, sur leurs lits de mort ; souvent même, ils les font voir aux visiteurs avec une naïve ostentation. Par une porte entrebâillée, ou au-delà des reflets d'une vitre au crépuscule, j'ai entrevu, enfant, de tels spectacles, j'ai entendu chuchoter de tels propos qui scandalisaient mon âme d'enfant. Je me souviens qu'un soir d'hiver, je m'étais approché d'une maison basse où je savais qu'un vieillard, que je connaissais bien pour son courage et son intelligence reconnus de tous, à demi paralytique, était mort. Par la vitre déformante d'une fenêtre qui était à ma hauteur, je voyais son cadavre solitaire abandonné momentanément par les siens ; ces derniers avaient en vain, en raison d'une voussure excessive de son dos, tenté de l'allonger sur son lit, pour finalement l'adosser à des coussins. Encore convulsé sans doute par la soudaine venue de la mort, son visage violacé était éclairé par la flamme vacillante d'une bougie qui dessinait, sur les murs d'une vaste chambre, des ombres mobiles monstrueuses ; le corps parut se redresser et le visage s'animer comme pour protester contre les mouches qui, il y avait peu, l'avaient assailli et contre lesquelles il s'était défendu à coups de martinet, ou contre aussi, ses petits-enfants qui, dans un jeu sans pitié, l'avaient tracassé de leurs taquineries. Allait-il, de colère, ressusciter ? Pris de panique, je maudissais la bougie et la vitre dont je m'écartai pour me délivrer du fantastique dans lequel leur connivence m'avait englué.

Cette hantise des trépassés peupla mes cauchemars pendant longtemps. Ma terreur s'aggravait encore lorsque, seul à la maison, j'attendais derrière le rideau d'une fenêtre le passage du cortège funèbre qui, par un chemin en pente, se rendait de l'église au cimetière. Bien avant de voir surgir, entre les ifs qui limitaient la cour de l'école, le début du cortège, j'entendais la voix forte du prêtre, cahotante dans ses modulations ; elle lançait des imprécations sur le cercueil maudit et malmené et que, semblait-il, il fallait vite jeter au trou ; la voix émanait, impitoyable, d'un visage rougeaud que les grimaces de la véhémence et de l'anathème boursouflaient ; à travers son latin hurlé que les souffles du vent poussaient parfois comme des rafales, je ne parvenais jamais à savoir si le prêtre reprochait au mort sa vie entière ou un état de putréfaction avancé ; la foule suivait, docile et comme honteuse ; elle ne me paraissait, elle, que reprocher doucement au mort le fait de l'avoir abandonnée. Enfin, je me rassurais : je découvrais dans le cortège mes parents dont j'avais, dans mon émoi, oublié l'existence. Parfois, lorsqu'il faisait beau, je faisais partie de la procession ; alors la terrible énigme posée par le mort n'avait plus guère de prise sur moi : la présence autour de moi de ces paysans aussi rugueux que des chênes, et qui avaient l'air de protéger leur vie par un déguisement de circonstances, m'était autant une distraction qu'un puissant réconfort ; lorsque, au cimetière, le prêtre, enfin calmé, s'en allait dans une odeur de sacristie et d'encens, et que les premières pelletées de terre glissaient dans le creux du rectangle, il restait au mort, me disais-je, le temps de faire provision pour sa nouvelle existence : à la belle saison, la terre était déjà imprégnée des odeurs fortes et sucrées du sureau et de l'aubépine, du parfum de miel des tilleuls ; et, dans la fosse où elle s'engouffrait, elle entraînait avec elle la vision d'une cime de peuplier, toute la lumière du monde et le chant des oiseaux. Par là-même, le mort et moi, nous étions sauvés tous les deux : le mort, déjà repris comme moi par la Vie, ne me tourmenterait plus.

Cette réconciliation et ce réconfort, je voulais me les faire confirmer par le père Louis qui n’eut pas de peine à le faire : il savait trouver les mots justes dans un langage dont le ton assuré et persuasif m’était tout aussi sensible que son argumentaire. Je n’eus pas à entrer dans les détails circonstanciels d’une angoisse qu’il avait depuis longtemps devinée en moi. Aux quelques questions que je lui posais, il répondait toujours sobrement et d’une voix douce, pendant que les frémissements de sa moustache aux pointes relevées légèrement vers le haut conféraient à sa parole une note émotionnelle ; "crénom", disait cet homme d’expérience, "pourquoi te faire tant de mouron, on reçoit la vie, il faut la respecter en la prenant à bras le corps, alors on travaille, on fait des choses, on aime, on élève ses gosses, on fait la paix avec ses voisins et surtout, ajoutait-il, on va respirer l'air de la Forêt" et, "crédieu, jurait-il, c'est elle qui est notre grande maîtresse d'école". Selon lui, celle-ci recyclait la mort et la pourriture dans la terre des sous-bois qui s'en nourrissaient, "sinon pourquoi les arbres s'élèveraient-ils si haut vers le ciel ? Sais-tu" me disait-il — pendant qu'il bourrait sa pipe et que je me souvenais que, ayant pris un jour le chemin de la forêt longeant le cimetière où il émergeait d'une tombe qu'il creusait, je n'avais pu vaincre ma peur d'aller le surprendre à l'œuvre — "sais-tu qu'un cimetière abandonné fait revenir lui aussi la végétation et, tôt ou tard, la forêt ?" En clignant de l'œil, il me dit aussi que la clairière était un autre cimetière qui, avant d'être lui aussi rendu à la vie de la forêt, était un lieu où s'accordaient la vie et la mort, puisque le bûcheron qu'il était découpait les cadavres des arbres et que les fruits de son travail étaient abondamment et diversement utiles à la vie de tout le monde. Un jour, je lui demandai brusquement pourquoi il allait à la messe le dimanche ? Comme embarrassé, il tira longuement sur sa bouffarde pourtant éteinte, et me répondit qu'il aimait entendre chanter, ainsi que la sonnerie des cloches dont il était familier. Et puis, après un silence : "il faut bien faire comme tout le monde". Il savait que j'attendais la suite et il ajoutait : "Dieu, le paradis, l'enfer, j'y crois comme tout le monde" et, en riant : "sans trop y croire" ; l'ironie de son rire indiquait qu'il n'y croyait pas du tout. Puis, à chacune de mes rencontres avec lui dans une clairière, il terminait par cet aveu presque confidentiel : il avait remué tant de chairs putréfiées et de squelettes dans les tombes, que les cadavres n'étaient pour lui que des cadavres tout juste bons à fertiliser le sol, qu'il ne pouvait croire à la résurrection des corps, mais que "les âmes des morts devaient bien exister quelque part dont on n'aurait jamais l'idée". Enfin, il se redressait comme s'il venait de trouver quelque chose d'important et poursuivait sa leçon de métaphysique appliquée : "leurs âmes sont là", affirmait-il en se frappant le front de sa large main, "toutes vivantes dans ma mémoire". Ce fossoyeur heureux était ravi de pouvoir — et il s'en targuait avec une vanité naïve — évoquer, comme un biographe de village, tel ou tel épisode de la vie de ceux qu'il avait, comme dans sa mémoire, enfouis sous terre. Dans sa parole, son sourire et la clarté de ses yeux, des défunts se remettaient à vivre baignés d'une aura de compréhension et de tendresse qui étaient les siennes. C'est ainsi que j'appris — ce que ma famille avait peut-être relégué dans l'oubli ou m'avait laissé ignorer — quelques épisodes de la vie de mon grand-père maternel disparu peu après ma naissance, et de celle d'arrière-grands-parents, que je n'avais jamais connus. Ce fossoyeur généreux et avisé savait redonner la vie, et la seule qui, humainement, selon lui, en valait la peine : par une sorte de culte des morts qui est celui de la vie rendue par une mémoire souriante et attendrie, et qui semblait ignorer l'affliction réductrice de tout deuil. Au gamin qui se sentait libéré par un tel credo, de telles idées convenaient parfaitement. Je sais aujourd'hui encore pourquoi les êtres disparus qui m'ont été chers reviennent en ma mémoire en des circonstances qui ne peuvent pas ne pas les évoquer : c'est surtout pour offrir les plus riantes, les plus vivantes, les plus heureuses de ce qu'ils ont senti, dit, raillé, fait, aimé. Dans une sorte de passion presque superstitieuse, il me semble alors qu'ils trouvent agréable l'accueil chaleureux que, en moi, je m'efforce de leur réserver. Un regret cependant : n'ai-je pas trop rarement accueilli ainsi en moi, ce bûcheron-fossoyeur, biographe et poète qui m'a appris le pouvoir de domestiquer éventuellement les morts et la Mort, et d'allier la Vie et la Mort ? Sans qu'il l'ait vraiment su, la Forêt, par la richesse de sa vie cyclique et l'intimité privilégiée qu'il entretenait avec elle, était son véritable patrimoine culturel et à l'origine d'un réel pouvoir dont — je l'ai réalisé quelques années après — il m'avait légué une part.

L'exercice d'un tel pouvoir, mis précieusement en réserve durant de nombreuses années, m'a permis plus tard dans les camps nazis, de dévier l'impact des innombrables figures de la mort et de les décliner, je l'ai dit, par la distance de l'ironie associée à une imagination métaphorisante, à défaut de pouvoir réellement les euphémiser.

VI

Pouvoirs initiatiques du livre

"Les Mots : des créateurs d'énergie".

A. Breton

"L'écrivain nettoie le monde. On dirait que le monde s'embrouille sans cesse de poussière.

L'écrivain essuie le miroir de sa conscience".

Chklowski (*Théorie de la Prose*)

Comme la forêt, le livre contient une force créatrice qui, dès l'enfance, m'a souvent emporté loin de moi, mais jamais loin du monde. Tous deux sont des puissances de vie ; si la forêt se feuillette comme le grand livre de la vie, le livre ne cesse de déployer ses multiples arborescences. Tous deux surprennent par l'épaisseur de leurs mystères et invitent à l'aventure, à l'attente de l'inattendu et d'un événement qui ait la force d'un avènement. Tous deux ont leurs attraits et leurs épines, leur part d'ombre et de lumière, leurs larges allées et leurs sentiers, des voies rectilignes et des parcours labyrinthiques, leurs broussailles et leurs clairières. Ces deux mondes ont leurs respirations, leurs odeurs et leurs saveurs, leurs voix et leurs silences, leurs aurores et leurs crépuscules, leurs orages et leurs sérénités, leurs drames manifestes et cachés où l'on sent rôder la mort malgré toute la vie qui s'y affirme ; en les parcourant, l'un et l'autre ont leurs facilités et leurs difficultés d'accès. Si on entre avec curiosité dans un livre ou dans une forêt, l'on continue à y entrer parce que l'on s'y sent vivement invité à le faire, ou impatient de savoir ce qui va arriver dans l'un comme dans l'autre, on peut se perdre comme dans un labyrinthe, puis se retrouver en pays ami. Et quand on en sort, on se sent si remué et si transformé que l'on s'étonne de retomber dans la banalité d'un réel qui ne parvient pas à gommer les émotions des aventures littéraires ou forestières. Une telle parenté lie si étroitement le livre et la forêt que celle-ci pénètre souvent la littérature poétique et romanesque, romantique ou non. La forêt a été, très tôt, fortement présente dans l'univers de la culture : il en est ainsi dans les contes et les légendes ou elle représente symboliquement pour l'enfant cette autre forêt que sont ses désirs, ses craintes, ses fantasmes, ses angoisses, ses frustrations, et ses pulsions transgressives qui peuplent et agitent souterrainement la personne de tout enfant.

"Il était une fois...". Soudain c'est l'embarquement et la coupure ; il n'y a plus de présent, de passé, de futur et, pour tout dire, plus de bon sens. Combien de fois, enfant, ai-je senti un abîme se creuser entre un monde nouveau qui, d'un seul coup, laisse loin derrière lui cette réalité quotidienne qui impose son ordre, son temps programmé, son espace homogène et sa loi ! Libéré de l'ici et du maintenant, je me souviens d'être, "chaque fois", passé de l'autre côté, prêt à traverser tous les "Ailleurs".

"Il était une fois..." L'imaginaire de l'enfant se plaît à l'inattendu, aux ruptures, à ces rebondissements et transformations introduites dans le récit par la violence du temps vertical. "Il était une fois" : ce traditionnel incipit installe d'emblée le lecteur ravi — l'enfant ou l'enfant dans l'adulte — dans un passé indéterminé, fictif ou mythique qui n'a plus rien à voir avec le passé historique d'un temps horizontal où se reproduit le *même* dans la continuité.

Moment décisif où s'abolit la frontière entre le réel et l'imaginaire, entre le naturel et le surnaturel, le familier et l'étrange merveilleux. Telle est la première fonction du conte : nous faire entrer dans un monde autre, extraordinaire, après avoir franchi d'un seul coup un seuil à partir duquel le monde et nous-mêmes nous retrouverons enchantés : transfigurés.

Transfigurer la vie, telle est la principale ligne que m'a donnée la lecture des premiers contes : une lecture que je me faisais à moi-même, car j'appréciais bien peu qu'on me fît la lecture. Ma mère et ma grand-mère s'y étaient essayées. Mais le visage de ma mère et sa voix m'étaient trop proches et trop familiers, trop présents pour que je pusse rejoindre le monde des fées dans un livre que j'avais envie de déchiffrer, alors que je savais à peine lire : une envie qui devint vite une impatience de savoir bien lire au plus tôt. Par contre, la voix lente, un peu chevrotante et comme lointaine de ma grand-mère, les rides de son visage et ses cheveux blancs, non seulement m'emportaient assez souvent vers les lointains magiques de "l'autrefois", mais la transfiguraient, dans mon imagination, en bonne fée chargée de neutraliser sa rivale, la méchante vieille fée. Mais une voix, même aimée, peut-elle remplacer la puissance qui émane de la lecture que l'on fait soi-même d'un beau texte ? La voix d'un conteur, même professionnel, m'a souvent paru contournée et faufilée d'artifices. J'appris très vite à lire et je m'émerveillais que l'opposition duelle du bon et du méchant, du bien et du mal, de la lumière et de l'ombre, du léger et du lourd, du bonheur et du malheur, de la noblesse et de la bassesse, bref, que toute cette palette d'oxymores, dont le conte est si prodigue, s'effaçât souvent d'un seul coup ; au profit de la valeur positive : les ténèbres se muant en lumière, le malheur en bonheur, la répulsion en séduction, la laideur en beauté ;

comme dans le conte paradigmatique de Mme de Beaumont *La Belle et la Bête* qui révèle en nous le désir et la possibilité de nous délivrer de nos monstres et de nos enfers obsessionnels qui, dès l'enfance, agitent les bas-fonds de notre intimité.

De tous les rêves ou de tous les désirs de l'enfance, le plus puissant mais qui est aussi toujours mêlé de crainte, est celui de la transfiguration. Sinon comment comprendre la force de l'attrait exercé sur l'enfance par les contes (oraux et populaires, écrits et littéraires) qui ouvrent immédiatement l'accès au merveilleux, à cette sorte de fantastique où chaque détail du récit semble annoncer, par l'étrangeté de son relief et la rapidité de son énoncé, le surgissement d'un événement ? Bonnes ou mauvaises, les fées n'ont-elles pas le pouvoir d'échapper aux lois naturelles du monde physique, aux conventions contraignantes du monde adulte, et de transformer à leur gré les êtres et les choses, de les hausser ou de les précipiter dans l'univers du polymorphisme, dans l'univers d'une combinatoire de formes ou d'éléments livrés à la fantaisie jubilatoire de son créateur ? Montagnes, rochers, arbres, fleurs, animaux se mettent à parler, à s'agiter de passions pour agir comme des humains qui, en sens inverse et en pleine confusion des genres, peuvent rejoindre l'univers du bestiaire, du végétal, du minéral.

Malgré mes réticences pour la radicalité de la "folie" d'Alice, je partageais son plaisir de se promener au "pays des merveilles" pour échapper à la lourde solidité du bon sens et transgresser ses lois naturelles et ses règles sociales ; pendant toute la durée de ma lecture, je partageais aussi son refus de "vivre comme tout le monde" d'une vie ennuyeuse et stupide. Ma sympathie pour un tel refus m'étonnait tout de même un peu, car la réalité quotidienne, en famille, à l'école et au village, n'était ni triste ni stupide : elle était ordonnée, régulière, organisée, confortable. Sans aucun doute, la relecture du livre de Lewis Caroll, me convainquit que deux moi existaient bel et bien chez l'enfant que j'étais — comme chez tout enfant : le moi sensé, raisonnable et docile à l'ordre existant, le moi réel ou dans le réel, et un autre moi, fantaisiste, capricieux, indocile à tout établissement : un moi mythique en somme, et secret. Un abîme les séparait de telle sorte qu'aucun pont, aucune passerelle ne semblait les mettre en relation ou les réunir, sinon quelques fragments de rêverie un peu bizarres, échappés des souterrains de la conscience et qui, comme l'ombre d'une menace, viennent subitement recouvrir la perception du réel. Le conte est une mise en ordre et une systématisation de la rêverie ; l'évasion dans l'imaginaire qu'il permet est sans risque pour le maintien du réel dans son intégrité et sa stabilité ; un maintien pourtant sans cesse remis en question dans le conte, pour un départ vers d'autres mondes. C'est pourquoi le parcours d'Alice qui subjugue l'enfant est initiatiquement pervers. Désobéissant au principe d'identité qui fonde la possibilité du bon sens, Alice a le front d'introduire dans son monde une organisation sans ordre parce qu'elle est en perpétuel devenir. Ce parcours commence par une chute dans les profondeurs où se produit l'éclatement des choses et du sujet. Parcours qui mène Alice dans un univers ambigu où rien n'est fixé, où le dedans et le dehors se confondent, où les raisonnements ne peuvent finir, où aucun jeu, dont les cartes se brouillent, n'a de règles fixes dans la durée, où l'enfant d'une Duchesse, pris dans les bras d'Alice, devient un cochon. Dans ce monde sous-tendu par la profondeur souterraine des pulsions et des mobiles plus ou moins avouables, règne l'impossibilité de repères fixes, de structures permanentes, de déterminer un sens ou un contenu sémantique aux mots, de conférer une identité définie aux êtres et aux choses : quel superbe pied de nez à la réalité qui cesse enfin d'être conforme à elle-même ! Comme cette montre qui cesse de marquer l'heure ingrate parce qu'une voix a susurré à l'oreille du Temps de pousser l'aiguille non pas à l'heure de la leçon mais à celle du dîner ou de la sieste. Pour que les choses perdent leur épaisseur opaque qui les rend méchantes : substituer à la leçon de choses une leçon de magie. De même pour les êtres : décider de ne voir, dans un groupe de gens dont on ne peut rien attendre de bon, qu'un paquet de cartes à jouer, c'est congédier leur crédibilité et leur méchanceté ; et lancer en l'air ces cartes qui retombent comme un paquet de feuilles mortes, c'est jeter la dérision sur toute autorité.

Ce qui séduit et inquiète aussi chez Alice, c'est son imagination — clé capable d'ouvrir toutes les portes du domaine des "impossibles possibles". Pour cela, elle laisse les mots et leur sens advenir l'un à l'autre et tout de travers. Apprendre à voir d'insolites ressemblances comme celle d'une pie et d'une préfète, s'allonger comme un télescope, se rapetisser comme une souris, s'éteindre comme une chandelle, se noyer dans ses propres larmes, devenir deux ou trois personnages, changer d'identité plusieurs fois par jour, être à la fois soi-même et tout autre : quel enfant n'en serait-il pas éberlué ! A mon tour, je me noyais : dans la délicieuse angoisse d'un tournis.

Cependant je me reconnaissais dans celle qui me paraissait être, des passions d'Alice, la plus forte et la plus caractéristique : la curiosité ; plus que la curiosité de "savoir ce qui m'est arrivé", dit-elle, c'est celle de "ce qui va arriver". La curiosité de l'avenir la pousse à imaginer sans fin, comment les choses se passeront et se transformeront si telle décision est prise à tel moment. Lorsque Alice reconnaît que "la féerie de ses aventures offre de quoi faire un grand livre", elle pressent que tout grand récit, tout grand roman doit enchanter en faisant chanter des mondes nouveaux, à travers ces aventures souterraines ou célestes que sont les métaphores qui sont aussi des métamorphoses. "Aventures souterraines", tel était le premier titre choisi par Lewis Caroll pour son livre. Sans tomber dans toutes les folies d'Alice, elles devenaient d'autant plus facilement les miennes que les contes m'avaient déjà accoutumé à penser que la vie était quelque chose qui devait être façonné, refaçonné, transformé, transfiguré. Mais comment et dans quel sens ? Pour en avoir une idée, il me fallait diversifier mes lectures, aller de livre en livre pour y rencontrer quelques bons guides.

Il y avait tant de personnages, tant de vies et tant de promesses dans les livres que je m'en séparais à regret lorsque nous quittions la maison. Dès que j'avais appris à lire, les lettres de l'alphabet capables d'infinies combinaisons m'étaient apparues comme des êtres pleins de vies qui pouvaient s'enlacer ; en s'associant, les lettres devenaient syllabes, les syllabes des mots, les mots des phrases et d'une phrase à l'autre la suite était infinie. A cette époque, je ne me doutais pas que ce vaste et irrésistible courant de vie me traverserait pour me donner l'audace de tisser des mots et des phrases dans ce calepin qui, je l'ai dit, défierait la mort et la terreur au camp de concentration de Schömberg : devenu carapace et forteresse, l'écriture deviendrait alors un viatique. Enfant, je découvrais avec enthousiasme que l'écriture, non seulement véhiculait la vie, mais qu'elle était la vie ; ce qui explique que, dans ma joyeuse impatience, je savais déjà lire à l'âge de quatre ans. Il est vrai que j'avais été pris en main par l'animatrice d'une école maternelle — ce qui représentait un extraordinaire privilège dans le petit village de Bovée perdu au sein de la forêt de Commercy ; cette femme était encore jeune et son visage rayonnait de bonté et de beauté comme celui d'une madone : je la vénérais ; elle avait renoncé à l'habit de bonne sœur porté peu de temps : sa vocation était d'éduquer les enfants et de les instruire, ce qu'elle faisait avec talent, douceur, patience et efficacité. Elle s'était prise pour moi d'une affection que je lui rendais bien ; j'en étais fier, mais j'en éprouvais une sorte de gêne parce que je percevais clairement que j'étais son préféré. Me croyant doué, elle s'était mise en tête de préparer, en grand secret, une surprise pour mes parents, eux-mêmes instituteurs qui la tenaient en grande estime : avec ma complicité, elle leur révéla un beau matin que je savais lire presque couramment ; mes parents n'en revinrent pas et, comme moi, ils n'oublièrent jamais cette femme admirable.

Cette sorte de secrète complicité initiatique, qui avait satisfait tout le monde, n'en donna à mes yeux que plus de valeur et de prestige aux livres. A tel point que, dès que mes premiers livres me furent offerts en même temps qu'une auto-skiff rouge à pédales de direction, je ne pus, dans un premier temps, me séparer à la fois des uns et de l'autre : les livres et l' "automobile" pouvaient m'emmener loin à travers mille aventures et m'ouvrir mille portes sur mille mondes ; mais je ne pouvais abandonner à leur solitude les personnages que les livres faisaient vivre. Je prenais la route avec eux dans les rues du village et aux proches alentours. Ces livres illustrés de vives couleurs et de textes courts que je connaissais par cœur, je les avais empilés dans l'espace creux aménagé sous le capot du véhicule et, comme si j'avais voulu repeindre de vives couleurs les paysages et la nature entière, j'y avais joint une boîte d'aquarelle de toutes les couleurs, alors objet de ma seconde passion. Le voyage n'allait pas sans aléa ; une pente montante faisait glisser à terre ce double trésor ; il me fallut, pour ne garder que mes livres et les mieux protéger, me séparer de mon attirail de peintre ; il y avait bien des troupeaux de bovins qui rentraient, avant le soir, au village, mais leur lenteur lourde me laissait le temps de me garer sans danger. Pourtant, un soir d'été, alors que je m'étais aventuré dans un mauvais chemin un peu à l'écart du village, je suis cerné de tous côtés par un troupeau de moutons rentrant en hâte au bercail et nous voilà immobilisés, moi et mon véhicule, bousculés par quelques bêtes sautant par-dessus le capot. Vais-je être, dans un nuage de poussière blanche empuantie de suint, submergé, enseveli, englouti ? La catastrophe s'annonce lorsque je sens glisser au sol ce qui était alors ma raison d'être ; je ferme les yeux en attendant la fin du passage de cette horde sauvage ; je récupère enfin mes quatre ou cinq livres un peu crottés de boue à l'extérieur, mais intacts au-dedans. L'idée du pire qui aurait pu leur arriver décida de la fin des aventures de ma bibliothèque ambulante.

Le nomadisme horizontal ne convenant pas à mes livres, je lui préférais, deux ou trois ans plus tard, un sédentarisme vertical : c'était, comme je l'ai évoqué, deux perchoirs installés au sommet d'un tilleul et d'un marronnier dans la cour de l'école ; je pouvais contempler à mes pieds un monde verdoyant cerné par l'épaisseur d'une forêt qui semblait le menacer ; mais l'instant d'après, le livre ouvert sous mes yeux m'offrait cet autre luxe de partir en voyage ; la majesté du tilleul protecteur et son odeur pénétrante achevaient de conférer à ma position de roitelet couronné de feuillages, une note de sacralité. Cet observatoire me rapprochait de la lumière, de la beauté, de la vérité, et le texte du livre s'en éclairait davantage. Dans mon îlot je me sentais si bien que, lorsqu'on m'appelait, je faisais souvent la sourde oreille, comme si je m'étais momentanément absenté de mon pigeonnier.

La bibliothèque de mes parents, qui lisaient beaucoup, était bien garnie et ne cessait de s'enrichir ; avec ses portes vitrées aux mille reflets, elle me paraissait un sanctuaire qui accueillait, avec des atlas et des livres d'histoire, des grands classiques et les romanciers les plus célèbres des XIXe et XXe siècles, où Balzac, Hugo, Loti, Zola et A. France entre autres, figuraient en bonne position. J'ouvrais les portes du temple et ses "bibles" dressées ou couchées avaient l'air d'attendre qu'on les tirât de leur torpeur ou de leur immobilité de gisants pour s'ouvrir à la pleine lumière. Après en avoir pris deux ou trois et les avoir palpés, caressés, en flairant leur odeur de colle, de champignon ou de renfermé, je les ouvrais en rêvant sur leur titre ; je les feuilletais en m'arrêtant au hasard sur quelques phrases dont le sens n'était pas toujours clair pour moi. Si mon père et ma mère me conseillaient dans mes choix, ils me laissaient souvent libre de mon choix. Comme un vagabond avide d'espaces, j'allais de découvertes en découvertes et, en grandissant, j'incluais dans mes choix plus de livres que je n'en excluais, et même plus que je n'en pouvais lire jusqu'au bout. A plat ventre sur un tapis au pied de la bibliothèque, j'ai traversé des périodes de boulimie où dans l'espoir de mieux comprendre plus tard ce que je lisais, je m'obstinais à accompagner la superbe enfilade des mots et des phrases dont j'enjambais parfois le sens sans le saisir vraiment. Dans cette façon cavalière de lire, peut-être y avait-il une part de pose devant moi-même et de cabotinage. J'étais au pied d'un temple mais, en même temps, haussé, en tant que lecteur, à son sommet. Je participais d'une vérité prestigieuse quoique obscure et me flattais du privilège d'avoir accès à plusieurs mondes. Le livre refermé, je tentais, enivré et un peu las, de mesurer l'étendue infinie de ce qu'il me faudrait savoir. Il me semblait aussi que je pourrais peu à peu recueillir, livre après livre, des secrets sur la vie et la mort ; et me donner de la vie des vues multiples et fécondes. J'écoutais souvent mes parents qui, à propos d'un même livre, échangeaient leurs impressions comme si, à mes yeux, ils avaient été les témoins directs d'événements graves ou de révélations. Nul doute que toute vie devait passer par les livres qui permettraient de triompher de tout, même de la mort.

Vers l'âge de sept ou huit ans, je découvris aussi, hors de la maison, une sorte de grand livre de la vie dont j'ai gardé des souvenirs d'une vivacité lumineuse : c'était le village lui-même, Brauvilliers, au sud du département de la Meuse. Souvent des gens venaient confier leurs problèmes à mes parents, qui, après leur départ, parlaient entre eux — le soir, en ma présence attentive et muette — de tout ce qu'ils avaient entendu : je n'en perdais pas une miette. Secrétaire de mairie, comme beaucoup d'instituteurs à l'époque dans le monde rural, mon père était au courant des problèmes de la communauté villageoise et de leurs implications privées : je l'accompagnais parfois chez le maire, vieux paysan madré et royaliste, propriétaire de ses terres, qui avait un jour reproché à mon père (dont il ne pouvait, sourd et myope, se passer) et à l'école de la République, de donner aux enfants une instruction telle qu'elle allait bientôt priver la paysannerie des "commis de ferme" nécessaires au bon fonctionnement de l'agriculture et à l'ordre social. En cela, il était en parfait accord avec le curé, figure de référence considérablement affaiblie par ses colères en chaire et au catéchisme et qui surtout appartenait aux yeux de beaucoup à un passé révolu, tout comme les leçons de catéchisme. C'est dans les ateliers d'artisans du village où je me rendais que j'apprenais la vie dans ce qu'elle avait de plus immédiat et de plus concret :

chez le charron, le menuisier, le forgeron, le ferblantier, le cordonnier, dans l'atelier de réparations des machines agricoles, ou encore, selon la saison, chez le distillateur ou bouilleur de cru où les vapeurs d'alcool déliaient facilement les langues et se prêtaient à nouer quelque intrigue. J'apprenais de ces artisans parfois plus que dans un livre : en regardant ce qu'ils faisaient, en les écoutant dire à leurs clients ce qu'ils allaient faire pour eux.

C'est à cette époque que mes parents me mirent entre les mains un livre, célèbre à l'époque, originairement destiné aux élèves du cours moyen, dont le titre fut tout un programme pour des générations d'enfants : *Le Tour de la France par deux enfants*. L'auteur, tout imprégné de l'esprit des Lumières, laïque, républicain et patriote, avait fait paraître ce livre après la défaite militaire de 1870 et la chute du second Empire. Ce livre, je l'ai alors lu et relu avec l'attention aiguë d'un orpailleur, parce qu'il paraissait pleinement satisfaire mon besoin de m'instruire. J'appris plus tard que l'auteur, G. Bruno — pseudonyme emprunté à ce célèbre philosophe et savant italien, brûlé vif en 1600 par décision du Saint-Office, pour avoir professé la théorie héliocentrique — était l'épouse du philosophe Alfred Fouillée qui avait inventé le concept d'*Idée-force*, c'est-à-dire le concept d'une Idée qui, par cela seul qu'elle est comprise dans la pleine lumière de la conscience, tend à se réaliser en mobilisant, pour l'entraîner, la volonté toujours tendue vers l'idéal. Comme l'*Idée* de son mari philosophe, l'auteur de ce "Tour de la France" se voulait "suprêmement persuasive" et édifiante. Je fus tout de suite conquis par la promenade pédagogique de ces deux enfants, André et Julien qui, devenus orphelins dans leur Lorraine natale annexée en 1871, se retrouvaient contraints de se réfugier en France. Rempli de compassion et de curiosité, Lorrain moi aussi, je partais avec eux bien décidés, à leurs risques et périls, à faire le tour de la France afin de bien connaître leur patrie bien-aimée : sa géographie physique, ses ressources, ses régions, son économie, son industrie, son agriculture et ses travailleurs, bref, sa réalité visible et vivante. En relatant des situations exemplaires et des épisodes dramatiques, ce voyage me révélait l'opiniâtre volonté des hommes qui, partout, forcent la nature pour forger leur destin. Enfant d'une Lorraine naguère coupée en deux, j'étais, moi aussi, sensible à l'exaltation de la patrie ; je l'étais davantage encore à l'exaltation du devoir, des vertus d'honnêteté, de droiture, de justice et de solidarité : une exaltation qui, en traversant toute l'œuvre, lui donnait son souffle et son âme et qui peut, aujourd'hui, paraître à certains d'un autre âge. Mon admiration était portée à son comble, lorsque l'auteur faisait surgir, de la description d'une ville ou d'une région, tel ou tel grand homme qui y avait vécu pour s'y illustrer par une invention de génie. Ce Tour de la France, je l'ai refait plusieurs fois en relisant ce livre jusqu'à l'âge de 12 ans ; son optimisme volontariste était si persuasif que c'est sans réserve aucune que je m'inscrivais dans une telle perspective. Celle-ci, comme pour les deux garçons, avait pour moi la valeur initiatique d'un apprentissage de ce que devrait être une vie authentique qui ferait coïncider le civisme et le sens moral, l'amitié et la générosité, le bonheur et le travail bien fait. Edité en 1877, ce livre a été réédité depuis à de nombreuses reprises, la dernière en 2006 par les éditions Belin. Relu aujourd'hui, ce livre qui me captiva enfant, a gardé quelque chose de touchant : par son charme désuet, par son optimisme décidément volontariste, par la naïveté de ses intentions pédagogiques ; il demeure le témoignage d'une époque marquée par une inébranlable foi républicaine inspirée de la pensée des Lumières.

L'enthousiasme soulevé en moi par ce livre m'invitait à en relire un autre, je veux dire à faire et à refaire le Tour de mon village, ce livre gigantesque dont les familles étaient comme des chapitres eux aussi pleins de vie laborieuse, de mouvement et d'histoires, et tressés de rites, de bonheur et de drames. Ma relecture toute récente du *Tour de la France par deux enfants* me semblait, par son écriture limpide, soignée et lyrique, conférer une dignité supplémentaire à ces villageois bien réels qui, autour de moi, exerçaient leur métier avec compétence et souvent avec amour. Ces gens vivaient bien davantage que dans le livre de G. Bruno qui faisait la part trop belle à une sorte de petite encyclopédie naïve des métiers.

Ces humbles villageois qui n'avaient guère le loisir de lire et auraient pourtant voulu le faire, écrivaient d'une certaine manière leur livre : c'était un même livre, sans doute plein d'histoires, mais en même temps émaillé d'images verbales et d'expressions imagées dont j'admirais les trouvailles. Lorsque leur conversation prenait un ton vif pour qualifier un caractère, un comportement, une allure ou une démarche et pour stigmatiser un défaut, un vice, une passion, leur parole faisait alors fleurir, spontanément et, pour moi, de manière inattendue, des métaphores gorgées de vie, souvent osées, parfois cruelles, toujours rieuses. Parce que ces métaphores étaient empruntées à la riche diversité de leur monde quotidien, c'est-à-dire à tout le vocable organique et pulpeux de tous les corps humains, animaux, végétaux et minéraux, parce qu'elles étaient le résultat d'observations précises et répétées et de comparaisons pertinentes et malicieuses, parce qu'elles avaient l'air, à mes yeux étonnés, de créations improvisées, j'étais ébloui par ce langage savoureux qui ne m'était guère familier et me donnait l'impression qu'une même sève circulait dans le monde entier pour le mettre en relation avec toutes ses parties : dans un monde décloisonné qui retrouvait une unité symphonique que je n'avais jamais imaginée.

A Brauvilliers le temps social de la convivialité, parce qu'il faisait, par moments, oublier la dureté du labeur, avait son importance. Il était très structuré, selon des critères économiques : la fin de la moisson et le rite du cochon à tuer étaient les temps de réjouissances festives ; selon des critères familiaux ou religieux : une naissance, un baptême, une première communion, un enterrement étaient l'occasion d'amples et solennelles retrouvailles où, malgré les difficultés de l'épargne qui les avaient précédées, "l'on ne regardait pas à la dépense" ; des critères idéologiques ou politiques : l'esprit républicain ayant pris le pas sur les traditions et l'esprit religieux, la célébration du 14 juillet se dotait, pour une telle circonstance, d'un comité soucieux de lui donner un caractère festif de joyeuse et bruyante fraternité qui transcendait, pour un temps, les inévitables querelles de famille héritées de plusieurs générations. Le grand historien Fernand Braudel, né dans cette région où il avait passé son enfance, n'admettait pas qu'on pût professer ou répandre une conception "misérabiliste" de la vie des habitants de la campagne meusienne, dans un département pourtant pauvre. En octobre 1984, quelques mois avant sa mort, il m'avait demandé de lui adresser, sur ce point, un rapport en forme de témoignage dont les éléments essentiels devaient être intégrés dans le dernier tome de son *Identité de la France*. Ce que j'avais fait — ne fût-ce que pour rendre hommage à tous ces villageois pénétrés d'une chaleur humaine et qui, malgré la dureté de leur vie, savaient sourire et se montrer généreux.

J'étais très attiré par les ateliers des artisans qui, sans difficulté, acceptaient ma présence discrète auprès d'eux. Admiratif et intimidé par l'habileté de leur savoir-faire, je n'osais, malgré ma brûlante envie, les questionner sur le comment et le pourquoi de ce qu'ils faisaient avec une attention presque amoureuse ; une attention qui devenait la mienne en se portant plus particulièrement sur les gestes du charron-menuisier et du forgeron que je visitais plus souvent que les autres, sans doute parce que, en mesurant l'importance de leurs fonctions, j'en appréciais le caractère spectaculaire. Peu bavards, ils mesuraient leurs paroles en prenant tout leur temps pour se faire bien comprendre de leurs clients. Ils faisaient de même lorsque le sujet de la conversation, n'ayant plus rien à voir avec le métier, abordait une question ou une affaire qui occupait la vie des gens du village : par principe, ils se méfiaient de la rumeur comme si l'esprit de justice rejoignait en eux l'exigence professionnelle de justesse. Quand l'un ou l'autre, s'accordant un moment de répit, s'avisait de ma présence, il répondait à mes interrogations muettes en me montrant, gestes à l'appui, les outils dont il fallait se servir pour transformer tel matériau en objet fini. Je sens encore aujourd'hui l'odeur fumante, âcre et métallique de la forge où j'étais parfois admis à peser de tout mon poids pour actionner la large pédale de son énorme soufflet ; je sens aussi, combien plus douce et un peu sucrée et chocolatée, l'odeur des copeaux qui, sous l'effet d'un rabot, d'une varlope ou d'un ciseau, s'envolaient autour d'un meuble robuste ou d'un cercueil qui, soudain, avait cessé d'évoquer la mort. Des moments de bonheur.

D'une étonnante vitalité, nombre de ces artisans, de ces paysans, de ces bûcherons, de ces tailleurs de pierre et de ces carriers qui, à leur manière, écrivaient leur vie en travaillant très dur, cherchaient non pas à échapper à leur condition —

et comment, alors, auraient-ils pu le faire ? — mais à l'ouvrir à la culture : ils désiraient lire. Il y avait, à l'Ecole des Filles où demeurait notre famille, une bibliothèque qui desservait aussi l'Ecole des Garçons située à un autre bout du village, et que mes parents, d'année en année, s'efforçaient d'enrichir. C'était un vaste placard qui s'élevait jusqu'au plafond et occupait une large moitié du fond de la salle de classe. Juste avant la sortie des élèves, les mercredis et samedis après-midi étaient consacrés à la remise et à la distribution des livres ; les élèves, groupés autour de ce Saint des Saints, faisaient silence et attendaient ; parfois ils s'interrogeaient entre eux, en chuchotant, sur le choix qu'ils s'apprêtaient à faire : tant de voyages à entreprendre ! Tant d'aventures à risques ! Mes parents guidaient leur choix. Mais ces enfants étaient venus aussi avec une mission : revenir à la maison avec un livre pour un père, une mère, des grands-parents qui n'avaient pas les moyens d'en acheter. Parfois c'était l'adulte commanditaire qui s'enhardissait à venir lui-même chercher "quelque chose pour embellir ma soirée en me faisant oublier mes soucis" ou encore "pour voyager dimanche sans me fatiguer ; et dimanche, Mr l'instituteur, je ne ferai que ça !" Pénétrés d'une sorte de gravité sacrale, ils repartaient les uns et les autres avec Dickens, W. Scott, Alexandre Dumas, Hugo, H. Malot, René Bazin, Alphonse Daudet, G. Sand, Pérochon, Barbusse, Dorgelès, Loti et Zola : ils étaient leurs auteurs préférés. Ces livres avaient l'air parfois, me semblait-il, de s'envoler comme des graines et, les lecteurs partis, mes parents refermaient les portes du temple sur des espaces vides, ce dont ils se réjouissaient. Ces hommes et ces femmes disaient ensuite le vif intérêt qu'ils avaient pris à leurs lectures ; ils en parlaient avec un vocabulaire naïf en revivant parfois leurs émotions de lecteurs, en reconnaissant qu'il leur était devenu difficile de renouer avec les mécanismes et les règles de la grammaire, de la syntaxe et de se saisir du sens des mots dont ils n'avaient jamais eu l'usage. Peu importait : ils passaient outre en songeant avec fierté et honneur qu'ils avaient déjà — ou auraient plus tard — accroché au mur de la cuisine ou de la salle à manger et bien encadré, ce fameux Certificat d'études obtenu par l'un de leurs enfants : la clé d'entrée dans une Ecole primaire supérieure qui ouvrirait la voie à une carrière d'instituteur.

Les difficultés à lire et à écrire auxquelles se heurtaient les jeunes adultes les avaient conduits, appuyés par le Conseil municipal, à demander à mon père de créer et d'animer pendant les longues soirées d'hiver — à l'époque où n'existaient ni Internet, ni les jeux vidéo, ni la télévision, ni même la radio alors rarissime — ce qu'on appelait des "Cours d'Adultes" qui avaient lieu après le repas du soir ; ils étaient axés sur le réapprentissage d'un savoir-faire général : savoir lire, savoir écrire, savoir parler, savoir compter ; s'y ajoutaient des cours élémentaires d'agriculture. Parmi ces grands élèves beaucoup, à la fin du cours, demandaient à mon père (dont j'entendais la voix à travers la cloison qui séparait ma chambre de la salle de classe) de leur lire, comme une sorte de faveur ou de récompense, des textes de Hugo ; et je m'endormais sur le rythme ample et chantant du *Mariage de Roland*, de *Booz endormi* ou de *La Conscience*.

Au fur et à mesure de mes lectures, je mesurais toute la distance qui sépare le langage parlé du langage écrit, un fossé que je me promettais de franchir en m'efforçant de parler comme on écrit.

Certes, j'avais beaucoup appris du parler des artisans, qui, comme leurs gestes, était simple, mesuré, précis comme s'ils taillaient dans la masse des mots ou les sculptaient dans celle de leur matériau. Pourtant, plus je multipliais mes lectures, moins le langage parlé me semblait avoir le même intérêt. Sous les mots de tous les jours, il y avait beaucoup d'insignifiance ; j'entendais surtout le ton des voix souvent agitées par des mouvements de gosier mal réglés, modulées selon l'humeur par des accents prêtant à rire ou, de façon un peu inquiétante, secouées par des contractures du larynx et un débit haché ; je notais que, dans la discussion à laquelle il m'arrivait d'assister depuis la porte ouverte d'un bistrot, les voix, en s'échauffant, précipitent les mots les uns sur les autres en les lançant comme des couteaux. Ainsi étaient jetés pêle-mêle au milieu du débat : ressentiments, reproches, hargne, mépris, colère, vindicte, au détriment d'une solide argumentation que j'attendais en vain. Cette invasion de la physiologie des passions dans le discours parlé me choquait et justifiait la nécessité de son redressement, comme j'avais entendu certains adultes le faire : bien poser sa voix, bien choisir ses premiers mots et leur débit, bien balancer sa première phrase pour conjurer l'irruption de tout débordement, et s'astreindre dans l'échauffement à une respiration régulière. Aujourd'hui encore, le langage parlé, mal surveillé, me paraît décevant par son flou, ses indéterminations, ses incertitudes, sa fadeur ou son simplisme : s'il est parfois un cimetière de signes, il est, heureusement, un spectacle qui doit moins à ce qu'il dit qu'à la manière dont il le dit ; récréatif, il est à sa manière instructif !!

Dans mes lectures, je pressentais le caractère sacré de l'écriture ; j'ignorais alors qu'elle avait eu ce caractère dès son origine, parce que, conféré à l'écriture, il permettait — et permet encore — d'asseoir le pouvoir politique et le pouvoir religieux, en garantissant leur légitimité et leur autorité. L'écriture est en effet capable de définir ce qui n'était que flou, elle rend assuré ce qui n'était qu'incertain, elle fixe ce qui sans elle ne fait que passer, elle peut transmettre fidèlement ce que la mémoire vient d'acquérir : références, récits, croyances, mythes et savoirs. Ebloui par tant de pouvoirs, je fis de l'écriture le lieu des vérités à établir, le lieu de la beauté à édifier, et l'espace des mondes imaginaires à inventer. Sécrétés par l'écriture, ces derniers en s'ajoutant au monde réel, me paraissaient confusément avoir des liens étroits avec lui. N'étaient-ils qu'un ensemble de reflets plus ou moins déformés du monde tangible ? Il me semblait plutôt que tout bon livre, comme ceux que je lisais, ne pouvait qu'en être un approfondissement, une remise en forme, une nouvelle mise en perspectives et ne devait se saisir de la fiction que pour extraire et exprimer "la vérité vraie" de l'existence humaine — ce que, pensais-je, l'improvisation dans une simple conversation ou dans une discussion ne permettra sans doute jamais. La naïveté de cet idéalisme consacrant la coupure radicale entre le langage écrit et le langage oral ne m'apparut, évidemment, que bien plus tard.

Je n'avais pas alors perçu à quel point la langue orale avait l'énorme avantage de s'offrir à l'oreille et même à l'œil, comme un spectacle vivant, chaleureux, et fleuri d'images savoureuses improvisées ou empruntées au parler populaire. Ainsi est-elle plus libre que la langue écrite, puisque les pressions normatives qui s'exercent sur elle sont moins fortes que celles pesant sur la langue écrite dont l'usage est toujours surveillé. Car c'est directement et concrètement qu'elle se réfère au sujet qui parle : un sujet se livre en s'exprimant à travers la gamme virtuellement infinie de ses intonations aux nuances également infinies. Ainsi se signifie tout un clavier d'émotions et de sentiments que modulent ou renforcent des variations d'intensité de la voix, des variations de rythme, de hauteur, de temps de pause et de silence. Les intonations sont un peu comme un visage, mais beaucoup plus significatives que lui parce que moins soumises à des codes et qu'elles échappent facilement à un contrôle de soi sur soi. Elles dessinent une courbe mélodique dont les valeurs expressives sont redoublées, confirmées ou même infirmées, renforcées, nuancées par les mimiques du visage et des gestes. Je découvris plus tard que ce discours chantant et musicalisé s'étendait comme un jardin phonétique et sémantique, quelque peu théâtralisé, qui pouvait être perçu poétiquement ; je découvrais tardivement, à l'âge adolescent, que cette sorte d'incantation du parlé et du parlé-chanté était reprise, pour y être transposée et transformée, par les mondes du théâtre et de la littérature modernes ; des mondes qui jettent des ponts entre le parler et l'écrit et qui, avec des moyens et des techniques très variés, demandent à la voix qui parle de leur apporter un mouvement de spontanéité, un souffle de chaleur : un surcroît de vie qui se joue de la contrainte de codes de l'écriture et de la représentation.

Les pionniers de la nouvelle invasion "sauvage" de la langue parlée dans l'écriture littéraire voulaient — comme Céline, Joyce, Miller, Queneau ou Frédéric Dard par exemple — casser et bousculer les codes séculaires de la langue, inscrits dans un sacro-saint héritage culturel ; mais ces pionniers n'ont jamais vraiment reproduit la langue de leur époque parlée dans tel ou tel milieu social. En réalité, ils en ont seulement imité le mouvement, la spontanéité ou l'audace ; c'est au fil de leurs œuvres qu'ils l'ont réinventée ou même, comme Céline, qu'ils ont inventé la leur : leur langage parlé s'est retrouvé tributaire d'une écriture singulière. Tel est, dans le domaine des Lettres, le primat de l'écriture qui s'invente un ton, un style, une vision, un vocabulaire.

L'écriture se donne du temps, comme la lecture permet de le faire. Inscrit dans une relation directe de communication, le langage parlé est privé de cette durée qui permet reprises, retours en arrière, corrections, rectifications ; impatient de dire et d'affirmer, il n'est pas taraudé par le souci de justesse, de rigueur et de pertinence.

Tout ce qui fait cette opposition, je le sentais, vers sept ou huit ans, très nettement sans pouvoir, bien sûr, l'expliciter. Je sentais aussi, en écoutant le parler mesuré, structuré, surveillé de certains artisans du village, lecteurs de romans du XIXe siècle, qu'une telle opposition devait être relativisée et dialectisée ; je percevais que ces deux usages antagonistes de la langue, par la différence de leurs fonctions et leurs caractères propres, les rendent complémentaires l'un de l'autre : la familiarité de l'écrit apprend à donner au parler clarté, précision et rigueur ; en retour, une écoute attentive de ce dernier peut conférer à l'écrit vivacité, spontanéité et même exubérance : mes parents m'en offraient l'exemple dans l'exercice de leur métier. Mais je restais convaincu, en raison de mon amour des livres, que l'écriture l'emportait de beaucoup sur le langage parlé. Je le suis resté ; à mes élèves à qui j'enseignais naguère la philosophie, j'ai souvent conseillé, pour donner plus de consistance à une discussion, de parler comme on écrit.

Ce que j'ai d'ailleurs tenté de faire dès que j'ai été en mesure, à l'école primaire, d'apprécier un texte littéraire.

A mes risques et périls.

Un jour de printemps en début d'après-midi, alors que je me rendais à l'école où se trouvait déjà mon père pour y préparer le tableau noir, alors que je ployais sous mon sac d'écolier bourré de livres dont certains étaient destinés à trois camarades amateurs de récits d'aventures, ce fut une aventure réelle qui m'arriva : je fus, sur la place du village, brusquement arrêté par un grand gaillard trapu de 17 ou 18 ans qui me barra le chemin, les bras en croix, comme un épouvantail. La place était déserte, à l'exception de ce garçon prénommé Maurice, entouré d'un petit groupe de jeunes gens dont il paraissait être le meneur : "Halte ! Hé, le fils de l'instituteur ! Assez de jouer au fils d'instituteur !" Dans ses paroles, une violence réelle, qu'il s'efforçait tout de même de contenir dans ses gestes. Bavard, il poursuivait sa diatribe sans vouloir y mettre fin. "Tu causes bien, tu causes trop bien, tu causes trop ! Regardez-moi ce petit monsieur, il se prend pour un vrai monsieur, c'est un livre ambulant… Tes airs de poseur, avec moi ça ne marche pas !" Assommé par cette volée de bois vert inattendue, je suis dans l'incapacité de répondre et de me défendre, ne serait-ce que par un mot ou un geste de dénégation. Autour de lui, ses copains nous regardent tour à tour, lui et moi, stupéfaits d'une attaque aussi inattendue, un peu gênés, attendant la suite et muets. Mal résigné à accepter des propos aussi venimeux qui me paraissent profondément injustifiés, je sens monter en moi une indignation rageuse contre ces attaques faisant de mon père — qui ne l'avait jamais eu comme élève — et de moi une même cible, car elles me paraissent viser mon père à travers moi et surtout moi à travers lui ; je cesse d'écouter les mots qui me sont lancés comme des poignards ; une voix apitoyée et ferme sort du groupe : "Maurice, ça suffit, laisse-le passer". Je reprends le chemin de l'école, assommé, humilié par la dure leçon qui vient de m'être assénée en public. Suis-je vraiment un cabotin ? M'étais-je cru et montré d'une essence supérieure au point de paraître vivre au-dessus des autres et au-dessus de mes moyens ? Pour me rassurer, je me disais que ce satané Maurice, réputé pour sa jactance, en avait rajouté parce qu'il avait autour de lui un public plutôt complaisant. Mais l'idée s'imposait que, dans ses invectives, il y avait quelque chose de vrai, quelque chose que je cherchais à minimiser parce que ses paroles avaient la grossièreté et l'exagération des invectives. Je n'en dis rien à mon père qui, lui aussi, se serait senti blessé. Ma colère s'effaça peu à peu, lorsque je songeai au dur métier de carrier que, par tous les temps et durant de longues journées, Maurice exerçait. Un métier harassant qui donnait soif de bière et de vin, et portait ainsi certains carriers à en consommer jusqu'à sept litres par jour, avec toutes les conséquences désastreuses qu'on peut imaginer. Maurice, qui maudissait son métier, ne buvait pas — il pouvait donc être plus crédible qu'un alcoolique. Le "petit monsieur" que selon lui j'étais "en avait pris pour son grade" et se souviendrait de ne pas trop paraître dans la vie courante celui qui sait, et de ne pas jouer à l'intellectuel ; aussi, est-ce discrètement et sans un mot — j'en rajoutais donc dans le domaine de l'humilité — que, quelques instants plus tard dans la cour de récréation, je remis à mes camarades les livres que je leur avais promis de leur prêter. Je sentais confusément que je devrais, dans l'avenir, m'efforcer d'introduire dans toute conversation quelque chose de la simplicité et de la spontanéité du langage parlé, sans toutefois renoncer à une certaine rigueur sans laquelle il n'y a plus de réflexion qui tienne debout.

Après cet incident qui prit pour moi la valeur d'un événement, ce grand diable de Maurice et moi, nous nous sommes souvent croisés dans les rues du village, sans jamais oser nous aborder : en le regardant du coin de l'œil je devinais dans son regard oblique, comme sans doute lui aussi dans le mien, qu'il l'aurait souhaité sans pouvoir, comme moi, s'y résoudre. Je fus heureux d'apprendre que, au cours des semaines qui suivirent l'événement, il s'inscrivit au Cours d'adultes qu'il fréquenta, selon mon père, assidûment.

Pour la première fois, j'avais découvert avec tristesse et quelque mauvaise conscience, qu'il existait un ressentiment — parfois profond et tressé d'un mélange d'admiration jalouse, d'hostilité et d'un sentiment d'injustice — à l'égard de ceux qui ont le privilège de posséder quelque culture ou quelque savoir : un ressentiment éprouvé et manifesté par des hommes qui en sont privés parce qu'ils sont maintenus, par leur naissance et leur situation sociale, dans un état d'inculture dont quelques-uns, par chance ou par mérite, cherchent à sortir. Ce modeste tremplin que furent pour Maurice les cours du soir, s'en est-il servi pour se délivrer d'un harassant labeur, et devenir, à ses moments de loisirs, un lecteur "de bons " livres ?

Cette rencontre inoubliable m'a profondément marqué. Inculte, ce brutal accusateur et donneur de leçons n'avait pas perdu son temps et ne m'avait pas fait perdre le mien : peut-être n'y avait-il eu, au terme de ce duel inégal, que des vainqueurs. C'est à ce moment-là, j'avais alors huit ou neuf ans, que ma décision fut prise de mettre plus tard ce que je saurais (ou croirais savoir) à la disposition du plus grand nombre possible. Dès lors, intuitivement convaincu de l'utilité, selon une formule républicaine, d' "une élite pour tous", je savais déjà que j'exercerais le métier d'enseignant. Préparée par l'admiration affectueuse que je vouais à mes parents pour la noblesse de leur métier, ma décision, je ne l'ignorais pas, se fondait sur un mélange d'humilité et d'orgueil, métissage dont est souvent tissée la générosité pour peu qu'une telle vertu s'auréole, secrètement, d'une intime satisfaction de soi. Plus tard enfin, dans l'exercice de mon second "métier", celui d'écrivain-essayiste, je me suis efforcé d'éviter le jargon des spécialistes, la technicité rebutante du langage propre à certaines disciplines : afin d'atteindre un public qui ne soit pas exclusivement universitaire, qui ait le goût de la réflexion et, plus précisément, qui soit sensible aux choses de l'art et porté à la réflexion sur l'art, car je n'ignorais pas la nécessité et la difficulté d'accorder clarté et complexité, facilité d'accès et rigueur ; mais j'ignore, aujourd'hui encore, si j'y suis pleinement parvenu. Plusieurs décennies après, je garde la conviction que la providence a mis sur mon chemin un homme inculte qui, par l'expression de son ressentiment, a semblé percevoir et éveiller en moi une vocation pour l'assortir d'un bénéfique avertissement.

Une quinzaine d'années plus tard, un incident de ce genre se reproduisit ; un incident seulement et non un événement. C'était au début de ma détention au camp de concentration de Schömberg, alors que, dans un désarroi absolu, j'étais encore sans ressort. Hargneux, un détenu que je connaissais mal et que je ne m'étais pas résolu à tutoyer m'aborda brusquement pour me reprocher de "jouer à l'étudiant et au fils de maître d'école, de ne pas parler comme tout le monde", et il termina ainsi : "Tes bonnes manières, tu peux te les mettre au cul, ici ça ne sert à rien, comme les livres". Je n'avais pas bronché, mais j'avais noté que sa force de brute lui avait permis de s'adapter très vite à notre condition et de bien tenir le coup. Comme cette claque m'avait tout de même secoué et fait du bien, le lendemain je l'ai remercié de ses conseils en le tutoyant.

Ma rencontre avec le jeune carrier eut pour effet direct de renforcer mon désir de lire, d'abord pour enrichir mon savoir de mots et ma connaissance des affects. En m'apostrophant, il avait réussi à trouver sans difficulté les mots les plus blessants, alors que je n'en avais pas trouvé un seul pour riposter. Je m'imaginais que, pour éviter la panne de mots bien ajustés à la situation, il me fallait multiplier mes lectures et repartir plus que jamais à la chasse aux mots. Lorsque je n'en comprenais pas le sens, je les sentais résister comme des choses lourdes à porter, d'une obscure opacité, et jalousement refermés sur eux-mêmes comme des forteresses. Tantôt je comptais sur la suite de la phrase pour en délivrer le sens, tantôt je recourais, impatient, au petit Larousse, et c'était alors une promenade sans fin ; le mot initial me renvoyait à sa définition dont l'un des termes réclamait à son tour l'éclairage de sa propre définition, et ainsi de suite. Je m'émerveillais d'abord d'une poursuite qui me permettait d'accumuler de proche en proche ces menus trésors de sens ; mais j'étais pris de vertige devant un infini ouvert à une recherche qui m'emmenait si loin que j'en oubliais le point départ et le livre qui l'avaient sollicitée. Une grande lassitude proche de l'ivresse mettait fin à cette impossible quête où les mots du dictionnaire, abandonnant leur sens, semblaient s'évanouir dans un rêve pour disparaître dans le cortège d'une phrase que je n'étais plus capable de lire. Mais je m'étais tout de même enrichi, avec le sentiment d'avoir pris d'assaut les morceaux d'un monde qui m'avait résisté.

A ce nouveau vocabulaire je demandais surtout, plus qu'un savoir d'objets ou un savoir d'idées : un savoir d'affects. La vie au village et surtout l'épisode fertile en émotions où Maurice avait fait de moi une cible, m'avaient convaincu de l'importance capitale de la sensibilité affective dans la relation avec les autres. Si c'est sur ce terrain que je découvrais qu'une même situation pouvait produire chez ses protagonistes un mélange détonant d'émotions et de sentiments aussi divers que la jalousie, l'admiration, le ressentiment, la joie, la colère, la pitié, la tristesse ou le remords, c'est dans les romans que je faisais l'apprentissage des déclinaisons et des nuances dont peut se revêtir ou se colorer un même sentiment. Il me semblait même, comme le permet souvent la musique, éprouver des sentiments que je n'avais jamais vécus ni soupçonnés jusque-là. En outre, je découvrais peu à peu cette étonnante et inquiétante ambivalence des sentiments qu'un enfant (persuadé qu'un sentiment, tout d'une pièce, ne peut envelopper son contraire ou lui être lié) ne soupçonne parfois que très confusément. Peut-il en effet concevoir clairement que l'amour puisse s'assombrir de haine, qu'il y ait de l'envie ou de la jalousie dans l'admiration, du mépris dans la pitié, du ressentiment dans la gratitude, du plaisir dans la mélancolie ou même la tristesse, de l'amour de soi dans la générosité, de l'orgueil dans l'humilité ? Certes, ce très lent lever de rideau sur le spectacle de la vie affective dans tout roman, sur cette lumière noire qui traversait les sentiments et les passions, m'effrayait un peu ; mais il me révélait pour la première fois le monde complexe des relations de soi avec les autres, de soi avec soi-même et, de façon plus générale, la riche sphère de la sensibilité affective existentielle dont les frémissements incessants chez l'enfant, que soupçonnent peu les adultes, sont, à la longue, une invitation à la maîtrise de soi.

Les romans à forte charge affective avaient alors ma préférence. Sans renoncer à mon désir de m'instruire — en allant avec l'auteur par monts et par vaux et de ville en ville — j'allais d'abord vers des auteurs qui n'épargnaient pas leurs lecteurs de cette forte charge émotive qu'il leur faisait partager dans de délicieux bouleversements : les attentes angoissées de ce qui va arriver, ou les folles espérances que l'auteur, à propos d'un drame, laisse entrevoir. C'était par exemple Hector Malot et son roman *Sans Famille* dont le ton, par sa familiarité et sa gravité, semble s'adresser d'abord à des enfants. Un dosage très équilibré mêlait l'agrément des descriptions de situations concrètes et pittoresques, à la gravité éprouvante d'épisodes particulièrement dramatiques. J'épousais affectivement la trajectoire de l'existence de Rémi, enfant trouvé, qui savait, par ses qualités de cœur et d'intelligence, se faire aimer, même de ses animaux, ses compagnons de théâtre ou de cirque ambulants ; toute sa petite troupe, Rémi savait aussi la mener et l'animer de village en village pour y jouer, avec les musiciens, la comédie de la vie ; mais tout ce petit monde devait affronter la faim, le froid, la maladie, la menace de la misère, de la prison et de la mort. C'en était trop pour la sensibilité du lecteur également mise à rude épreuve. Mais le jeune héros prétendait, malgré tout, "avoir du courage dans les jambes" et poursuivait sa route. Après la traversée périlleuse d'innombrables péripéties, tout, heureusement, finissait bien. Quel immense soulagement ! Il me semblait que l'auteur, le livre refermé, persistait à susurrer à l'oreille de son lecteur, cet impératif catégorique : "Ne jamais abandonner !"

Il m'arrivait de passer par des périodes où j'éprouvais un vif besoin d'admirer : non pour imiter le personnage admirable, mais parce que je ressentais dans l'admiration une force qui m'élevait et me haussait non seulement au-dessus de la platitude répétitive du quotidien, mais au-dessus de moi-même. Pour m'approprier cette force de dépassement, il me fallait donc des héros, et le héros que je préférais entre tous ceux que je fréquentais, c'était Michel Strogoff ; il me fascinait. Ce personnage hors du commun, taillé comme un colosse et chargé par le tsar d'une mission extrêmement périlleuse, je l'accompagnais, sans le lâcher d'une semelle, dans sa traversée de l'immensité sibérienne. D'extraordinaires et multiples péripéties, dont je souhaitais que, vite, quelqu'un vînt le tirer, lui faisaient risquer sa vie mille fois, et subir in fine le supplice de l'aveuglement par le feu. Et puis, c'était le bonheur d'une fin heureuse qui, si elle ne l'avait pas été, m'aurait rendu malheureux. J'en étais reconnaissant à Jules Verne : la révolte des hordes tartares était matée, son chef, le sinistre Ogareff puni, la mission accomplie, la Russie sauvée, la mère du héros retrouvée et, Michel et Nadia pouvaient enfin connaître le bonheur de s'aimer. Le livre refermé, je restais encore captivé par la puissance d'évocation des descriptions, par l'intensité et la violence dramatiques de nombreux épisodes inscrits dans le décor de situations barbares ; mais surtout, l'extraordinaire figure de Michel Strogoff me transportait d'admiration : tant de courage poussé jusqu'à la témérité ! Tant de fidélité à sa mission ! Tant de dévouement et d'abnégation inspirés par le sens du devoir et de l'honneur ! Et surtout, pour couronner toutes ces vertus, tant d'énergie pour écarter toutes les figures de la mort ! Jusqu'à l'âge de 11 ou 12 ans, ce livre sans pareil, je l'ai plusieurs fois relu : parce que le sublime, malgré ses côtés effrayants, est la nourriture spirituelle de tout enfant qui veut s'émanciper de son enfance et devenir adulte.

Toujours à la même époque, je sentais que la justice est une exigence essentielle ; elle s'était aiguisée en moi par le spectacle éprouvant de quelques enfants malmenant des enfants plus faibles ou, parfois, des vieillards sans défense, et qui exerçaient sur eux une injustifiable cruauté — une cruauté qui leur était devenue presque familière pour l'avoir déjà exercée sur des animaux du village : il m'était arrivé d'intervenir, chaque fois en vain et à mes dépens. Cela m'était spontanément intolérable et, ayant ainsi appris la vertu d'indignation, j'éprouvais le besoin de la nourrir, de la fortifier en lui offrant de nouveaux objets. C'est alors que mes parents m'offrirent le chef-d'œuvre de Dickens, *David*

Copperfield. Certes, il y avait, d'abord, quelque chose qui me déconcertait dans ce livre : sa climatique d'horreur liée à un fantastique tissé de déformations, d'exagérations, d'outrances que l'auteur faisait subir au réel pour lui donner sa dimension de cauchemar. C'est bien d'un cauchemar dont l'enfance de David Copperfield prend l'aspect ; cet enfant replié sur soi, muet de crainte et de terreur, assoiffé de considération et de tendresse, peine à se révolter, et le lecteur voudrait tellement l'aider à le faire ! Dickens montrait en les dénonçant : le sort et les torts cruels faits à l'enfance dans un contexte d'injustice et de malheur social, et la corruption des relations humaines au sein d'un système dans lequel des forces dominantes, représentées par une poignée de nantis, exploitent la majorité des hommes. Dans ces récits où le lecteur monte et descend les degrés de la hiérarchie sociale, j'éprouvais une compassion secouée par la véhémence d'un souffle de révolte qui me projetait des bas-fonds de la société aux fausses dorures de son hypocrite surface chargée de masquer l'égoïsme et la puissance cynique des dominants. Je me penchais avec tendresse et inquiétude sur le sort de David : comment cet enfant pauvre et malheureux allait-il, dans une telle société, pouvoir accéder à l'aisance, à la fortune et au bonheur ? Certes, dans ce récit complexe, abondant, touffu et un peu cahotant, il m'arrivait de perdre pied, mais, dans la vaine attente de vrais tribunaux de justice, je me sentais de plus en plus devenir, dans mes moments d'impatience et de colère, une sorte de justicier qui ne regarderait pas trop aux moyens à employer.

Ma relation avec l'auteur d'un roman était assez complexe, parce que j'en attendais beaucoup.

Dès les premières pages d'un livre, je me sentais appelé à pénétrer dans de nouveaux espaces, à me couler dans de nouveaux temps, comme y invitaient diversement, de façon imagée, les éditions Hetzel qui réservaient par exemple à la couverture de *Sans Famille* d'Hector Malot un portique à colonnes ; et mieux encore, à celle de romans de Jules Verne : une jetée, un bateau, un ballon, un globe terrestre, une quantité de plantes, d'animaux et de paysages exotiques, sans oublier le célèbre décor au rideau rouge de théâtre à glands d'or : tout y était imaginé pour faire retentir un chant du départ. De fait, c'était le ton pris par un auteur qui m'engageait vivement à poursuivre ma lecture ; il me fallait entendre sa voix et ses inflexions qui étaient sa façon à lui de me mettre doucement ou fermement la main sur l'épaule, de me prendre par le bras avec amitié ou autorité, ou encore de me chuchoter à l'oreille des paroles d'encouragement à poursuivre, ou d'apaisement lorsqu'il venait de faire peser sur moi une charge émotive excessive. A cette présence très personnelle d'un auteur jamais indifférent à son lecteur, ni aux actions et aux réactions de ses personnages dont il était le père attentif, complaisant ou sévère, à cette présence presque palpable, j'étais réceptif et très sensible.

J'attendais de cette présence qu'elle me renseignât sur un sujet ou plutôt sur une question que je n'osais et ne pouvais aborder tout seul ou avec mon entourage : comment vivre en s'accommodant de la mort et des multiples figures qu'elle projette sur la vie ? Je ne me souciais pas de ma propre mort ; certes, je savais que, comme tout le monde, je mourrais un jour, mais ce jour était si lointain qu'il en était improbable, que ce savoir abstrait ne me concernait pas personnellement ; le sentiment de la vie est si vif chez l'enfant qu'il ne se sent guère exposé à la mort et que, attaché tout entier au présent, il se sent éternel. Pourtant, dans mon village, la mort se rendait régulièrement présente et on y faisait grand cas des morts avec les rites de leur toilette et de leur mise en bière, ainsi qu'avec le récit de leur agonie et de leurs derniers moments, récits que l'on faisait circuler. La frayeur que j'en éprouvais nourrissait ma peur panique des morts à tel point qu'elle occultait la question que je me posais sur ce qui se passait ensuite pour eux. Ma plus grande crainte était la mort, toujours possible, de l'un ou l'autre de mes proches lorsque venait l'affecter une douleur ou une quelconque indisposition. C'est ainsi que la mort, avant de sculpter les cadavres, ne se profilait à mes yeux, dans la vie et surtout dans les livres, qu'à travers les innombrables figures qui paraissaient l'annoncer : une maladie, une infirmité, la souffrance, la misère, l'injustice, le chagrin, le désespoir, et même les échecs. Autant de vies mutilées, c'est-à-dire de morts partielles. Lorsque, au cours d'une de mes lectures, l'un ou l'autre de ces pions avancés de la mort venait se poser sur l'existence de l'un des personnages auxquels je m'étais attaché, je craignais pour son avenir en reprochant à l'écrivain sa cruauté, surtout lorsqu'il en faisait la victime d'une injustice, et d'une vindicte haineuse. J'en étais vite arrivé à haïr cette autre et terrible figure de la mort qu'est la haine, puisque la haine, comme tout bon écrivain le fait sentir, est le désir de la mort de l'autre, et qu'elle est toujours prête à trouver autour d'elle une proie susceptible de l'assouvir. J'apprenais — et je me suis souvenu de la leçon dans les années 40 — que la haine, appelant la haine, mérite à son tour d'être haïe.

Ce point de vue, non sur la mort elle-même mais sur ses figures, me permit, avant l'âge adolescent, d'asseoir une distinction entre plusieurs catégories d'êtres humains ; une distinction — sans doute simpliste que, aujourd'hui, tout en la nuançant je n'ai pas abandonnée — que je faisais d'accord avec mes jeunes amis : entre "les méchants", ceux qui cultivent les mauvaises passions, comme les jaloux, les intolérants, les haineux et autres destructeurs de vie, puis ceux qui cultivent le sens du défi en luttant contre toutes les figures de la mort pour augmenter la vie, et ceux, enfin, que nous appelions "les résignés" qui, sans colère, sans élan, sans courage, ne savaient pas relever la tête et abandonnaient toute défense pour s'enfermer dans l'univers du morne, ce qui, compte tenu de leur faiblesse native, subie ou acceptée, était peut-être leur seule défense possible. Ces malheureux, que nous plaignions, étaient-ils plus nombreux dans la réalité que dans les livres où ils ne nous paraissaient être qu'une minorité ? La question restait sans réponse.

Que de héros de romans étaient enfermés dans la cage d'un destin qui les rendaient prisonniers de la répétition des mêmes gestes, des mêmes comportements, des mêmes réactions face à des situations aussi bien analogues que différentes. Dans cette prison flottait comme une odeur de mort, celle de la mort d'une liberté qui, par un choix irréfléchi opéré une fois pour toutes, semblait avoir renoncé à elle-même ; c'était par exemple le cas de ces personnages balzaciens à idées fixes qui, si elles les rendaient fascinants, en faisaient des êtres dangereux pour les autres et pour eux-mêmes : ils inquiétaient. La mécanique de l'existence de ces captifs d'eux-mêmes et donc de leur créateur était bien huilée, et je reprochais à des auteurs aussi talentueux que Dickens, Balzac, Mérimée ou Zola (découvert plus tard) de ne pas épargner leurs personnages : ils avaient la cruauté, lorsque l'un de leurs héros tentait une ouverture pour échapper à son enfermement, d'inventer une circonstance permettant à son destin de le rattraper : pour sa perte. Implacable magicien, l'auteur, au moment où il semblait lui donner quelque chance alors qu'il tenait son héros bien dans sa main, lui retirait brutalement et sa main et sa chance, dans un suspense qui ne me paraissait délicieux que pour l'auteur ; je ne pardonnais guère à ce démiurge, non seulement de jouer avec les nerfs de son lecteur, mais aussi de jouer abusivement du pouvoir de vie et du pouvoir de mort qu'il s'était souverainement attribués — surtout lorsqu'il faisait mourir dans la force ou la jeunesse de l'âge un être dont la tête était pleine de projets. Je rêvais alors — comme plus tard, sous l'occupation nazie, je rêverais de renverser avec d'autres le cours de l'Histoire (avec un grand H) — je rêvais alors de me substituer à l'auteur pour renverser, au moment le plus tragique, le cours de l'histoire qu'il racontait, et pour changer l'issue tant redoutée dont il menaçait à la fois son héros et son lecteur. J'en arrivais naïvement à douter de la valeur morale d'un tel auteur et de son esprit d'humanité mis à mal par un pessimisme sans pitié. Mais ce n'était là qu'une réaction d'humeur de ma part puisque, curieux de la suite des événements, je poursuivais résolument ma lecture pour concéder au maître des destinées tous les pouvoirs qu'il voulait, tant le plaisir évident qu'il éprouvait à écrire était presque devenu celui que j'avais à le lire. C'est le plaisir du texte qui l'emportait.

Dès lors, les ombres terribles de la Nuit me semblaient écartées par une langue qui, même en évoquant le malheur et les grandes catastrophes, semblait, par son ton, son souffle et la grandeur de sa vision, porter, réconforter et transfigurer le héros malheureux en opposant aux figures du mal et du malheur la célébration et le triomphe de la Vie.

Il y avait un livre, à l'extrémité de la rangée des livres dressés sur le bureau de la classe de ma mère, un livre qui n'était pas un vrai livre. D'un livre, il en avait l'apparence : d'un format semblable à un missel qui pouvait tenir dans l'ouverture des deux mains, il présentait une reliure d'un éclat de bronze doré et on pouvait l'ouvrir ; mais il n'y avait rien dedans, sinon un espace vide et, quand on le refermait, il faisait retentir un claquement sec : il était en bois. C'était en effet un claquoir chu de l'héritage d'une cousine qui, vers la fin du XIXe siècle, exerçait comme un sacerdoce le métier d'institutrice dans une école chrétienne : honorée dans sa petite bourgade, cette personne, dont l'image avait traversé et enjambé toute une lignée familiale durant des décennies, était, rappelait-on, une femme de caractère, d'autorité et de foi : elle se servait de cet outil pédagogique pour scander le début et la fin des différents exercices scolaires et de leurs étapes et, en même temps, pour assurer la discipline la plus stricte dont ce claquoir était un bref mais brutal rappel à l'ordre. A ce symbole d'ordre et d'autorité qui témoignait d'une époque révolue, ma mère tenait beaucoup ; mais elle ne s'en servait que rarement : lorsqu'elle le sortait de la poche de son tablier pour préluder aux exercices de calcul mental ; en le faisant claquer, elle signifiait l'arrêt de ces derniers aux jeunes têtes attentives qui faisaient cercle autour d'elle ; elle donnait ainsi le signal de l'inscription immédiate sur les ardoises du résultat de leurs opérations. C'était un procédé sonore et sans appel qui, je m'en souviens, avait la vertu de stimuler l'effort mental, de provoquer une émulation entre les participants à cette compétition où il fallait rivaliser de vitesse ; ce qui avait pour effet, même chez les plus lents, de rendre l'exercice plus attrayant. Mais dans ce faux livre, je voyais surtout le symbole de l'autorité des vrais livres, de leur capacité à surprendre pour réveiller, afin de mobiliser et d'aiguiser les facultés de l'esprit. Ce claquoir magique existe toujours, j'en ai hérité, régulièrement il se perd dans l'empilement de mes livres pour réapparaître de façon inattendue en me tombant sous la main au cours d'un rangement : comme pour me rappeler à l'éternité du livre. Il m'arrive aujourd'hui encore de l'ouvrir et, avant de le refermer sur son vide, de songer que cette précieuse relique est surtout le symbole du *Livre manquant*, celui qui n'a jamais été écrit, celui que l'on rêve d'écrire, ou encore celui que, enfin, on est justement en train d'écrire, librement ; avec, aussi, le sentiment de la nécessité de l'écrire sous la poussée d'une formidable énergie.

Un écrivain peut estimer que le livre qu'il est en train d'écrire revêt un caractère de nécessité, d'une nécessité toute intérieure, non pas seulement parce qu'il apporte à la série de ceux qu'il a déjà écrits quelque chose de plus, mais parce qu'il lui semble y faire converger un éclairage nouveau sur un sujet cent fois rebattu par d'autres ou par lui-même. Saisi par le vif besoin de l'écrire, par le sentiment de l'urgence ou encore par une inspiration à laquelle il ne semble pouvoir résister, il écrit donc le "Livre manquant", un livre qu'il n'a pas encore écrit ; et c'est dans cet état bizarre d'insatisfaction et de certitude, qu'un livre appelle toujours le suivant. Mais la conscience de cette nécessité intérieure l'abandonne parfois pour faire place au doute bien connu de tout écrivain perdu, on ne sait trop pourquoi, dans une période d'interruption ou de stérilité. Heureusement, comme l'éternel retour du printemps, revient le sentiment de la nécessité de combler un vide, et la création de l'œuvre se remet en marche. Le livre terminé, il arrive que le sentiment d'une telle nécessité se révèle avoir été quelque peu illusoire ; dès lors le livre manquant serait-il pour autant un livre manqué ? Rien n'est moins sûr : ce qui s'est avéré une illusion a été nécessaire puisque son pouvoir a tout de même abouti à un livre qui, toujours destiné à des lecteurs, peut être estimé par eux, mieux que ne le fait son auteur, comme un livre qui, précisément, manquait. L'apparition de ce qu'on appelle un grand livre — celui qui frappe par sa nouveauté, par la singularité de sa manière de faire voir le monde ou d'en créer un autre de façon neuve et lumineuse — donne toujours l'impression que ce livre-là manquait à l'existence de tous et au monde en général, et sa prégnance est telle que l'on s'étonne parfois qu'il n'ait pas été écrit plus tôt. C'est ainsi qu'enfant et adolescent, j'ai eu très tôt le vif sentiment que chaque livre m'imposait avec bonheur sa nécessité, sa consistance, sa singularité — sa vie propre qui s'ajoutait à la mienne pour lui donner sa forme et sa vigueur.

Bien que le monde édifié par le livre pût se référer au monde réel en paraissant le prolonger, je ne pouvais admettre que le premier ne soit que le simple reflet du second, tant me paraissaient évidents sa rupture avec ce dernier et ce qui faisait sa radicale nouveauté : l'écriture de l'écrivain, sa vision et son souffle qui avaient exercé leur pouvoir de métamorphose. Après avoir refermé un livre qui m'avait captivé, j'étais si ébloui que le monde auquel j'étais rendu s'était recouvert de brume : il semblait avoir perdu de son éclat, de son épaisseur, de sa consistance : c'est au centuple qu'il fallait lui rendre sa solidité, son existence et ses qualités, si toutefois il les avait jamais eues. Le monde de la banalité semblait en effet réclamer de tout bon lecteur qu'il lui insuffle l'énergie nécessaire pour rehausser son éclat, le remettre en mouvement, le conduire vers son épanouissement.

Telle m'apparaissait alors la force magique du livre que, plus tard, je redécouvris lorsque, dans un sentiment mêlé de nécessité impérieuse, de doute mais aussi d'exultation, je me risquai à écrire.

VII

Magie de l'écriture des cloches : un enfant découvre, avec l'appel de la vie, le proche et le lointain

"Ne pourrait-on définir le Paradis comme un lieu où les cloches sonnent toujours ?"

Léon Bloy

"Qui ne cherche dans l'air quelque fantôme des cloches ?"

Alain

Comme a pu le faire le monde des livres, le monde des cloches, sur des registres différents, a ému et marqué mon enfance. Dès l'âge de quatre ans, leurs sonneries me semblaient s'effeuiller comme un livre en déployant dans le ciel leur mystérieuse présence.

Il y a une beauté dans l'écriture des cloches qui laisse loin derrière elle notre musique de concerts. C'est que la musique des cloches enjambe l'espace : tout en scandant le temps social greffé sur le temps religieux, elle est une musique dans l'espace, de l'espace et pourrait-on dire pour l'espace. Lorsqu'on entend leurs nappes sonores courant d'un bout à l'autre d'une vallée, le long d'un fleuve, remontant et redescendant les pentes des collines, glissant sur la surface d'un lac comme pour y faire des vagues, lorsqu'on les entend s'égarer, comme en rêvant, dans le clair-obscur d'une forêt dont elles ponctuent les murmures, c'est alors que les cloches s'en vont partout en voyage et que, à les entendre ainsi, on s'attend, comme le dit Alain, "à les voir passer" : rêve d'enfance. Ce fut le mien.

Ce qu'il y a de singulier et de rassurant en elles, c'est leur balancement rythmé au-dessus de nos têtes, un balancement mesuré et régulier qui s'impose, par sa lenteur calculée qui ne ressemble à rien d'humain, comme une loi qui protégerait les hommes de tout caprice de la volonté et réglerait, pour les apaiser, les passions humaines. La danse réglée des cloches, la puissance de leurs sons, l'ampleur de leur écriture et leur prodigieuse spatialité figurent tantôt la nécessité enveloppante qui apaise, tantôt au contraire la pesanteur d'un destin ou d'une existence lourde et écrasée par un deuil. Les cloches convient et appellent à la cérémonie : elles exigent le chant, pour célébrer, approuver ou conjurer. Les sentiments chrétiens ont été longtemps liés aux cloches et cette éducation par les cloches a sans doute fait plus que les sermons.

Plus que les sermons : car non seulement les cloches nous parlent, mais elles semblent écrire dans l'immensité de l'espace ce qu'elles expriment.

Déployée par leur propre poids, l'éloquence des cloches est annoncée et exigée par leur premier battement déjà tendu vers la grande volée. La grande volée est la danse bavarde des cloches qui, en composant avec la pesanteur, semble toujours la provoquer, comme le danseur nargue la gravité au nom de l'élévation et de la grâce. Cette danse des sons, qui peut mimer tour à tour le scherzando, l'adagio romantique ou la marche héroïque, est aussi une danse des mots : par leur épaisseur, leur volume, leur insistance, leur élan et leur obsédante répétition, les sons dansants semblent vouloir nous dire beaucoup de choses, en masse, en cortèges. Pourquoi ne pas rêveusement envisager toute cloche comme une fabrique de syllabes et de mots, le battant correspondant à une consonne, la paroi à la voyelle que le battant, après sa frappe, ferait sonner ? Jouant le rôle rythmique essentiel, le battant peut ralentir ou accélérer la périodicité de ses alternances ; quel que soit le rythme, la consonne surprend toujours l'oreille par sa dureté instantanée et la voyelle, après la frappe du battant, paraît s'envelopper des douceurs harmoniques qui résonnent dans la durée séparant deux consonnes. Sans les sons accessoires dont s'accompagne le son fondamental de chaque cloche, sans cette succession d'oscillations sonores qui, comme des vagues océanes, s'élancent vers des horizons infinis jusqu'à s'y perdre, sans ces multiples harmoniques qui confèrent à la musique des cloches, même quand elles se sont tues, le chatoiement d'une somptueuse étoffe liquide, où seraient le charme de leur chant et le mystère de ce qu'elles disent ? Ainsi, des phrases ou des lambeaux de phrases musicales lancées au vent, sont offerts aux caprices de l'imagination rêveuse : une écriture en creux, ou plutôt des formes de phrases avec leurs articulations, leurs rythmes, leurs scansions, leurs cadences et qui attendraient un contenu précis, bien qu'elles soient déjà porteuses d'un sens qu'elles font savoir : la tristesse, l'allégresse, la piété, l'épouvante, et tous les autres sentiments humains.

Ce n'est pourtant pas toujours le cas. Il arrive que la lenteur pesante de leur rythme majestueux ne ressemble d'abord à rien d'humain, mais bien plutôt à l'esprit même de la nature qui est nécessité, destin ou fatalité. Puis, ce sentiment de l'inévitable se résorbe peu à peu dans le langage des cloches qui, s'adressant aux hommes, entend aussi leur parler d'eux-mêmes, comme le fait toute grande musique.

Ainsi, ce que les cloches paraissent nous dire peut être triste sans tragédie, discrètement joyeux sous la mélancolie, consolateur dans la résignation. Cette éloquence persiste lorsque le sonneur les abandonne à leurs libres oscillations vers un silence qui semble inscrire dans l'âme de celui qui l'écoute : "Souviens-toi, recueille-toi, fais la paix en toi, espère, de toi-même tire le meilleur, et attends la frappe suivante".

Il est remarquable que, philosophe athée, Alain, marqué par le souvenir des sonneries de son enfance, soit sensible à l'angélus, à ses trois coups initiaux qui font attendre la volée : une forte attente, suscitée par "un désir qui revient de loin, comme une prière écoutée", et que vient combler la grande volée de Pâques, parce que le Printemps est le grand attendu, le seul attendu ; pareille attente nous fait oublier le froid, la neige, le gel et la boue : moment heureux où l'ombre d'une aile invite au voyage, où les bruits ont des ailes et bondissent dans un ciel d'argent. Lorsque le penseur des *Propos* évoque l'existence, non loin de lui, d'une cloche de chapelle qui ne sonne jamais, c'est pour avouer qu'il "se ferait bien sonner l'angélus" du matin et du soir : "ce serait ma prière et très suffisante", écrit-il pour ajouter aussitôt : "la théologie, je m'en moque ; mais les images justes (sonores et visuelles), qui s'en moquerait ? Elles disposent le corps humain selon le bonheur ; la religion n'est qu'un art qui s'interroge. C'est le premier croire qui vaut le mieux : j'entends passer les cloches (de Pâques), je regarde, j'ai cru les voir".

J'ai cru les voir, moi aussi.

Beaucoup d'entre nous, au cours de leur enfance, ont cru aussi les voir. Au regard d'une enfance rêveuse éprise de prodiges, le langage des cloches semble parfois déployer des banderoles sonores et dansantes sur lesquelles paraissent s'inscrire des mots que l'enfant, dans son besoin de merveilleux, se croit capable de lire et d'en recueillir quelque sens relatif à la vie et à la mort. De l'expérience d'un tel langage qui m'a profondément marqué, je voudrais ici évoquer le souvenir. Lire et saisir un sens, je savais le faire depuis l'âge de quatre ans, grâce, comme je l'ai dit, au zèle affectueux d'une ancienne conventuelle qui avait troqué sa rigueur monastique contre les sourires fleuris d'un jardin d'enfants qu'elle animait avec amour. En m'initiant aux mystères de l'alphabet dont elle détaillait les combinaisons sur le tableau noir et qu'elle encadrait de lignes onduleuses avec des crayons de couleurs, elle entendait aussi, mais de façon très amicale, rivaliser avec la compétence non moins affectueuse — et cette charmante arrière-pensée ne leur avait pas échappé — de mon père et de ma mère, très laïques instituteurs du village. Soucieux de m'instruire, tous trois m'avaient si heureusement fait pénétrer dans le monde du langage que je me sentais pénétré à mon tour par sa magie ; de ce monde de l'écrit, je sentais que je ne sortirais plus. Il me semblait que — en écho à ces banderoles déployées que dessinait sur le tableau noir l'inoubliable jardinière d'enfants, en écho aussi à ces bulles de mots illustrant parfois mes livres que je ne cessais de relire — le monde entier sécrétait lui aussi ses graphies : dans le ciel, au-dessous des nuages, au-dessus des forêts, dans le champ infini des étoiles. Des graphies agitées par le vent et leur désir ludique de ne montrer qu'à demi les indications qu'elles cachaient, mais qui n'étaient soulevées, brandies et secouées que par les caprices d'une imagination aérienne déjà éprise de verticalité. C'est ainsi que toutes les cloches de mon enfance me paraissaient projeter autour d'elles l'écriture sonore de tout ce qu'elles avaient à dire. Malgré toute ma foi dans les mots, je ne pouvais rien y lire de précis. Pourtant, lorsqu'elles sonnaient les jours de fête ou même simplement l'angélus, j'étais persuadé que le sens flottant, qui émanait d'elle comme une aura, s'identifiait aux irrésistibles et joyeuses palpitations de la vie.

Désireux de participer de plus près à la source de cet appel à la vie, c'est avec la rude et affectueuse complicité d'une paysanne que sa forte corpulence avait fait désigner pour sonner l'angélus, que je me fis apprenti sonneur. Réputée revêche surtout parce qu'elle était quelque peu moustachue, redoutée des jeunes garnements, Lisa m'avait pris sous son aile après avoir constaté ma passion pour le battement des cloches ; avant de la rejoindre, je guettais son passage obligé devant la maison de ma grand'mère qui jouxtait le clocher et lorsque j'oubliais l'heure exacte de l'angélus, elle frappait sans un mot à la vitre et m'emmenait gaillardement poursuivre mon apprentissage. Sous son contrôle exercé d'une main ferme, je me suspendais avec elle à la corde reliée à une seule cloche, et j'exultais déjà à la pensée que j'allais contribuer à répandre aux alentours et à inscrire, sur des banderoles flottantes, des appels impératifs à une vie réglée mais heureuse. Monter et descendre selon le rythme imposé par le battant de la cloche qui, après avoir acquis son autonomie, était capable de me prendre en charge ; m'élever dans les airs et retomber doucement sur la pointe des pieds ; sentir les frémissements et les secousses que la cloche communiquait à la corde : toutes ces sensations intenses, renouvelées par une alternance bien réglée, répandaient dans tout mon être des flots d'allégresse. En se balançant selon la traction et la retenue que Lisa et moi exercions successivement sur la corde, la cloche déroulait sans fin sa phrase majestueuse ; en reprenant, puis en suspendant sa respiration, elle avait l'air de s'enfiévrer, puis de soupirer et d'expirer. Au sein de cette phrase interminable, un système de ponctuations s'aménageait avec ses virgules, ses points-virgules, ses tirets et ses deux points. Parfois, au moment où la cloche se sentait menacée, par ses hésitations rythmiques, de rendre le dernier soupir, elle repartait de plus belle, toujours plus vivante, en s'enrichissant de points de suspension, d'interrogation ou d'exclamation. Une phrase qui semblait mimer, dans son déroulement syncopé, le roulis, le tangage et les tressauts d'une embarcation secouée par l'alternance répétée des creux et des sommets d'un rouleau infini de vagues océanes. Il ne lui manquait, pour être tout à fait explicite, qu'un texte capable de se couler dans cette superbe structure temporelle susceptible d'accueillir l'expression de toutes les émotions humaines.

Le gamin de 6 à 7 ans que j'étais ne se sentait pas peu fier de mettre en mouvement une écriture chantante qui dispensait joyeusement la vie au-dessus du village et, de proche en proche, de la faire rebondir de prairies en vallons et par-delà les collines et les forêts... Jusqu'au jour où, après avoir été abandonné à moi-même par un instant de distraction de ma robuste initiatrice, et livré à l'irrésistible ascension de la corde, je m'élevai si haut que je fus bien près de me fracasser le crâne au plafond bas au-delà duquel la corde disparaissait : demeuré suspendu dans les airs par la légèreté de mon poids, il me fut impossible de retoucher terre par mes propres moyens. Terrifiée par l'incident, Lisa, en maître-sonneuse, décida, avec une autorité sans appel, de mettre un terme aux ivresses du temps vertical qu'elle avait fait découvrir à son élève jugé trop aventureux. Mais par ce premier contact avec le mythe d'Icare, je découvris que, dans le battement des cloches, pouvait aussi s'inscrire la menace d'un mortel destin.

C'était en effet cette brave femme qui était chargée de faire tinter le glas : un tintement qui me glaçait les os en s'associant très banalement, dans mon imagination, au deuil, à la tristesse, aux vêtements noirs, à la désolation, à la décomposition des corps. Cet accablement d'une famille pour qui sonnait le glas menaçait aussi de s'abattre sur la mienne. Insistante, la répétition du funèbre tintement clair et sec écrivait dans le ciel la fatalité de la Mort.

Beaucoup moins banale était, une fois l'an, la descente de la Mort et de l'âme des morts dans le large conduit de cheminée de la maison de ma grand-mère que dominait le clocher du village. C'était durant la nuit de novembre qui précédait le Jour des Morts. Lorsque la famille, réunie pour la veillée, se disposait à passer une partie de la nuit autour du feu de l'âtre, on entendait, interrompus de temps à autre par des toussotements, des soupirs et de longs silences, des chuchotements où se glissaient des souvenirs ayant trait aux défunts, et des nouvelles relatives aux gens du village. Pour ma part, j'entendais surtout le tintement lugubre de trois cloches d'où tombaient trois notes, toutes les demi-heures, répétées durant d'interminables minutes. Le mari de Lisa, bûcheron et fossoyeur du village, l'accompagnait : c'était le père Louis dont je respectais les propos simples et rassurants que, lors de nos rencontres dans la forêt, il me tenait sur la vie et les morts. Lisa, le père Louis et quelques membres de leur famille s'étaient installés, avec vivres et boissons, dans le haut du clocher pour y annoncer toute la nuit que le jour du retour des morts n'allait pas tarder à se lever.

Après s'être engouffré sous le faîte de la cheminée, le triple glas dégringolait en rafales le long du large conduit ; il tombait comme un destin ou une condamnation sur les braises et les flammes et, ainsi ravivé par le feu, il jaillissait du foyer pour se répandre dans la pièce où il s'amplifiait. Lorsque, au-dehors, le vent de novembre tourbillonnait, ses sifflements, ses gémissements ou ses hurlements se confondaient avec le glas ; une série de bourrasques s'emparait de ce dernier, tantôt pour le tamiser, le refouler, le déchirer, tantôt pour le renforcer d'un martèlement assourdissant. Il semblait que toutes les émotions humaines s'y rassemblaient pour s'exprimer sur le mode insistant du négatif : la colère, le geignement, l'effroi, le sanglot, la désolation, la terreur, le chagrin. Tombées sur le cercle de famille, hachées, cassées, boiteuses, ou en rafales et regroupées en une armée en guerre, des sentences de mort menaçaient de s'appliquer à toute la Création : "Tu mourras, ton père, ta mère et ton frère mourront, toute ta famille, tous tes amis, tout le monde, tout y passera..."

Trop jeune pour penser aux défunts que je n'avais connus que par ouï-dire, j'étais incapable de me représenter ma propre mort, sinon sous la forme vague et floue du trou noir d'un perpétuel oubli, où je disparaîtrais. Mais je tremblais d'angoisse et j'étais glacé de terreur à l'idée de perdre les miens dont je me représentais, avec une horrible précision, les doubles cadavériques ; c'était pour les précipiter dans le néant que la mort pouvait venir à tout instant les capturer. Le triple glas signifiait que jamais je ne les verrais plus : ma mort était celle des autres.

N'ayant reçu au cours de mon enfance aucune instruction religieuse, je n'entendais ni ne lisais, dans l'écriture des cloches, cet appel — jadis entendu par le jeune Chateaubriand — d'un Dieu courroucé mais rédempteur. Nulle promesse de salut ou de résurrection dans cette sonnerie funèbre ; il n'y avait que "ces cloches qui, tout à coup, comme l'écrit Baudelaire, sautent avec furie et lancent vers le ciel un affreux hurlement". Ce cri d'épouvante, je le percevais comme la noire révélation qui mettait à nu, tout au fond de mon être — et de tout être —, cette fissure ou cette faille où se love la présence rôdeuse de la Mort.

Face à pareille présence qui, par son étrange attrait, aurait pu exercer sur moi sa noire fascination, je pris très vite mes distances. Heureusement, les cloches sonnaient aussi et souvent pour les baptêmes et les mariages ; comme la lumière fait momentanément oublier la nuit, et la vie la mort, les carillons endiablés faisaient, de leurs dentelles, oublier le glas et, au lieu des larmes de chagrin qu'il faisait tomber, c'étaient des dragées et des pièces de monnaie pour des essaims de gosses délurés ayant tout abandonné pour la circonstance et, pour les adultes endimanchés réunis en cortège, des rires, des chants et des joies que les cloches en liesse faisaient pleuvoir. Les deux registres des cloches, par leur opposition si fortement contrastée, me firent comprendre, déjà tout enfant, que l'enjeu essentiel de l'existence était de faire face aux innombrables figures de la Mort qui de toutes façons ne se laisseraient jamais oublier, et de les combattre : pour affirmer la Vie dans son libre accomplissement.

Durablement gravée en moi, ma première leçon de sagesse m'a été donnée par l'écriture des cloches, une leçon poursuivie plus tard par la lecture de grands écrivains inspirés par leur chant. Porté par le vaste souffle d'une poésie cosmique, je glissais avec délices de l'écriture des cloches dans le ciel, aux cloches qui se mettaient à sonner dans l'écriture d'un livre. Chaque fois que j'ai opéré ce glissement — et cela m'arrive encore — mes souvenirs d'enfance se prolongent dans ma lecture, y multiplient leurs harmoniques pour s'y épanouir et se nimber d'une nouvelle lumière. Vers

14 ou 15 ans, un ami de la famille m'avait offert deux anthologies, l'une réunissant des textes de Chateaubriand, l'autre de Victor Hugo. J'y découvrais, dans une sorte d'exultation, que tous deux étaient fascinés par les sonneries de cloches mais pour des raisons très différentes et qui, tantôt se recoupaient avec les miennes, tantôt s'y ajoutaient merveilleusement du fait de leur singularité.

Au cours de son enfance bretonne, lorsque le jeune Chateaubriand assiste, certains soirs d'hiver, aux offices chantés de présentation du Saint-Sacrement et qu'il entend résonner dans la cathédrale de Saint-Malo le *Tantum ergo* entonné par la foule des fidèles, ce qui le frappe c'est, dans les intervalles des cantiques, le déchaînement des "rafales de Noël" qui faisaient vibrer les vitraux et ébranlaient la nef ; c'est alors, se souvient-il, que, en voyant les cieux s'ouvrir au point de lui faire courber le front, il "éprouvait un sentiment extraordinaire de religion". Un sentiment enveloppé d'un parfum de cataclysme. Sollicitées par les cloches, la fervente célébration de Dieu, l'allégresse des fêtes et l'exaltation de l'élévation vers les cieux s'ouvrent à la vanité de toutes choses, à la crainte des vacarmes de la guerre, à celle des catastrophes et des ruines, à la hantise des cimetières et de la mort que partagent tant de ses contemporains romantiques.

C'est dans l'enthousiasme et l'effroi sacré que la sensibilité de Chateaubriand se délecte du sublime des cloches qui lui offre deux visages : l'un empreint de religiosité, l'autre de cosmicité, tous deux "nous révélant une foule de relations secrètes avec nous qui l'écoutons". Pareille formulation convenait à l'enfant que j'étais resté.

Pour présenter le culte chrétien et nous préparer à entrer dans le temple, l'auteur du *Génie du Christianisme* est bien décidé à parler "premièrement de la cloche" : parce qu'elle nous y appelle. Les cloches rassemblent les fidèles, leur voix est la seule à pouvoir les convoquer au pied des autels ; et si les carillons au milieu des fêtes augmentent l'allégresse des fidèles, le glas fait passer sur tous le souffle de la mort. C'est Dieu qui se fait entendre et nous interpelle à travers elles ; elles effrayent le sommeil des tyrans et "d'un seul coup d'airain magique" font tomber le poignard des mains de l'assassin. Ainsi le sublime religieux et le sublime moral se rejoignent dans la même injonction, lancée du haut des clochers pour frapper les âmes du double sentiment tragique : la terreur et la pitié. Les cloches : relais vertical et résonance de la voix de Dieu et de sa transcendance terrible. Terrible surtout lorsque "le Dieu des batailles" commandait à l'ange des victoires de "lancer les volées qui publiaient nos triomphes", ou à l'ange de la mort de "sonner le départ de l'âme qui venait de remonter à lui".

Cependant, la force de l'enthousiasme et de l'effroi sacré que les cloches inspirent à Chateaubriand déborde le cadre strict du religieux pour s'épandre, comme le son des cloches, dans la nature entière et s'y imprimer. Au sublime religieux vertical des cloches répond, plus vertigineux, un sublime païen horizontal : c'est celui, sans doute plus *délicieux*, de la nature déchaînée, c'est le tumulte des éléments dans sa terribilité : celui d'une nature secouée "par le bruit de la foudre, par le tumulte des vents, des mers, des volcans, des cataractes, et de la voix de tout un peuple". "Orages désirés, levez-vous !" Cette injonction, lancée aux cieux par le poète dans sa jeunesse romantique sensible aux orages de la nature comme à ceux de la passion, cette sommation, les cloches l'inscrivent de nouveau dans la mémoire et l'imaginaire du poète adulte, au point de faire éclater les cadres d'une foi chrétienne devenus trop étroits pour une sensibilité éprise d'une sublimité cosmique : "Un seul coup de marteau", en effet, n'est-il pas capable, écrit-il, de "forcer les vents et les nuages à se charger de la pensée des hommes ?" Si, associé à celui de l'alouette, le chant des cloches règle paisiblement le réveil des laboureurs et le temps de la coupe des blés, si leurs carillons nourrissent l'allégresse des fêtes, le long bourdonnement des cloches accompagne ou fait advenir ce qui hante les hommes : la peur des écueils et des naufrages pour les marins, la peur du tonnerre que, dans les campagnes, elles sont censées écarter ; et "cette cloche, agitée par les fantômes dans la vieille chapelle de la forêt", fait naître, dans le jeu du fantastique, une frayeur sacrée qui, pour le poète romantique, n'est jamais sans délice.

En relisant aujourd'hui ces textes de Chateaubriand, je retrouve en moi cette frayeur sacrée qui émut maintes fois mon enfance. Une frayeur toujours empreinte de religiosité, certes bien vague, mais très insistante, parce que tissée de craintes et de désirs.

Si les cloches nous étaient interdites, semble conclure l'Enchanteur, "il faudrait choisir *un enfant* pour nous appeler à la maison du Seigneur". Le chant des cloches nous rendrait-il un temps à l'innocence de notre enfance ? ou, tout au moins, ne remue-t-il pas, au fond de nous-mêmes, la nostalgie d'un lointain paradis perdu qui, vaguement promis, demeure inaccessible ? Comme le fait toute musique.

Peu après ma lecture de Chateaubriand, j'ai lu de longs passages du roman *Notre-Dame de Paris*. Ce qui m'a frappé c'est le vacarme des cloches et le parfum de catastrophe dont Hugo enveloppe tout Paris et que, enfant, je n'avais, étourdi par les battements des cloches à la volée, fait qu'entrapercevoir autour de moi. Ebranlée par un immense bourdonnement, la masse de la cathédrale, déjà fragilisée par la démesure de la construction, est prête à basculer vers le sol en un amas de pierres pour de nouvelles édifications comme celle des barricades ; cette Babel ou cette Bastille de la Foi, du Savoir et du Pouvoir fait entendre, à travers ses sonneries de cloches, ses râles d'agonie. Mêlée à la rumeur inquiétante de la Cité et au tumulte des vents, la rumeur des cloches de Notre-Dame et des églises de Paris qui, avec régularité, sonnent aux mêmes heures, l'emporte par son fracas sur toutes les autres rumeurs : le dernier sursaut de l'agonie du Verbe ?, semble s'interroger Hugo. Cette clameur creuse un "ventre d'abîme" dans la cathédrale emportée dans le tournoiement d'une force centrifuge.

Les cloches de Paris jointes à celles de Notre-Dame s'amalgament dans un "magnifique concert" que, dans une écriture emportée par une fascination, Hugo réussissait à me faire entendre. J'entendais et j'entends encore leurs vibrations se répandre dans le splendide ciel de Paris comme une "fumée d'harmonie". Elles se fondent, se mêlent en s'effaçant l'une dans l'autre pour former une masse sonore qui flotte, ondule, bondit, tourbillonne sur la ville et qui, au-delà de celle-ci, prolonge le cercle assourdissant de ses oscillations. Cette "mer d'harmonie" n'est cependant pas un chaos ; on y voit serpenter, à part et dans une sorte de transparence, chaque groupe de notes échappé des sonneries ; ainsi peut-on entendre se poursuivre le dialogue, tour à tour grave et criard, de la crécelle et du bourdon, un dialogue bientôt anéanti par un tutti de cloches, une "fournaise de musique". La Cité, aux mille voix d'airain, n'est plus alors qu'un orchestre dont la symphonie fait le bruit d'une tempête auquel se mêle le murmure d'un demi-million d'hommes ; lorsque ce bruit est porté par "les souffles infinis" du vent, l'orchestre se mêle enfin aux quatre forêts disposées sur les collines de l'horizon comme d'immenses buffets d'orgue. Ouvert à une dionysiaque cosmicité, le sublime orchestral des cloches devient alors l'exaltation d'une massive déflagration, d'un télescopage grandiose du passé et du futur, du fini et de l'infini, de la limite et de l'illimité, du haut et du bas, du crépuscule et de l'aurore : un orchestre soutenu par une machinerie de catastrophe ; une catastrophe qui, dans le va-et-vient du Livre de pierre au Livre de papier, est suggérée par le style même de Hugo : sa plume, souvent agressive, bouscule et lacère sa propre écriture — comme la cathédrale qui, à l'époque du poète, se dégrade en abandonnant ses morceaux susceptibles de devenir des projectiles : pour de nouveaux lendemains ? Cette frayeur sacrée secouée de fureur et qui n'avait rien de divin, je la partageais dans une sorte d'ivresse.

Jeune apprenti sonneur de cloches, j'avais, mais en vain, rêvé de monter en haut du clocher pour voir et toucher les cloches et surtout, avec d'autres sonneurs, de les frapper, au risque d'être assourdi, avec le maillet des carillonneurs à l'occasion d'une noce ou d'un baptême. Aussi, lorsque, dans le livre de Hugo, je rencontrai le maître carillonneur de Notre-Dame, Quasimodo, je ne fus pas repoussé par la laideur de ses difformités à l'image du peuple de gargouilles où il vit ; je fus au contraire fasciné par ce géant brisé qui trouve dans les cloches sa raison d'être ou de vivre, puisque, rendu sourd par le vacarme des cloches, l'ouie, "la seule porte que la nature lui eût laissée ouverte sur le monde s'était brusquement fermée à jamais" : pour se refermer passionnément sur celui des cloches. Il les aime, les cajole et les caresse, il leur parle, les comprend, leur donne des ordres ; de la plus petite à la plus grande, "il les a toutes en tendresse", sans oublier de les tancer dans le dialogue qu'il a su instaurer avec elles, et de secouer leurs croupes luisantes comme un attelage de mules espagnoles. Hugo, comme emballé lui-même par la furie de son personnage, nous le montre les cheveux hérissés, agité convulsivement, criant et grinçant des dents, la poitrine faisant le bruit d'un soufflet de forge, l'œil jetant des flammes. La cloche hennissait sous lui : "c'était alors un vertige à cheval sur le bruit, un esprit cramponné à une croupe volante, un étrange centaure moitié homme, moitié cloche". Son sérail de quinze cloches — dont Marie, la plus grosse, la favorite — il le dirige, en vibrant avec elles, "comme un chef d'orchestre éperonne des virtuoses intelligents". Au passage du bourdon, il se jette sur lui à corps perdu, suspendu sur l'abîme, il saisit le monstre d'airain à ses oreillettes et l'étreignant des deux genoux, il l'éperonne de ses deux talons. Paroxysme d'un même érotisme qui fait vibrer ensemble le personnage de Quasimodo et le style de son créateur. Cette écriture littéraire sur les cloches rejoint érotiquement l'écriture des cloches elles-mêmes épousant le ciel de Paris.

Plus tard et maintenant encore, je me suis posé la question : est-ce à un effet de présence verticale que vise depuis des siècles la musique des cloches ? Cette musique nous suspend d'abord au balancement d'une dialectique descendante et d'une dialectique ascendante, balancement qui nous fait mesurer l'inévitable tension qui, avant de produire leur croisement, oppose le temps vertical au temps horizontal. Si, comme l'écrit le poète G. Rodenbach familier des carillons de Bruges, "la musique des cloches frappe à coups de crosse le silence", c'est pour secouer le temps et exaspérer la conscience du temps pour la conduire peut-être au seuil de l'éternité.

Leur message aérien a l'air *d'interroger le Temps* pour en faire paraître tous les lointains ; leurs tintements épars semblent venir de si loin – du fond de l'enfance et même du fond des âges – qu'elles semblent réveiller en nous les rêves et les désirs d'autrefois et nous dire et nous redire "Souviens-toi !", mais sans jamais préciser de quoi il faut se souvenir. Nostalgique, leur voix ne nous dit rien de précis et nous parle confusément de choses indicibles et sacrées, mais aussi et en même temps de notre condition humaine.

Comme le fait aussi, dans la grande musique, le pianisme des cloches faisant "vibrer les cloches de toutes les émotions humaines" disait Rachmaninov : pour les transfigurer. Inspiré par le poème de Poe, *Les Cloches*, Rachmaninov compose sa Cantate *Les Cloches* (1913). Une musique somptueuse où solistes, chœurs et orchestre font retentir, en les transposant dans un mime sonore, le branle, le balancement et les vibrations des cloches, sans que celles-ci interviennent. Les quatre sortes de cloches successivement décrites par Poe (cloches d'argent du traîneau de l'enfance et de l'oubli, cloches d'or des noces et des réjouissances, cloches de bronze des appels au secours, cloches de fer du glas et du deuil) se traduisent dans la Cantate en quatre mouvements dont chacun, comme chez Poe, a sa climatique propre et qui, ensemble, forment le spectre complet de l'existence humaine. Dans cette œuvre, "la plus réussie de toutes" selon Rachmaninov lui-même, mais la plus rarement jouée, le musicien russe est hanté par le souvenir des cloches qui, en surplombant les villes de son pays, escortent de leurs joyeux carillons, de la solennité de leurs volées et de leur glas mélancolique, chaque Russe du berceau à la tombe. Cette hantise circule dans toute l'œuvre de Rachmaninov : "C'est parce que j'ai passé presque toute ma vie parmi les vibrations des carillons de Moscou, que j'ai réussi à faire vibrer *les cloches des émotions humaines* dans mes œuvres". Des œuvres qu'il avoue traversées par la fascination de ce que leur apporte le son des cloches : le registre du proche et du lointain, ces deux pôles entre lesquels oscille sans cesse toute belle musique qui jamais ne les sépare l'un de l'autre dans un double balancement ; c'est alors qu'un temps vertical paraît se greffer sur le temps horizontal pour le relever en en sacralisant le cours.

Le proche et le lointain. Lorsque sonne la voix des cloches, elle crée des ondes pour réveiller et rapprocher les lointains.

Dans un conte d'Andersen, la petite Sirène assure que des mille choses à raconter de ses voyages aux limites des vagues océanes de la terre, la plus belle pour elle était d'entendre, dans ces territoires qui lui étaient interdits, sonner les cloches. Ces cloches dont le son, même amorti, paraît tirer de son silence un être lointain, obscur et indéfinissable. Dans un autre conte d'Andersen, *La Cloche*, les gens d'une ville s'étonnent de la merveilleuse étrangeté du son d'une cloche qui semble venu de très loin pour les interpeller ; de quel lieu invisible sonne-t-elle ? D'une église perdue au fond de la forêt ? D'un gros arbre creux dont le tronc est cogné par le bec d'un hibou ? D'une autre ville ? Du fond d'un lac ? Chacun ne peut se défaire du sentiment d'une présence : parfaitement audible, la cloche est bien quelque part et son invisibilité sonore est le plus puissant attrait de la recherche de sa source ; mais chaque fois que les gens croient l'avoir localisée, le son qu'elle émet vient toujours d'*Ailleurs*. Quel Ailleurs ? Las des interrogations et de la multitude des obstacles, beaucoup renoncent à aller plus loin. Resté seul dans cette interminable quête, le fils du roi, bientôt rejoint par le garçon pauvre, est parvenu au sommet d'une colline ; tous deux découvrent un paysage merveilleux où, sous un soleil d'or, se marient la forêt, la terre, la mer immense et la coupole du ciel. Alors que, au-dessus d'eux sonne "la sainte cloche invisible", les deux enfants, la main dans la main, contemplent la nature tout entière qui chante sa réconciliation avec elle-même dans une allégresse d'alléluia, comme dans une "grande église sainte" : "la grande église de la nature et de la poésie".

J'avais à peine atteint l'âge de cinq ans lorsque, à moi aussi, les cloches firent découvrir un monde, certes différent du monde mythique des deux enfants légendaires d'Andersen, mais tout aussi merveilleux. Je n'avais pas eu besoin de voyager dans un vaste espace, d'aller par monts et par vaux ou de traverser des forêts, ce fut sur la place de mon petit village natal de Bovée-sur-Barboure que se marièrent l'ici et l'ailleurs, le proche et le lointain, le visible et l'invisible dans un espace limité qui s'en trouva transfiguré, au point d'illuminer ma mémoire à jamais.

C'est par une belle journée de fin octobre 1927 qu'eut lieu le baptême, peu après sa naissance, de mon frère François, ce baptême "conformiste" dont l'intérêt était de rassembler la famille en fête autour de cet avènement. Je m'en étais réjoui à l'avance car un tel jour allait en même temps "officiellement" consacrer mon tout nouveau statut de frère aîné qui, pour la première fois, me conférerait une vraie responsabilité : celle, éminente, d'un protecteur. Je n'avais jamais vu ni entendu autour de moi autant de joie ; suscitée par les multiples préparatifs de la fête, une agitation fébrile s'était emparée de tous. Et tous, grand-mères, oncles, tantes, cousins, avaient revêtu des robes et des costumes de fête les transformant si bien que, à leur arrivée, j'avais eu du mal à les reconnaître. Moi-même, devant la glace de ma chambre, j'avais à peine reconnu mon image dans un éclatant costume de marin dont ma mère m'avait habillé en l'ajustant avec soin : je m'en trouvai magnifié.

De notre montée en cortège vers l'église située à quelques pas de la maison, je n'ai gardé aucun souvenir, pas plus que de la cérémonie du baptême autour des fonts baptismaux à laquelle, aux dires de mes parents, j'assistai à la fois curieux, étonné, perplexe et anxieux parce que je ne comprenais rien à ces gestes et à ces discours étranges. Je me souviens tout de même de l'assurance qui m'avait été donnée — mais par qui ? — qu'une haute protection — mais laquelle ? — veillerait aussi, comme moi, sur ce frère si petit qu'il m'en paraissait terriblement vulnérable.

Je me souviens avec une précision extrême que, après avoir fui la pénombre de l'église et m'être détaché du groupe familial avant sa sortie, je me suis retrouvé subitement en haut du perron de l'église dominant la place du village, qui descendait fortement jusqu'à la rue principale.

Je fus soudain aveuglé par une lumière d'or et terrifié par la volée des cloches qui venaient de se mettre en branle ; je crus qu'elles me tombaient sur la tête avec le ciel, qu'elles dégringolaient avec fracas le long de l'escalier, sans que je m'étonne de ne pouvoir les voir, puisqu'on m'avait dit que, même quand elles partaient pour Rome, seuls leurs fantômes étaient visibles. Parce que je voulais y croire, le double fantomal des cloches qui venaient de sortir de leur prison avec fracas, se dessinait sous mes yeux de façon flottante, pour se perdre dans les couronnes frémissantes des arbres qui, agités par le vent, semblaient touchés par la grâce et se préparer à participer à la fête.

Dès lors, tout parut se transformer au point que je me sentis bientôt étranger à moi-même ainsi qu'à cette petite place du village qui m'était si familière. Sortis de l'église à la fin de la messe du dimanche pour laisser place à la cérémonie du baptême, des hommes, des femmes et des enfants s'étaient placés en demi-cercle au pied du perron, nimbés de la lumière d'un automne doré qui les rendait superbes dans leurs vêtements du dimanche ; tous attendaient, graves et souriants, quelque prodige. Au centre de la place, le monument aux morts de la Grande Guerre où se jouaient, sous les feuillages, des figures d'ombre et de lumière, s'était réveillé de son long sommeil, et l'insistance obstinée des cloches promettait la résurrection des malheureux guerriers afin qu'ils livrent de nouveaux combats ou plutôt, comme je l'espérais dans ma rêverie, pour qu'on les guérisse enfin des blessures qu'ils avaient emportées avec eux dans la mort. Un vent d'automne doux mais insistant faisait tomber une pluie multicolore de feuilles mortes qu'il arrachait à quelques marronniers et à de jeunes peupliers se prenant pour des candélabres. Survint alors une autre pluie, mordorée, rouge, jaune, vert pâle et argent, qui, plus drue, tomba sur nos têtes, mais passionnément attendue : jetées à pleines poignées du haut du perron par le parrain et la marraine de l'enfant baptisé, c'étaient des pièces de monnaie abondamment mêlées de dragées de toutes couleurs qui roulaient le long de la pente ; j'étais — ou je voulais l'être — persuadé que les cloches, elles-mêmes en liesse, leur avaient confié à tous deux une telle provende pour nous la distribuer sans compter.

Comme un envol de moineaux, des gamins de tout âge, excités et rieurs, avaient surgi des quatre coins de la place, qu'ils descendaient et remontaient en zigzags, pour capturer la manne colorée ; s'ensuivaient de joyeuses bousculades, sans violence ni brutalité : il suffisait aux plus petits d'entre eux de se disperser pour recueillir ces cadeaux du ciel, tombés du ciel un peu partout. Parfois, quelques-uns d'entre nous (dont moi-même), qui semblaient être partout à la fois, roulaient sur la rondeur des marrons jonchant le sol ; ils trébuchaient, tombaient à terre et, comme fouettés par le battant des cloches qui continuaient à sonner, ils se relevaient aussitôt pour découvrir, sous les larges feuilles mordorées des marronniers doucement déposées par un vent complice, des pièces de bronze et de nickel qui semblaient être d'or et d'argent ; la cueillette devenait une chasse au trésor et nous des pirates. Le vacarme des cloches qui semblait s'être installé à demeure au-dessus de nous entretenait notre ivresse, épicée d'un esprit de compétition. A mon trésor de guerre, j'avais ajouté les marrons les plus gros et les plus luisants que j'avais pu trouver, ils arrondissaient les poches de mon joli costume déjà tout couvert de poussière. Lorsque la provende cessa de pleuvoir, les cloches sonnaient toujours ; dans leurs rebonds, elles s'essoufflaient pour reprendre ensuite un envol pour un départ sans cesse remis à plus tard, et le balancement répétitif de leur irrésistible élan semblait offrir le modèle énergétique à nos mouvements et à nos déplacements ; pour ma part, une force inconnue me soulevait de terre pour m'emporter dans la liesse générale dont le cœur était le battement des cloches.

Je me suis souvent demandé si la force ou l'énergie qui me fut révélée ce jour-là m'a été transmise par la musique des cloches, ou si celle-ci avait simplement réveillé en moi une force et une énergie latentes. Comment en décider ?

J'ai repris peu à peu mes esprits en revenant à la maison où personne, dans l'allégresse générale, ne s'était aperçu de ma disparition, et encore moins de mon escapade ; on m'accueillit par un concert de oh ! et de ah ! : l'on s'étonna de me voir apparaître, mon costume de marin couvert de poussière, les mains et les poches pleines d'un hétéroclite butin ; j'avais craint d'être grondé, on ne me fit aucun reproche pour ma fugue, et dans le regard vif et le sourire amusé de toute la parenté qui se trouvait là, je crus voir une lueur d'admiration dont je ne fus pas peu fier. N'avais-je pas saisi, en effet, l'occasion de conquérir, pour la première fois, une sorte d'indépendance ?

Dans la maison familiale, j'entendais encore les cloches sonner, mais cette fois assourdies et sur un mode mineur, l'angélus de midi : comme si elles se préparaient enfin au repos, alors que j'aurais préféré être sûr qu'elles s'apprêtaient à repartir ailleurs, après avoir chanté cet air de fête païenne qui, précédant le grand repas de famille, avait fait danser toute la maison.

*

De cet épisode, je garde aujourd'hui un souvenir aussi vif que lumineux, et surtout insistant. Quelques années plus tard, à mon adolescence, il m'apparut évident que le caractère fondateur et inaugural de cet événement lui conférait la valeur d'une allégorie vivante. J'avais alors compris que le baptême de mon frère, ce dimanche-là, avait été suivi de mon second baptême : un baptême, non pas administré par un prêtre sur les fonts baptismaux, mais célébré par la musique et le battement des cloches qui, en suscitant une allégresse universelle, distribuaient généreusement, à tous ceux qui sauraient la recueillir, une force de vie capable de s'affirmer dans la durée et, peut-être, au-delà même de toute espérance humainement raisonnable.

Aix-en-Provence, janvier 2008

TABLE DES THEMES ET DES MATIERES

I – PROLOGUE : RETOUR A LA VIE D'UN RESCAPE DES CAMPS NAZIS.

conflit entre le désir de se taire et le devoir de témoigner. L'impossible communication : une victoire posthume des nazis ? Le langage : un ensevelissement de l'expérience-limite. p. 24-29.

Silence et sentiment de culpabilité sur le mode non pas d'avoir fait, mais de n'avoir pas fait ce qu'il aurait fallu. Une explication et des excuses ? Le poids des morts-revenants. p. 29-33.

Le souvenir récurrent et harceleur du Concasseur, Kommando de travail et "sublime" allégorie de l'enfer des camps nazis. p. 33-37.

Un cauchemar récurrent empoisonne mes nuits. p. 37-38.

Une existence flottante qu'il me faut habiller et soutenir : par le travail, par la vie à la fois studieuse et agitée d'une grande Ecole, par la chaleur de l'amitié, par la lecture et l'admiration de grands philosophes, par la découverte d'œuvres picturales et musicales contemporaines. Une effervescence bénéfique à ma convalescence existentielle. p. 38-43.

Ma seule ambition : enseigner la philosophie ; ma nomination en 1951 au Lycée français de Beyrouth. Le Moyen-Orient, avec ou malgré ses problèmes : un lever de soleil qui dissipe mes dernières obsessions concentrationnaires. Je retrouve un esprit de résistance et des possibilités de m'engager. J'apprends beaucoup. p. 43-45.

Un incroyable et stupéfiant hasard : mon numéro matricule (à 5 chiffres) du camp du Struthof est aussi le numéro de la carte d'identité que l'on remit à mon fils, en 1971. p. 45-47.

La redécouverte émerveillée de la magie des ciels constellés, ceux des nuits de l'Orient : une formidable leçon de beauté, de vie, de générosité, d'énergie. p. 47.

II – LES POUVOIRS D'UNE EXPERIENCE INITIATIQUE. SES RETENTISSEMENTS DANS MON EXPERIENCE-LIMITE DES CAMPS NAZIS.

Un événement-avènement appelé, pour un gamin de 11 ans, à connaître une efficace postérité : la contemplation extatique de la splendeur d'un ciel constellé. Une chute ; au réveil d'un évanouissement, une surabondance de vie. La mort, une fausse apparence ? Serais-je devenu le témoin privilégié d'une révélation et l'héritier d'une force de vie à partager ? La bousculade des questions de portée métaphysique. Un éternel noyau d'être existe-t-il en tout individu ? p. 49-60.

Insistant, le souvenir lumineux de cet événement nocturne m'apporte son réconfort au camp de Schömberg, au cours de mes nuits de forçat à la mine. Le même ciel est de retour : je fais le serment de tenir bon. p. 60-63.

Résistance et mémoire : repousser les souvenirs qui font mal, recueillir ceux qui communiquent une énergie. La mémoire culturelle : ses figures de sages, d'écrivains, de musiciens. Pouvoirs des souvenirs musicaux. Le cas de Hellmut, flûtiste et pur S.S. ; comment un homme peut-il mourir et ressusciter dans un S.S. ? p. 63-81.

Germinations intérieures. Le jeu des déclinaisons. De nouvelles façons de voir (horizontales, verticales, obliques, circulaires). La puissance infinitésimale du regard. Un face-à-face avec un garde S.S. Maquiller les visages de la Mort, une parade. L'érection de la potence d'un supplicié. Le corps et l'efficacité de certaines postures sur la place des interminables appels. Se mettre symboliquement en retrait, à l'écart, à distance, en élévation, sans toutefois jamais s'absenter. p. 81-90.

La force d'un imaginaire collectif : l'invention du thème d'un Fil mythique et de la multitude de ses variations. Vers la réconciliation de l'âme et du corps : une même réalité ? p. 90-93.

La hantise d'écrire ; confection et tenue clandestines d'un carnet avec ses diverses rubriques : précautions et difficultés ; j'en paie durement et régulièrement le prix ; magies de l'écriture : une protection, un viatique, un salut. p. 93-100.

La force des convictions : avoir foi. Savoir être ici et maintenant : puissance de l'imagination métaphorique qui habille les figures de la mort. p. 100-104.

Pour exercer cette puissance d'écart, il y a un prix à payer : l'affaiblissement de la sensibilité au malheur des autres et au sien. Réduite, cette capacité à s'émouvoir est cependant mise en réserve. p. 104-109.

Limites et éclipses de cette puissance de décliner. Rebondir. La roborative fréquentation des Russes en raison de leur vitalité. Quelques escapades nocturnes et risquées vers un block où la Parole circule enfin comme le retour de la Vie. Rechercher des Kommandos de travail cosmopolites. Une curiosité infatigable, dangereuse mais salutaire. p. 109-118.

La chute dans la condition de "Musulman" à laquelle j'échappe de peu, in extremis. L'heureux hasard d'un sauvetage aux portes de la mort. p. 118-122.

Avril 1945 : le vent de l'Histoire en marche souffle sur le camp qu'il faut évacuer. Commence une interminable marche de la mort où chacun est privé de tout et où la mort est derrière soi, à côté de soi, devant soi. Mais chacun de ceux qui tentent de suivre pour survivre est traversé par une formidable énergie. p. 122-124.

Une évasion réussie. Une libération marquée par une sensualité violente du retour à la vie. p. 125-126.

III – PRELIMINAIRES A LA CONFRONTATION AVEC L'HORREUR DES CAMPS. J'AFFRONTE LE CHEF S.S. D'UNE PRISON NAZIE ET PARVIENS A FAIRE LIBERER MON PERE.

Contingences, rencontres ; effroi, indignation, admiration, sources d'énergies cumulatives. Une rencontre décisive au camp du Struthof : celle d'un maître instituteur et écrivain qui me transmet une idée-force : écrire même mentalement ! pour se tenir debout. Au camp d'Ecrouves, j'avais tenu, sans grande conviction, un journal, déchiré plus tard, et rageusement, par un Kapo et, plus utilement, je prends une décision irrévocable : obtenir la libération de mon père arrêté avec moi, ancien "poilu" de Verdun et grand mutilé de guerre. p. 127-134.

Il me faut affronter le chef S.S. du camp, "le gros S.D.", en exploitant les moments les plus favorables dans une situation où toute entreprise de ce genre est plus que risquée. Dans la hiérarchie S.S., un léger syndrome de relâchement et d'abandon depuis la réussite du débarquement allié. Ma relation avec le chef S.S. épinglé de plusieurs écussons à tête de mort : repérer ses points faibles et ses failles, bien l'observer avant de l'aborder. Mon obstination à le relancer sans qu'il se sente harcelé : j'obtiens des promesses, soutenues par des colis de la Croix-Rouge. p. 134-138.

Mon père est libéré, sans aucun papier officiel, par le gros chef S.S. ; je l'apprends plus tard : des camarades, au cours d'une interminable attente dans des wagons à bestiaux en gare de Nancy, avaient, chose inimaginable, vu le chef S.S. se déplacer le long du convoi en leur criant d'avertir le fils de l'instituteur qu'il avait lui-même fait libérer mon père. Le souvenir de la réussite chanceuse d'une entreprise aussi risquée se transmua en courage au long des mois qui suivirent ; elle conforta en moi un esprit de résistance acquis depuis 1940. p. 138-141.

IV – LA FIN D'UNE ADOLESCENCE TRANQUILLE ET FRUCTUEUSE : DES SOUFFRANCES DE L'HUMILIATION AUX MOISSONS DE LA COLERE (l'exode, l'occupation, la Résistance, l'arrestation).

Misères et pouvoirs de l'exode. Un spectacle et des épreuves qui ont profondément marqué un adolescent de 17 ans dans son passage "initiatique" à l'âge adulte. La déroute ; une désespérante reddition au terme de notre exode. p. 143-148.

Retour d'exode : "Tout va très bien madame la Marquise". p. 148-149.

La découverte brutale de l'Occupation. Humiliation : travail forcé, confiscations, interdictions, pillages, expropriations, mises sous séquestres, arrestations, emprisonnements. p. 149-151.

Indignation et révolte. Un impératif : résister à l'Occupant. L'école du bourg, lieu d'une Résistance symbolique. L'attirance stratégique de la voie ferrée longeant une vaste forêt où sont entreposées armes et munitions. Un camarade et moi tentons avec succès d'en récupérer une partie et de les planquer. p. 151-155.

La "bataille des trottoirs" menée par un groupe de lycéens ; invasion et fermeture du Lycée par l'Occupant ; les grands élèves contraints à nettoyer la région de "la saleté française". Un souvenir accablant : au moment même de cette invasion, notre professeur de philosophie, qui nous parlait de la mort de Socrate, nous traite de voyous et nous enjoint d'accepter la défaite et la soumission. Notre réaction de révolte. p. 155-157.

Plus que jamais, combattre : au nom de la dignité et de la liberté. Mon activité résistante se partage entre Paris (liaisons entre le Lycée Chaptal et la Sorbonne, messages, affiches, tracts) et l'Argonne (collecte d'armes, fabrication de fausses cartes d'identité, divers sabotages). La nuit du 13 au 14 juillet 44 : au moment de hisser le drapeau à croix de Lorraine sur le monument aux morts de Clermont, je suis bloqué, la peur au ventre, par l'arrivée d'une patrouille allemande ; la chance me sourit, j'accomplis ma mission. Réflexions sur une arrestation possible et ses suites exceptionnel, le rire énigmatique du condamné face au peloton d'exécution. p. 157-169.

Le drame d'une arrestation, à la suite d'un coup de main d'un petit groupe de maquisards inconscients, sur la place du bourg ; méprise des Allemands qui se tirent les uns sur les autres. Le lendemain matin, encerclement du bourg et arrestation de dizaines d'hommes. Je me cache pour pouvoir ensuite rejoindre le maquis ; mais pourchassé par un officier S.S., je suis débusqué.

Préparatifs ou simulacre d'une exécution générale : ordres et contre-ordres parviennent de Nancy. Départ en camions bâchés pour les camps d'internement, puis de concentration. p. 169-177.

V – L'ENFANT ET LES TOUT-PUISSANTS SORTILEGES DE LA FORÊT.

L'énergie du monde de la forêt recueillie par un garçon rêveur. Des villages meusiens cernés par la forêt. L'attrait et la crainte de la forêt : le désir de forêt. p. 179-181.

Promenades en forêt : avec mes parents, puis en solitaire ; des cueillettes au recueillement. Une provende de sensations, d'émotions, de rêves et de réflexions naissantes. La sauvagerie et la hantise de la forêt dans l'imaginaire des habitants du village. L'opposition des prairies et de la forêt. Franchir la lisière de la forêt, c'est y pénétrer chargé d'images, de songes et de souvenirs de contes : aucune forêt n'est vierge, toutes sont déjà plus ou moins esthétisées. p. 181-187.

La charge symbolique de la forêt. S'y reconnaissent : le désir de la verticalité et de l'élévation, le désir de dispersion horizontale et d'expansion. La charge symbolique de l'arbre : toute espèce d'arbre revêt des caractéristiques d'expressions humaines. Futaie et taillis. Le haut et le bas. Le souffle du vent et la mélodie des arbres. La terre : lit de mort et lit de vie. p. 188-192.

Le silence de la forêt : une substance enveloppante. La transcendance du silence : seuil d'une révélation qui ne se produira pas. Ebauches et promesses de métamorphoses. Comme la musique, la forêt bruit de toute la rumeur du monde : des forces plus que des formes. p. 192-196.

La sacralité du lieu : l'attente, l'effroi, la fascination, la transfiguration des formes, le plaisir de se perdre. Une expérience religieuse sans Dieu ni Eglise. p. 196-201.

Soudain, la clairière : une pluie de lumière sur l'activité des hommes. Le jeu du voilement et du dévoilement. Ma rencontre régulière avec le père Louis, bûcheron de son état, sonneur de cloches à l'occasion, fossoyeur du village et qui m'a pris en amitié. Ce sage me parle très simplement de la vie et de la mort, des vivants et des morts : il apaise ma peur panique des morts qu'il m'apprend à bien accueillir dans la mémoire qui leur redonne vie. p. 201-210.

VI – POUVOIRS INITIATIQUES DU LIVRE.

La forêt et le livre : leurs affinités. "Il était une fois" : embarquement et coupure, l'enchantement du conte ; les lointains de l'ailleurs et de l'autrefois. Merveilles et transfigurations ; la folie d'Alice au pays des merveilles ; désobéir au principe d'identité ; les portes ouvertes aux aventures souterraines et aux "impossibles possibles". p. 211-217.

Un apprentissage impatient et précoce de la lecture ; je ne peux me séparer de mes premiers livres : l'échec d'un nomadisme horizontal me conduit à un nomadisme vertical. Le temple de la bibliothèque familiale. Hors de la maison, le grand Livre vivant du village. p. 217-222.

La découverte enthousiaste du *Tour de la France par deux enfants* m'incite à faire régulièrement le tour de mon village ; la dignité des gens soucieux d'accéder au monde des livres. p. 222-228.

Je vais de livre en livre. Parler comme on écrit : à mes risques et périls. Une aventure humiliante : ma rencontre avec un jeune carrier qui me reproche de "jouer au petit monsieur en causant trop bien" ; je décide de mettre, plus tard, si je le peux, ma culture au service du plus grand nombre. p. 228-237.

Mon désir de lire est relancé. La quête des mots auxquels je demande, plus qu'un savoir d'objets, un savoir d'affects, de sentiments que je n'avais ni vécus, ni même soupçonnés jusque-là. Ce que je ressens et apprends à la lecture de *Sans Famille*, de *Michel Strogoff*, de *David Copperfield*. p. 237-241.

De l'auteur de ces livres, j'attends aussi une présence très personnelle et qu'il exprime ses pensées sur la relation de la vie et de la mort, sa façon d'accueillir les figures de la mort projetées sur sa vie ou sur celle de ses héros, et qu'il me dise enfin comment des hommes prisonniers d'un malheureux destin peuvent s'en libérer. p. 241-245.

Un simulacre de livre d'école : un claquoir, relique de jadis chère à ma mère institutrice, et symbole d'ordre et d'autorité. Ecrire un livre répond à une nécessité intérieure et à un sentiment d'urgence. Un livre appelle le suivant : il y a toujours un livre manquant qui est le suivant. p. 245-248.

La vie d'un bon livre s'ajoute à la vie de son lecteur pour lui donner forme, vigueur et la remettre en mouvement. A l'inverse, ne peut-on dire que, pour un enfant curieux et rêveur, lire un livre c'est aussi achever de l'écrire ? p. 248.

VII – MAGIE DE L'ECRITURE DES CLOCHES : UN ENFANT DECOUVRE, AVEC L'APPEL DE LA VIE, LE PROCHE ET LE LOINTAIN.

L'écriture des cloches dans l'espace réveille un désir qui revient d'un lointain supposé originaire, pour nous dire quelque chose d'important. p. 249-252.

Un souvenir d'enfant initiatique. L'enfant croit voir passer les cloches déployant des banderoles sonores et dansantes. Les deux registres des cloches. La participation joyeuse d'un apprenti sonneur à ce prodigieux appel à la vie, lancé par la musique des cloches ; mais il est des sonneries qui proclament dans l'épouvante le triomphe de la mort : la nuit rituelle du retour des morts en novembre. p. 252-259.

Le retentissement de l'écriture musicale des cloches dans une enfance romantique, comme celle de Chateaubriand qui y découvre le sublime dans le double souffle de la religiosité et de la cosmicité. Le battement tumultueux des cloches dans le roman de Hugo *Notre-Dame de Paris* ; ventre d'abîme d'où sortent : une fumée d'harmonie, un parfum de catastrophe, un télescopage général ; une fascination inouïe : l'érotisme des cloches à travers le comportement de Quasimodo. p. 259-264.

Le tintement des cloches frappe "à coups de crosse" le silence pour interroger l'espace et le temps où nous vivons. Comme toute grande musique, il est le prélude d'une métaphysique de l'Ailleurs où se croisent le temps horizontal et le temps vertical ; de Rachmaninov à Andersen. Comme toute musique, la sonnerie des cloches évoque nostalgiquement un paradis perdu qui n'a peut-être jamais existé. p. 264-267.

Dans le déroulement de sa forme profane et une allégresse générale rythmée par des volées de cloches, le baptême de mon frère est l'occasion de révéler à l'enfant de 5 ans que j'étais : la force, l'énergie, la générosité par quoi, pour la première fois, s'est affirmée, sous mes yeux, la Vie. Un événement réellement inaugural et fondateur. p. 267-271.

L'HARMATTAN, ITALIA
Via Degli Artisti 15 ; 10124 Torino

L'HARMATTAN HONGRIE
Könyvesbolt ; Kossuth L. u. 14-16
1053 Budapest

L'HARMATTAN BURKINA FASO
Rue 15.167 Route du Pô Patte d'oie
12 BP 226
Ouagadougou 12
(00226) 76 59 79 86

ESPACE L'HARMATTAN KINSHASA
Faculté des Sciences Sociales,
Politiques et Administratives
BP243, KIN XI ; Université de Kinshasa

L'HARMATTAN GUINÉE
Almamya Rue KA 028
En face du restaurant le cèdre
OKB agency BP 3470 Conakry
(00224) 60 20 85 08
harmattanguinee@yahoo.fr

L'HARMATTAN COTE D'IVOIRE
M. Etien N'dah Ahmon
Résidence Karl / cité des arts
Abidjan-Cocody 03 BP 1588 Abidjan 03
(00225) 05 77 87 31

L'HARMATTAN MAURITANIE
Espace El Kettab du livre francophone
N° 472 avenue Palais des Congrès
BP 316 Nouakchott
(00222) 63 25 980

L'HARMATTAN CAMEROUN
BP 11486
Yaoundé
(00237) 458 67 00
(00237) 976 61 66
harmattancam@yahoo.fr

Achevé d'imprimer par Corlet Numérique - 14110 Condé-sur-Noireau
N° d'Imprimeur : 777535 - Janvier 2018 - Imprimé en France